# 知识产权信用体系与科研诚信

刘瑛 著

中国政法大学科研创新项目资助（批准号 20ZFG82009）

中央高校基本科研业务费专项资金资助

U0732061

知识产权出版社

全国百佳图书出版单位

——北京——

**图书在版编目（CIP）数据**

知识产权信用体系与科研诚信 / 刘瑛著 . -- 北京：知识产权出版社，2021.12
ISBN 978-7-5130-7996-9

Ⅰ . ①知… Ⅱ . ①刘… Ⅲ . ①知识产权—管理—研究—中国 Ⅳ . ① D923.404

中国版本图书馆 CIP 数据核字（2021）第 266934 号

责任编辑：武　晋　程足芬　　　　　责任校对：潘凤越
封面设计：乾达文化　　　　　　　　责任印制：刘译文

## 知识产权信用体系与科研诚信

刘　瑛　著

| | | | |
|---|---|---|---|
| 出版发行 | **知识产权出版社** 有限责任公司 | 网　　址 | http：//www.ipph.cn |
| 社　　址 | 北京市海淀区气象路50号院 | 邮　　编 | 100081 |
| 责编电话 | 010-82000860转8772 | 责编邮箱 | windy436@126.com |
| 发行电话 | 010-82000860转8101/8102 | 发行传真 | 010-82000893 / 82005070 / 82000270 |
| 印　　刷 | 三河市国英印务有限公司 | 经　　销 | 新华书店、各大网上书店及相关专业书店 |
| 开　　本 | 720mm×1000mm　1/16 | 印　　张 | 18.75 |
| 版　　次 | 2021年12月第1版 | 印　　次 | 2021年12月第1次印刷 |
| 字　　数 | 314千字 | 定　　价 | 88.00元 |

ISBN 978-7-5130-7996-9

# 序

知识产权，从法律方面讲，是关于科学、技术、文化成果归谁所有、如何使用，以及由此产生的利益如何分享的制度安排；从国家创新体系来讲，是鼓励创新，激励发明创造，保护创新成果，促进科技成果转化的政策工具；从建设富强民主文明和谐美丽的社会主义现代化强国目标而言，是弘扬社会主义核心价值观，倡导社会主义精神文明，推进科研诚信和社会信用体系的建设工程。

回望历史，我国一贯倡导尊重知识、尊重人才、尊重劳动、尊重创造的指导方针，把保护知识产权和建设社会信用体系提上改革发展的重要日程。

——2006年，《国家中长期科学与技术发展规划纲要（2006—2020年）》确定了"自主创新，重点跨越，支撑发展，引领未来"的基本方针，提出实施知识产权战略和技术标准战略，强调建立健全有利于知识产权保护的社会信用制度。

——2008年出台的《国家知识产权战略纲要》提出按照激励创造、有效运用、依法保护、科学管理的方针，加快建设和不断提高知识产权的创造、运用、保护和管理能力，完善社会主义市场经济体制，规范市场秩序和形成诚信守法的知识产权文化。

2014年6月27日，国务院印发国家知识产权局等35个部门共同参与制定的《社会信用体系建设规划纲要（2014—2020年）》，明确提出知识产权领域信用建设，内容包括建立健全知识产权诚信管理制度，并相继出台知识产权保护信用评价办法等。

——2021年9月，为统筹推进新时期知识产权强国建设，全面提升知识产权创造、运用、保护、管理和服务水平，充分发挥知识产权制度在社会主义现代化建设中的重要作用，中共中央、国务院发布《知识产权强国建设纲要（2021—2035年）》，强调健全知识产权信用监管体系，加强知识产权信用监管机制和平台建设，依法依规对知识产权领域严重失信行为实施惩戒。建设知识产权保护中心网络和海外知识产权纠纷应对指导中心网络。建立健全海外知识产权预警和维权援助信息平台。

2021 年，是伟大光荣正确的中国共产党成立 100 周年。我国已经庄严宣布实现第一个一百年目标，全面建成了小康社会，如期步入创新型国家行列。中国特色自主创新道路的探索和实践已经取得了丰硕成果，我国正在走一条从人才强、科技强到产业强、国家强的创新发展新路径。立足新发展阶段、贯彻新发展理念、构建新发展格局、推动高质量发展，坚持把创新摆在社会主义现代化建设的核心地位，要求科技战线肩负起实现科技高水平自立自强的重任。

知识产权战略是国家创新驱动战略的组成部分。我们必须砥砺奋斗，守正创新，打通知识产权创造、运用、保护、管理和服务"全链条"，更大力度加强国际合作，建设制度完善、保护严格、运行高效、服务便捷、文化自觉、开放共赢的知识产权强国。其中，科研诚信建设、知识产权信用体系建设是十分重要的环节。而今，在大数据时代，面对互联网、物流网、区块链、人工智能等高科技的挑战，建设知识产权信用体系，提升社会治理能力，完善国家治理体系，进而优化营商环境、构建高标准市场体系，是一项具有挑战性、战略性的实践。

十分高兴的是，中国政法大学品牌与社会信用研究中心主任刘瑛教授新作《知识产权信用体系与科研诚信》一书与读者见面了。刘瑛教授现任北京信用学会副会长、北京知识产权研究会副会长，同时担任中国科学技术法学会执行秘书长，是我国法律界最早研究信用体系的学者之一。她勤奋学习，锐意进取，勇于开拓创新，经过长期的理论探讨和实证研究，深刻阐述了知识产权信用是科研诚信制度化、体系化的依托；科研诚信是知识产权信用的基础和动力，知识产权信用体系建设是实施知识产权和品牌战略，推进新时代科教兴国战略、人才强国战略、创新驱动发展战略的一项不可或缺的任务。

书中，作者设计了知识产权信用体系的建设框架，并厘清了各系统之间的相互关系，积极探讨在知识产权的创造、运用和保护等过程中，权利人及其相关行为主体之间形成的相互信任关系和诚信度。并根据知识产权信用体系建设现状、深刻内涵和运行规律，建立了知识产权信用体系的建设框架，其中包括：知识产权征信与信用信息共享体系、知识产权信用评估评级体系、知识产权信用担保体系、知识产权信用标准体系、知识产权信用监管体系以及知识产权信用人才培养体系六大系统。作者对它们之间相互支撑、相互促进的内在联系，和相得益彰、共同作用、缺一不可的关系分析，颇具思想高度和理论特色。

2021 年是《知识产权强国建设纲要（2021—2035 年）》实施的开局之年。要建设"全链条"的知识产权保护体系，必须瞄准国际前沿，提升信用制度的力量，体现大国的实力、责任与担当。知识产权信用体系是社会信用的重要组成部分，我国实施科教兴国战略、人才强国战略、创新驱动发展战略，都应以加快科研诚信建设、完善知识产权信用体系为抓手，推动知识产权向更高质量创造、更高水平保护、更高效益运用方向发展，打造市场化、法治化、国际化营商环境。

期待刘瑛教授在信用研究领域进一步深耕细作，推出新的丰硕研究成果；也期待我国科技界、教育界和产学研各界在提升科研诚信水平和完善信用制度方面迈出坚实步伐，在建设富强民主文明和谐美丽社会主义现代化强国征程上，谱写更多、更新、更好的卓越华章。

段瑞春

2021 年 11 月 29 日

# 前　言

在数字时代的背景下，社会信用体系是否完善已经成为衡量市场经济是否成熟的重要标志。社会信用的建设与发展是促进社会文明进步的迫切要求，是提升社会治理能力、完善国家治理体系的内在要求，对于优化营商环境、助力"放管服"改革、为高质量发展保驾护航、助力构建高标准市场体系、为新发展格局赋能具有重大意义。

知识产权信用是社会信用体系不可缺少的重要组成部分。近年来，由于公众知识产权意识不强导致的专利侵权、商标恶意注册、作品盗版等行为仍时有发生，这与知识产权信用体系尚不完备健全密切相关。加快建设知识产权信用体系与科研诚信法治化，将显著提升全社会尊重知识、崇尚创新、诚信守法的知识产权文化意识。知识产权信用体系对规范知识产权服务行业秩序、推进知识产权多元化纠纷解决机制建设、构建以信用为核心的新型市场监管机制和知识产权大保护格局等都将发挥重要作用。

## 一、研究特点

借用最高人民法院民事审判第一庭副庭长、中央党校政法部经济法室原主任王伟教授对前期课题的评审意见："报告研究视角独特，逻辑结构严密，内容全面系统，对中国实践的分析精准，对不同制度体系之间的融合研究非常到位，给人很多启发，受益匪浅。"本书的研究可以归纳为三个特点。

### 1. 视角独特

作者经过长期的观察和研究，认为知识产权信用与科研诚信都以实现行为秩序为共同价值目标，均着力于规制知识产权领域失信行为。从纵向来看，知识产权信用可以反映科研诚信的程度，并深度参与科研诚信治理；从横向来看，知识产权信用是科研诚信制度化、体系化的依托；从内外关系看，科研诚信是知识产权信用的基础和动力，知识产权信用是科研诚信的保障和体现。科研诚信是科技创新的基石，而知识产权信用与科研诚信存在多层次关系。因此，选择将知识产权信用体系与科研诚信结合为同一主题研究，对于为科技创新"赋能"和"加码"、推动知识产权高质量发展具有独特的重要意义。

## 2. 体系创新

2014 年，国务院印发的《社会信用体系建设规划纲要（2014—2020年）》（以下简称《信用纲要》）将"知识产权领域信用建设"纳入"全面推进社会诚信建设"当中，这标志着知识产权信用建设步入正轨。其中，明确提出了知识产权领域信用建设的内容，成为备受关注的顶层设计。《信用纲要》和之前的有关规范性文件等逐渐明晰了知识产权领域信用建设的目标、原则和内容，但并未有详细的规定及阐述。特别是未对"知识产权信用"的概念作出界定，也未明确"知识产权信用体系"建设的具体框架。

作者早在《中国国情国力》2019 年第 6 期中即首次表述"知识产权信用"的概念，即"在知识产权的创造、运用和保护等过程中，权利人及其相关行为主体之间形成的相互信任关系和诚信度"。在此基础上，本书第一次创新设计了知识产权信用体系的建设框架，并厘清了各系统之间的相互关系。根据知识产权信用体系建设现状、自身包含的内容和运行规律，知识产权信用体系的建设框架应包括知识产权征信与信用信息共享体系、知识产权信用评估评级体系、知识产权信用担保体系、知识产权信用标准体系、知识产权信用监管体系以及知识产权信用人才培养体系六大系统，它们之间互相支撑、相互促进、共同作用、缺一不可，形成有效运行的知识产权信用体系。

知识产权征信与信用信息共享体系为知识产权信用评估评级体系和知识产权信用担保体系提供信用信息，让信用评估机构和信用担保机构等信息需求方能便捷、高效地获取信息服务；知识产权信用评估评级体系也能够为知识产权信用担保体系提供决策依据。知识产权信用标准体系则为知识产权征信与信用信息共享体系、知识产权信用评估评级体系、知识产权信用担保体系、知识产权信用监管体系及知识产权信用人才培养体系提供标准。例如，明确信用信息征集和共享的范围和程序、规范信用评估机构和信用担保机构的准入机制、指导信用评估机构和信用担保机构从业人员信用行为服务的规范等，使得知识产权信用体系建设规范化、标准化。知识产权信用监管体系则通过法律法规等对知识产权征信与信用信息共享体系、知识产权信用评估评级体系、知识产权信用担保体系进行全面监管。对于征信中违反法律规定的行为以及从事信用服务中违反法律或者严重失信等行为依法进行监管，从而保障知识产权信用体系的有效运行。知识产权信用人才培养体系为知识产权征信与信用信息共享体系、知识产权信用评估评级体系、知识产权信用担保体系等输送专业化人才，有效解决当下知识产权信用运行中人才短缺的问题。知识产权信用体系着力打通知识产权信用运行的各个环节，推动知识产权信用信息、资本、机构、人才等要素融合发展，强化自律诚信和信用监管，助推知识产权高质量发展。

### 3. 融合到位

本书力求在知识产权法基本理论和既有信用研究成果基础上，对知识产权信用体系及各分支系统、科研诚信法治化进行比较全面的理论探讨与实证研究；力争对中国信用实践进行精准的分析，对国外不同制度体系之间加以融合借鉴，期望形成知识产权信用体系与科研诚信法治化构建的"一二三四五六"基本格局。

"一个目标"，建立知识产权保护自律机制，实现知识产权的高质量发展；"二个机制"，守信奖励机制与失信惩戒机制联合发力，实现全流程覆盖，保证信用流动的有效性；"三个阶段"，事前、事中与事后相互衔接，形成良性循环，打造知识产权保护"全链条"；"四条路径"，并行不悖，共同推进科研诚信法治化建设的进程；"五个原则"，相互支撑，明确制度价值，引导市场秩序构建；"六大系统"，相互作用，形成制度体系，合理规划要素流动。

## 二、本书结构

本书分为九章，主要内容如下：

**第一章 知识产权信用与科研诚信概述**。在简析信用的概念、本质及其特征的基础上，首创性地界定了知识产权信用的内涵与外延，同时辨析了科研诚信及其相关概念的区别，并论证了知识产权信用与科研诚信的关系。

**第二章 知识产权信用体系建设**。运用信用制度的主要原理，说明知识产权信用体系建设的逻辑起点，阐述我国建立和完善知识产权信用体系的必要性，提出建立知识产权信用体系的五项原则，构建知识产权信用体系建设的六大系统框架，即知识产权征信与信用信息共享体系、知识产权信用评估评级体系、知识产权信用担保体系、知识产权信用标准体系、知识产权信用监管体系和知识产权信用人才培养体系。

本书的核心部分是第三章至第八章，分别对我国知识产权信用体系的构建及各分支系统加以研究分析，提出具有前瞻性、可行性的意见和建议。

**第三章 知识产权征信与信用信息共享**。重点分析知识产权征信的特征，特别是征信对象的特定性，即知识产权征信中所收集的信用信息不仅局限于被征信主体的基础信用信息，重点收集相关主体在知识产权领域的相关权利与行为信息。知识产权信用信息共享贯穿于知识产权信用运行的全过程。通过知识产权征信与信用信息共享制度的域外立法与启示，提出了知识产权征信与信用信息共享制度建设的基本路径与完善方向。

**第四章 知识产权信用评估评级**。研究分析知识产权信用评估评级的功能和作用。知识产权信用评估评级在知识产权信用体系中起到承前启后的作用，可以强化知识产权信用监管的基础依据。从长效机制的建立角度来看，基于信用评价而进行的知识产权保护，所需要的成本更低，其制度运行的便捷度更高。信用制度本身是一种长效机制，知识产权信用评估评级对知识产权行为能够产生事前的、非个案性的约束力。分析我国知识产权信用评级的现状和需求；研究美国信用评级制度的适应性和价值所在；提出完善中国特色信用评级体系的目标、原则、要点与政府支持建议。

**第五章 知识产权信用担保**。分析知识产权信用担保有利于缓解中小企业融资困境，有利于促进科技成果转化，助力企业自主创新等。从域外主要国家和地区信用担保制度的发展可知，坚持用法律制度规范和推进知识产权担保融资业务的发展，是域外知识产权担保融资最重要的也是最根本的经验，信用制度的完备为知识产权信用担保发展提供了有力保障。我国知识产权信用担保已经形成了以北京、上海、武汉等城市为典型的多样化知识产权信用担保模式，但尚无一例因知识产权信用担保而发生的司法判例。最后提出完善我国知识产权信用担保制度的具体路径。

**第六章 知识产权信用标准**。在目前知识产权信用领域法律规章尚不完善的情况下，知识产权信用标准实质上为各项信用活动提供了依据准则。域外信用标准制度的稳定有序正是建立在完善信用法律制度的基础之上。企业标准成为信用标准制度的重要来源，通过信用标准的严格执行以达到对信用主体隐私权的有效保护，将独立性以及利益冲突避免直接制定为信用标准。知识产权信用标准化属于近年来信用标准体系向知识产权领域拓展的新问题，据此，提出了知识产权信用标准制度建设与完善的目标、原则及具体范围。

**第七章　知识产权信用监管。**作为一种新型的社会治理手段，信用监管重塑政府治理过程，回应知识产权发展对创新社会治理的现实需求。阐述并分析政府在知识产权信用监管中的核心地位与作用，以及政府自身信用的监督问题。我国信用监管法律建设中，在借鉴国际上成熟的信用监管法律制度时，应立足我国国情、法律体系、市场发展状况等多种因素，提出监管契约化机制，通过监管契约的订立，使监管对象、监管范围更加明确，助力动态监管的实现。契约式监管可以淡化传统行政监管中较强的公权力属性，激发被监管者的自主性，使得信用监管在追责程序上更加完善，追责手段更加多元化。

**第八章　知识产权信用人才培养。**知识产权信用人才共同构成知识产权信用运行的基础。严格规制知识产权失信行为，形成知识产权信用体系，从人才源头抓起才是最为根本的解决方案。知识产权信用人才的培养迫在眉睫。尽管国外在信用立法与实践方面的制度已经趋于完善，但仍未就知识产权信用人才专门出台相应的制度。因此，我国知识产权信用人才培养建设需要立法与政府保驾护航，通过政府倡导、学校贯彻、企业支持、公众接纳等一系列市场化运作，逐步建立和完善推动知识产权创新驱动、扩大知识产权信用人才培养覆盖面的一系列管理制度。

**第九章　科研诚信法治化建设。**科研诚信与知识产权信用都以行为秩序为共同价值目标。本章论证了科研诚信法治化的必要性，科研诚信是保证科学发现和发明创造的基础，直接影响科技成果的推广应用，也是科研活动遵循的基本准则。在分析科研诚信建设面临问题的基础上，提出了科研诚信体系法治化的四项原则，并指出了科研诚信法治化建设的四个基本路径。

## 三、寄语

推动知识产权信用体系建设的逻辑起点，一是以知识产权侵权为代表的知识产权失信行为缺乏有效规制，二是知识产权交易量的增长与交易模式的更新需要信用作为工具来优化知识产权运营环境。这两个层面的需求构成了知识产权信用体系建设的基本推动力。

面对可以预见的未来，我们由衷地憧憬，在世界经济建设之林，强化国家品牌影响力，提升国家治理体系和治理能力现代化的高度，在知识产权高质量发展的顶层设计中，知识产权信用无疑是最强的"融合剂"，科研诚信则是知识产权信用的"原动力"。知识产权信用体系建设与科研诚信法治化将是实施知识产权和品牌战略，推进新时代科教兴国战略、人才强国战略、创新驱动发展战略的根本支撑。

本书有幸列入"中国政法大学科研创新项目（项目批准号 20ZFG82009）"，得到"中央高校基本科研业务费专项资金"资助。但是，这仅仅是一个新开端。我将以《知识产权强国建设纲要（2021—2035 年）》为基础，面对大数据时代云计算、区块链、人工智能等高科技的挑战，继续认真思考知识产权信用的发展战略和运行模式，进一步深入考察并研究国内外信用法律制度的先进经验，为发挥信用在打造市场化、法治化、国际化营商环境中的独特作用作出应有的贡献。

由于学识所限，书中尚有诸多不完善之处，恳请各位读者提出宝贵意见。

2021 年 10 月

# 目 录

## 第一章  知识产权信用与科研诚信概述

## 第二章  知识产权信用体系建设

# 第三章　知识产权征信与信用信息共享

# 第六章　知识产权信用标准

# 第七章　知识产权信用监管

# 第八章　知识产权信用人才培养

# 第九章　科研诚信法治化建设

## 展望：知识产权信用体系与科研诚信法治化的构建格局

## 附录　知识产权信用体系与科研诚信相关法律法规政策文件

"法者，治之端也"。法治是一个国家发展的重要保障，是治国理政的基本方式。2014年发布的《信用纲要》，将社会信用体系建设提升到国家治理体系和治理能力现代化的高度，围绕政务诚信、商务诚信、社会诚信和司法公信四个重点领域，在第二部分"推进重点领域诚信建设"明确提出了"知识产权领域信用建设"的规划和目标。知识产权信用是我国社会信用体系的重要组成部分，建设知识产权信用体系具有重要意义，它是全面落实科学发展观、提升国家整体竞争力的重要基础，是提升市场监管水平的迫切要求，是培育知识产权文化的现实选择。

# 第一章　知识产权信用与科研诚信概述

## 第一节　信用的概念、本质及其特征

### 一、信用及相关概念的定义

在中西方不同语境下和不同研究领域中，信用有不同的含义。

#### 1. 中西方语境下的信用

西方语境下，经济学定义中的"信用"（Credit）是指在得到或提供货物或服务后并不立即付款，而是允诺在将来给付报酬的做法。受到商业文明和私有制的影响，西方的信用概念更多地集中在经济领域。信用很早就成为一个社会的经济学概念，这一概念与契约精神紧密相关。在商品经济高度发达和经济全球化的影响之下，西方语境中的信用较早地褪去了道德伦理的色彩，逐渐演变为秩序化的规则和制度，这一规则和制度又反过来促进了商品和贸易的发展。

中文语境下，信用划分为经济信用和社会信用两个方面。经济信用是指以信任为基础，以按期偿还为条件的交易关系和价值转移方式，它形成交易主体间的债权债务关系。所有主体的经济信用关系构成了市场的交易秩序。

而社会信用是指各主体在社会活动中遵守法规和道德规范、履行合约、兑现承诺的行为能力及信任度。所有主体的社会信用关系构成了整个社会的信用环境和社会秩序。①

从定义变迁的角度来看，中文语境下的信用经历了从传统文化中的信用到近现代语境下的信用的转变。传统文化中的信用，更多的是强调一种诚实、不欺诈的心理状态，以及从这种心理状态扩展开来的社会伦理秩序；而到了近代，受到西方经济学的影响，信用的概念与经济活动中的借贷、履约联系起来。中文语境下的信用也不再是一个空泛的东西，而是产生了量化的路径，具有了一定的衡量尺度。

**2. 法学理念下的信用**

在法学领域有如下对信用不同的定义：信用是"一方在良心和道义上对另一方的意愿所负的义务"；信用是"在社会上与其经济能力相应的评价"②；信用是"交易主体所具有的经济能力在社会上获得的信赖与评价"③；信用是"相关行为主体之间形成的相互信任关系和诚信度"④。还有人认为，"信用的本质是基于产权、交易或其他经济生活所派生的经济要求权的实现"⑤；"信"是主体的确定性评价，"信用"是"信"的社会效用，因此"信用"的本质是源于主体的确定性评价所引发的社会效用⑥。

综合以上概念，信用具有三个层次的含义。信用既作为一种道德准则出现，也作为一种经济制度出现，还作为一种法律制度出现，信用的概念呈现出多元性。作为一种道德准则的信用，是指人们在日常交往中应当诚信无欺、遵守诺言的行为；作为一种经济制度的信用，是指在具体的经济活动中，一种建立在授信人对受信人偿付承诺信任的基础上，使后者无须付现即可获取商品、服务或货币的能力；作为一种法律制度的信用，是指双方在契约基础上依法可以实现的利益期待，如果当事人违反诚信义务，应当承担相应的法律责任。

---

① 刘瑛：《企业信用法律规制研究》，中国政法大学出版社，2011年版，第34页。
② 王利明：《民法·侵权行为法》，中国人民大学出版社，1993年版，第299页。
③ 杨立新：《人身权法论》，中国检察出版社，1996年版，第638页。
④ 刘瑛：《加快构建知识产权信用法治体系》，载《中国国情国力》2019年第6期。
⑤ 李晓安：《社会信用法律制度体系研究》，社会科学文献出版社，2013年版，第28页。
⑥ 王锐：《信用的本质及其法治路径》，载《首届"信用法治·韶山论坛"优秀论文集》2019年第10期。

在这三个层次划分的基础上，应当注意到在我国的社会主义法律体系下，信用的概念出现了革新。如果说西方对信用概念的革新体现在经济信用体系的建设上，那么我国对信用概念的推动则体现在社会信用体系的建设中。我国将社会治理与信用体系并行推进，使得社会信用体系的建设与国家治理能力的提高相辅相成，并且在这一过程中，主要指向政府机构的公共信用基础进一步夯实。依托社会信用，政府向民众提供的公共服务更为优质，监管方式也逐渐改变，信用监管的制度规则开始发挥作用，形成了良性的社会循环。

### 3. 信用和诚信、信誉的关系

实践中，与信用相关的还有诚信和信誉两个概念。

简言之，信用反映的是主体之间形成的相互信任关系和诚信度，是一种动态的行为过程。诚信顾名思义即诚实守信，是自己对他人的承诺，是一种行为规范。信誉，指声望和名誉，是他人对自己的评价，是一种形象标识。具体而言，信用、诚信、信誉这三者不能相提并论，因为它们有各自不同的含义。

撇开一定的文化差异，语言学中"信用"一词在东西方均有诚信、履约、信任等含义。从法学乃至哲学的角度观察，信用的本质是标志行为主体的一种（精神性的）意愿和（物质性的）能力，包含两方面要素，即物质要素和精神要素。实践中，特定主体的信用质量总是处于变动不居状态，但不影响人们对于信用概念基本内涵的界定。当然，在不同时空语境下，信用概念在引申过程中也有其他用法。其一，概念的内涵有一个动态演变过程；其二，科学昌明的今天，不同学科在不同场合使用"信用"一词，仍然在表达不同的含义。

东汉许慎所著的《说文解字》中说，"诚，信也"，"信，诚也"，用"诚"来解释"信"，用"信"来解释"诚"。因此，"诚"与"信"逐渐连用，形成"诚信"一词。北宋的程颐《河南程氏遗书》卷二十五就有"诚则信矣，信则诚矣"的认知，意思是说诚实就会有信誉，讲信誉就是诚实。信誉是主体基于自身信用行为而产生的市场积极反响和评价。

诚信与信用两个概念，尽管在古代几乎"浑然不分"，在近现代的一些场合也经常通用，但诚信更多地属于原则性的道德范畴，反映主观意识，侧重于主体自律。信用则是社会交往或交易的基础，属于经济和社会范畴，越是近现代越是如此。诚信的基本要求是：见诸个人修养，为卓异品质；见诸行为，亦多为道德约束。而信用历来就是主体的有物质支撑的能力，这种能力在近现代可以被量化评估，立即兑现于交易过程。

可见，可以从不同角度将信用、诚信、信誉三者的关系归纳为以下三点：

（1）从法学乃至哲学的角度概括三者的关系。首先，诚信是每一个人的义务而不是权利，但信誉是某些个体的权利，信用是权利与义务的结合。其次，信用包含诚信品质，诚信是信用的道德支撑，二者从内外两个方面构成信用的实质。具体而言，信用可以量化为信用度，信用度标志市场对于主体的信任状态。最后，信用与信誉是从信用是一种行为的含义出发，对行为的不同阶段进行的界定。信用主要体现在经济行为过程，是对主体行为的规范要求；信誉主要体现在行为结果，是主体一系列信用行为产生的市场信任累积评价。

（2）从经济管理学角度看三者的价值。首先，诚信不具有商业价值，而信誉、信用具有商业价值。在市场上，信誉是无形资产，信用是一种交换手段。其次，诚信是内生的，取决于自身的品德；信誉是外生的，取决于社会的评价；而信用是互生的，既有授信方，又有受信方。因此，信誉和信用的确立大都需要通过媒介体，如通过征信机构、信用评估机构确立信誉，通过金融机构建立信用关系。诚信不需要也不应当通过媒介体确立，而需要靠制度约束和内化提升。

（3）从社会心理学角度看三者的转化。守信和失信是信用的两极分化。守信就是遵守诺言实践成约，从而取得信任；失信就是违背诺言背弃成约，从而失去信任。信用关系是否稳定是能够提前预知的，只有稳定的信用关系才能稳定交易的心理预期。[①] 经济活动中的信用关系是利益驱动和契约规范的产物，交易方通过契约形成信用关系，并不等于双方都有诚信。信用关系能形成链条、相互转移，如"三角债"。但诚信、信誉均不能相互替代，也不应当形成链条，不存在某一主体讲诚信、信誉好，与其相关联的另一主体也讲诚信、信誉高。不讲信用，发生失信行为，必须他律即应受到处罚。缺乏诚信在一定程度上难以他律，需自我省悟。

总之，诚信、信誉需要立足于哲学、社会学、心理学去考察；信用需要立足于法学、经济学、管理学去考察。当然，在厘清基本概念及相互关系的

---

① 刘瑛：《企业信用法律规制研究》，中国政法大学出版社，2011年版，第36–37页。

基础上，信用制度的建立更需要多学科的理论指导。

## 二、信用的本质

信用，是人类特有的一种观念认知。这里所提到的"信用"，是产生于过去和未来之间的、根源于"基于过去而对未来产生"的"信任"，本质上是一种行为期待。这一期待使得在评价未知风险的时候，能够对所涉及的不确定性产生一定信任，从而作出相应的决定。因此，信用本质上是一种"信任"。这种信任基于过去的行为而产生，代表着人们对未来的合理预期。信用弥合了相互交往之间的时间差，使得交易秩序得以构建。但信用也不仅仅只是一种"信任"，"期待可能性"转化为信用信息后，信任成为可观察、可识别、可度量、可比较、具体化了的社会公共评价信息，表达着某主体的可信程度，彰显着兑现承诺、履行约定的能力，信用信息的存在为信任的交互性或公共性的信息评估和传递体系奠定了基础。[①] 信用的存在完成了对一种未来违约或者信任落空的可能性的客观表述，这一客观表述内涵与公共认可相联系，这一联系经由法律制度进行规范和背书。可见，信用本质上是指社会个体或群体在社会交往与合作中遵守诺言、实践成约的诚实态度、履约能力和信誉效用。

也就是说在法律上，信用是主体的一种精神性的社会交往意愿与物质性的行为能力，其具体性质体现在以下几个方面。

### 1. 信用是主体的一种资格和能力

信用作为一种资格和能力，是经过筛选后确定主体能够进入市场的"入场券"，这是信用的本质。没有信用，就没有市场资格；没有信用，就不允许进入市场。市场呼唤建立公平合理、科学规范的市场准入资格认证制度，要最大限度防止和杜绝收集、采纳信息的大面积失真，从而彰显社会信用的资格价值。

### 2. 信用是主体的财产和资本

信用是社会赋予或必将赋予行为主体的一种无形财产。从广义上来说，信用是商誉的组成部分。商誉是客户对于信用主体的肯定性评价和赞美，实质是主体信用的一种外化，没有信用的企业不会树立良好的商誉。信用作为

---

① 万俊人：《信用伦理及其现代解释》，载《孔子研究》2002 年第 5 期。

影响企业获得一定交易利益的特殊经济能力，其价值在于通过信用交换的形式获得对等的价值。

### 3. 信用是主体行为能力的信息综合

这主要从两个方面理解：其一，信用是可以被认知的；其二，信用是可以被度量的。信用是一种品格和能力，是对主体诚信程度的一种确认。信用的外部表现可以看成是关于主体行为能力的各种各样信息的综合，如经营项目、注册资金、交易记录、财务报表、合同管理、应收应付账款、纳税申报等。通过收集、辨别、分析、评估、利用这些信用信息，进而建立起全国性的信用信息网络，给市场主体以充分指引。[①]

## 三、信用的基本特征

在对信用的概念和本质进行界定的基础上，提炼出在法学领域中信用具有如下基本特征。

### 1. 信用具有双重性和层次性

信用包括品格信用和资产信用双重含义，其中品格信用侧重于相关主体行为使他人产生的内心确认，资产信用则侧重于以偿还贷款为基础的履约能力。在此双重性的基础上，信用的层次性体现为人格信用和制度信用。人格信用与人格紧密相关，以特殊的血缘、亲缘、地缘等为基础，主要依靠相互之间的了解或通过各自的信任而建立，是"一种人格化的信用"，其调节和保证凭仗的是情感和道德。制度信用虽然也离不开对信用主体人品、道德能力的看重，但更多以契约、法律规则等为基础，依赖契约、法律规则等的约束力和担保作用，即便彼此并不了解也没有亲友媒介，仍可建立信用关系。[②]

### 2. 信用具有社会性和公共识别性

首先，信用是一种特殊的社会心理现象，它是以授信人的理性判断为基础产生的一种交易上的安全感；其次，信用代表着特定的社会伦理，信用不仅仅是一种社会关系，也不仅仅是一种交易方式，它更是人类社会的一种价值观，这种价值观代表的道德准则对人们的相关行为产生约束力。在信用社

---

① 刘瑛：《企业信用法律规制研究》，中国政法大学出版社，2011年版，第40页。
② 沈岿：《社会信用体系建设的法治之道》，载《中国法学》2019年第5期。

会性的基础上，信用参与了社会主要的交易，因此必然可以被社会生活中的成员所识别，信用代表着相关主体的社会评价，这一评价对应的信息也当然要被社会生活中的成员所识别。这种公共识别性使得信用具备了利益性和价值性。

### 3. 信用具有外部性和可估性

信用能够对社会生活产生有用指导的根源在于其具有外部性和可估性。信用的外部性集中体现为信用评价不是单次的、单向的，而是具体的且具有相对性。信用一旦形成，就能对另外一群人的未来预期行为产生影响。同时，信用是可以被评估的，信用的评估分为多个层面，对于公共信用可以通过评级大致划分其对应的可信程度，对于经济信用则可在一定标准下量化为具体数值，更为直观地展现相关主体的信用。无论是评级还是量化，信用都给主体产生合理预期提供了依托，信用对所有行为都具有普遍指导意义，这使得"期待可能性"这一较为模糊的概念有了准确的度量衡，满足了人们对构建稳定交易秩序的渴望，也简化了交易中可能存在的多种复杂性。

### 4. 信用具有历史性和未来性

从时间维度上关注信用的特征，不难发现其兼具历史性和未来性。这里的历史性是指一种"社会制约性"，也就是说"信用"的具体评价受到当时社会条件的制约。信用同时具有未来性，即信用虽然是以过去的行为信息为基础得出的，但是其评价的目的在于对未来的行为进行合理的指引，使得相关主体在未来行为中获得足够、有效的指引依据。信用的未来性决定了信用具有预期性和风险性，带有对未来经济利益的一种心理预期和要求。正如麦克劳德所说，"每一种预期都是信用，商品信用被卖出去换取货币信用"[1]。预期只是未来付款的一种承诺，而承诺是否兑现则需要授信者自行判断，判断便意味着风险，包括授信者对受信者判断的失误、客观环境的变化等。

## 四、信用的分类及相互关系

### 1. 信用的学理分类

在学理层面，根据中文语境下信用的定义，可以将信用划分为经济信用

---

[1] 康芒斯：《制度经济学（下卷）》，于树生译，商务印书馆，1997年版，第53页。

和社会信用两个方面。经济信用与社会信用的基本分野在于经济信用与货币、市场、交易直接相关，而社会信用更侧重于法律规范和道德伦理约束。

从市场的角度以信用的内容为标准，信用可分为投资信用和消费信用，或者商品信用和服务信用。以信用的期限不同，则可分为长期信用、中期信用、短期信用、不定期信用。以信用的载体为标准，可分为实物信用、货币信用、信息信用，其中信息信用又可分为口头信用、书面信用和挂账信用等。①

在常见的经济信用分类模式下，基于对信用体系的宏观把握和实际操作，信用的基本分类应当以信用主体为标准，划分为个人信用、企业信用和政府信用。

（1）个人信用。个人信用又称消费者信用，是指个人通过一定方式，从工商企业或银行等金融机构获得自己当前所不具备的预期资本或消费支付的能力。个人信用使得个人不再是仅仅依靠个人资本积累才能进行生产投资或消费支出，而是可以通过信用交易方式从工商企业或银行等金融机构获得预期资金或消费支付能力。

（2）企业信用。企业信用是指企业在资本运营、资金筹集以及商品生产流通过程中所进行的信用活动。企业信用包括商业信用和银行信用。其中，商业信用是指企业之间在进行交易时，以契约（合同）作为预期的货币资金支付保证的经济行为，其物质内容是商品的赊销，实质却是资本运作，是企业间的直接信用。商业信用的形式主要是商业票据。银行信用是以货币资本借贷为经营内容，以银行及其他金融机构为行为主体的信用活动。银行信用是在商业信用基础上发展起来的一种间接信用。企业信用在商品经济中发挥润滑生产和流通的作用。

（3）政府信用。与企业信用和个人信用相比，政府信用在内涵和外延上都有很大不同。市场经济条件下，政府一方面作为管理者的身份出现，另一方面又经常作为市场主体进入市场。政府信用包含两层含义。首先，政府作为管理者制定的政策、条例等不能随意变更、撤销和废除。其次，政府作为市场主体向公众提供服务，承担风险较大的投资项目，需要庞大的经费开支，为弥补财政赤字，往往要发行或出售各种信用工具，典型的是公债和国库券。

---

① 刘瑛：《企业信用法律规制研究》，中国政法大学出版社，2011年版，第42页。

这些信用工具代表政府在将来偿还持有者资金的承诺，这种偿还债务的承诺来自政府，因此被称为政府信用，或者国家信用。[①]

信用在运行过程中实现了私益性与公益性的复合，但是就这三种信用的关系来看，其性质在具有一致性的基础上，又在微观层面呈现不同。具体来说，个人信用和企业信用较为相似，其针对的具体行为偏重于私益性，不同的是，企业作为法人，其信用针对的范围更窄、更为客观，企业信用资本化程度更深；而自然人参与社会生活更为广泛，其实施的与信用相关的行为范围更广。而政府信用则着重强调公益性，政府信用要求形成更加稳固的合理预期，这一合理预期有两个层面的含义：一是政府的政策、条例等不能随意撤销、变更和废除；二是如果迫不得已撤销、变更或废除，应赔偿因此给相对的信用消费者造成的损失。

**2.《信用纲要》下的信用分类**

在学理上的信用基本划分之外，我国发布的社会信用体系建设的顶层文件也对信用进行了初步划分。《信用纲要》将社会信用体系定位为有效的经济和社会治理机制，涵盖了政务诚信、商务诚信、社会诚信和司法公信四大领域，涉及各级政府（包括司法机关等公共服务机构）、行业组织、企业和个人四大主体。在实践探索的过程中，我国创造性地将社会信用体系建设与经济社会治理、"放管服"改革相结合，为完善社会主义市场经济体制、实现国家治理体系和治理能力现代化作出有益探索，为增强市场主体诚信意识、营造优良的营商环境和消费环境提供了有力支撑，取得了显著成效。[②]

《信用纲要》所确立的四种"诚信"，较好地满足了我国现实生活中体现的信用需求，其中"政务诚信"满足了人们对公权力的信用需求，"商务诚信"满足了人们在商业活动中的信用需求，"社会诚信"满足了社会良好运作所要求的信用条件，而"司法公信"保证了司法作为矛盾解决的最后手段的社会公信力，并且司法行为信用的存在使得前三个层面的信用能够更好地运行。

因此，与《信用纲要》确定的四大领域相对应，信用自然也可以分为政务信用、商务信用、社会信用和司法信用四个种类，这四种信用可以视为社

---

① 刘瑛：《企业信用法律规制研究》，中国政法大学出版社，2011年版，第43页。

② 韩家平：《关于加快社会信用立法的思考与建议》，载《征信》2019年第5期。

会信用体系下的四个子系统。政务信用对应的是公权力机关在行使公权力过程中的行为，其建设目标在于规范公权力的运转，使得群众对政府的行为产生合理预期，以此提高政府的治理能力和治理水平。商务信用对应的是商事往来中体现的信用，这一信用体现为两个方面，一方面是为了获取融资、扩大交易规模而采用的经济学意义上的信用，另一方面则是商事交易往来中体现的契约精神，对契约精神的维护和对未来契约订立的有效指引是商务信用的应有之义。社会信用则更关注市民生活，社会信用评价的是社会中每个主体的行为，这一评价以主体参与社会生活的行为为基础，目的在于构建妥善的伦理秩序，从而能够准确评价各个主体的可信任度，减少社会矛盾。司法信用对应的是司法行为。司法在社会矛盾、经济纠纷解决中具有最后性，因此司法信用作为前三个信用的基本保障而存在。司法信用形式上要求司法机关作出的行为合理且具有明确的可预期性，实质上要求司法行为必须符合社会正义，具备公信力。

# 第二节　知识产权信用的内涵与外延

## 一、社会信用与知识产权的关系

在《信用纲要》颁布之前，我国还颁布了《国家知识产权战略纲要》（2008），对知识产权战略进行了顶层设计。《信用纲要》在此基础上进一步于"（三）全面推进社会诚信建设"部分提出知识产权领域信用建设，明确了市场经济条件下社会信用体系与知识产权之间的关系。这一创新性的提法，将知识产权和社会信用从各自独立的壁垒中分解出来，在学理和实践中开始探索二者的结合，带来了制度上的创新。《信用纲要》明确将知识产权信用体系建设列为社会信用体系建设的重要内容，将知识产权保护的内容囊括在信用体系建设之中，不仅体现了政府对社会信用体系建设和知识产权保护的重视程度，而且从国家层面将二者规划到同一框架之下。[①]

---

① 廖媛、林佳、陈清：《中国社会信用体系研究：基于知识产权领域的分析》，载《中国科技论坛》2019年第8期。

具体来说，信用和知识产权具有以下几个层面的关系：

**1. 产权和信用都是一种制度安排**

从制度经济学的角度来看，在市场经济条件下，产权和信用都是社会经济的一种制度安排。产权是信用产生的前提和基础，信用为产权价值的明晰、交易和实现提供保障和交易手段。知识产权作为产权的主要组成部分，既是社会信用体系建设的前提，也是社会信用体系建设的重要内容。

**2. 信用贯穿于知识产权运行的各个环节**

社会信用体系有效运行，是知识产权保护和市场价值实现的重要途径，信用贯穿于知识产权运行的各个环节。信用制度体系为知识产权清晰界定和保护提供保障；征信体系为知识产权交易和价值实现的相关方提供信息共享平台；信用监管体系为知识产权的顺利交易提供正确的宏观引导规范和微观约束；信用奖惩体系为知识产权创造提供物质和政策等激励措施，对破坏知识产权的行为进行及时适当惩戒，促进全社会形成尊重知识、崇尚创新的知识产权文化意识和优良氛围；信用组织机构体系为知识产权的生产、交易和价值实现提供专业化的市场服务。

**3. 信用和知识产权协调发展**

知识产权和社会信用体系的建立健全都是维护和推动市场经济发展的重要机制，二者之间协调发展，能够改善市场环境、降低市场交易成本，有利于企业对创新成果形成稳定的经济预期，提高创新动力，提高科技创新成果的产量和价值，拉动经济增长，从而保障市场经济的健康可持续发展。[①]

## 二、知识产权信用的内涵

《信用纲要》和之前的有关决定等逐渐明晰了建设知识产权信用体系的规划、目标和内容，但都未对知识产权信用的概念作出界定。笔者认为，知识产权信用的概念可以表述为：在知识产权的创造、运用和保护等过程中，权利人及其相关行为主体之间形成的相互信任关系和诚信度。其含义也可以从知识产权失信中理解，常见的知识产权失信行为包括知识产权侵权、制造销

---

① 廖媛、林佳、陈清：《中国社会信用体系研究：基于知识产权领域的分析》，载《中国科技论坛》2019 年第 8 期。

售假冒伪劣商品、作品盗版及抄袭、知识产权服务不达标准等。<sup>①</sup> 这里的权利人包括专利权人、商标权人、著作权人、商业秘密权利人等知识产权权利人；相关行为主体包括知识产权行政管理机关、知识产权司法及仲裁机构、知识产权服务与运营机构及其工作人员、利用知识产权的第三人（单位和个人）等。

知识产权信用的内涵，指的是知识产权信用本质属性的总和。作为信用的子概念，知识产权信用当然可以理解为知识产权特定领域内的道德准则和行为模式，具有伦理性；也可以理解为知识产权领域相关行为主体之间所形成的信任关系和诚信度。在对知识产权信用制度的逻辑起点和理论基础进行梳理的基础上，不难明确知识产权信用在具备信用的一般内涵的基础上还包括以下内容。

**1. 知识产权信用是对相关主体知识产权运用行为的客观评价**

知识产权信用是以知识产权领域相关信息或者知识产权相关行为作为基础进行的信用评价。这种评价针对的对象是知识产权相关主体实施的、与知识产权相关的诸多行为，评价的结果同时对这些行为产生一定的反作用力。知识产权运营和知识产权交易行为当然受到知识产权信用的评价，这种客观评价也对知识产权交易和知识产权运营产生反作用力。

**2. 知识产权信用反映相关主体在知识产权领域预期的履约能力**

知识产权信用评价虽然是以相关主体过去的知识产权创造行为、运用行为、保护行为作为基础作出的，但是其实质上指向的是该主体未来在知识产权领域履约的可能性。

**3. 知识产权信用是一个可量化的变动数值**

只有通过一些指标进行量化之后，信用的程度才体现出来。信用评价一旦形成，对于每个相关主体而言都是一致的。在信用量化的基础上，知识产权相关行为会受到主体其他要素的影响，因此信用评价不是一个固化的数值，而是随着主体的具体行为而变动。

综上所述，知识产权信用内涵在于知识产权信用是一种客观评价，这一客观评价可以量化为一个浮动的数值，这一浮动反映了相关主体在知识产权领域预期的履约能力，而这一数值也给予交易各方以指导和参考。

---

① 刘瑛：《加快构建知识产权信用法治体系》，载《中国国情国力》2019 年第 6 期。

## 三、知识产权信用的外延

知识产权信用的外延，指的是反映知识产权信用本质属性的对象。从系统科学的角度来看，如果将知识产权信用作为一个整体的系统来审视，那么其应当包含以下子系统作为外延。

### 1. 知识产权征信与信用信息共享系统

这一系统可以实现对知识产权信用信息的收集与共享，其意义在于在知识产权创造、运用和保护过程中，建立知识产权长效保护机制，助力政府新型监管体制的实施，在大数据时代真正为企业的快速发展提供契机。

### 2. 知识产权信用评估评级系统

信用评估是授信者利用各种评估方法，分析受信者在信用关系中的履约趋势、偿债能力、信用状况，并进行公正审查和评估的活动。知识产权信用评估的核心当然是知识产权，知识产权信用的直接受益者就是以知识产权为主要资产的创新型企业，从其特征看，在明确知识产权核心地位的基础上建立知识价值信用评估体系，能够最大限度地评价知识产权领域内的相关企业作出有关信用行为的可靠性、安全性程度，并用于评价履行各种经济契约的能力水平和可信任程度。[1] 这一评估评级系统也有助于将知识产权真正转化为企业的核心竞争力。

### 3. 知识产权信用监管系统

信用监管，是指监管机构依据相关信用法规和信用市场发展状况，对信用市场主体行为、信用产品和信用关系运行进行监督、规范、控制和调节等一系列活动的总称。[2] 知识产权信用监管，是指监管部门根据知识产权信用建设的需要，以现代管理方式和科学技术手段，对于知识产权信用进行的综合性监督管理。其出发点和目的在于防范知识产权信用风险、规范知识产权信用行为、健全知识产权信用制度、促进知识产权信用发展。

### 4. 知识产权信用标准系统

知识产权信用标准是规定知识产权信用应满足的要求，用以指导和规范信用组织及其从业人员的信用行为的标准。知识产权信用标准化是通过对知

---

[1] 李晓阳：《建立知识价值信用评价体系探析》，载《探索》2017 年第 5 期。

[2] 刘瑛：《企业信用法律规制研究》，中国政法大学出版社，2011 年版，第 201 页。

识产权信用标准的制定和实施，以及对标准化原则和方法的运用，以达到知识产权信用质量目标化、服务方法规范化、服务过程程序化，从而获得优质信用服务的过程。

### 5. 知识产权信用保护系统

完善知识产权信用保护体系，必须与守信激励和失信惩戒机制相配套。要维护知识产权信用体系的良好运作，失信惩戒机制必不可少。知识产权失信惩戒机制依托于知识产权征信数据库发挥作用，其惩戒的基本方式就是降低失信主体的知识产权信用评价。通过公示，知识产权领域的相关主体都能得知评价结果，因此单次的失信行为就会影响到主体的融资以及交易，双方的矛盾可能转化为与全社会的矛盾，这样的惩戒方式具有更强的社会震慑力。与威慑相对应，守信激励机制能够给信用良好的主体带来正反馈，促使其能够在知识产权领域进一步规范自己的行为，从而提升主体的知识产权信用担保能力、整体的知识产权运营水平。

### 6. 知识产权信用文化教育系统

信用文化教育是知识产权信用体系的基础和内在支撑。知识产权信用体系的建设，当然离不开信用人才的培养。知识产权信用系统的运行要想真正落地，必然离不开优秀的知识产权信用人才。因此知识产权信用文化教育体系的运行目的，不仅仅在于普及知识产权信用基本知识和基本理念，更在于知识产权信用人才的培养。

## 第三节　科研诚信及其相关概念

### 一、科研诚信的概念及特点

#### 1. 科研诚信的概念

科研诚信，也可称为科学诚信或学术诚信，指科研工作者要实事求是、不欺骗、不弄虚作假，还要恪守科学价值准则、科学精神以及科学活动的行为规范。

一般来说，科研诚信涉及四个不同层面的问题：防止科研不端行为（伪造、篡改和剽窃），同时重视和治理科研中的不当行为；制定和落实一般科研活动的行为规范准则，以及与生命伦理学研究相关的规章制度和行为指南；规避和控制科研中由于商业化引起的利益冲突，同时注意来自政治、经济发展等方面的压力对科研的影响；既强调与科研人员道德品质和伦理责任相关的个人自律，也关注科研机构的自律、制度建设和科技体制改革问题①。在这种意义上，"科研诚信"与"科研伦理"两个概念几乎可以等同使用。

美国科研诚信办公室将科研诚信定义为：在申报开展或者评审科研项目过程中，应用诚实可验证的方法，提交的科研成果报告应遵守相关的规章、条例、准则和公认的职业规范或者标准②。美国医学科学院和美国科学三院国家科研委员会在《科研道德：倡导负责行为》中提出："科研诚信，是指在科研活动这一特定情况下的道德原则的坚定性。"③

**2. 科研诚信的特点**

科研诚信作为科学共同体的基本价值追求，其具有规则性、合律性、普遍性、止损性等特点。

（1）科研诚信具有规则性。现代社会既是法治社会，也是契约社会。科研诚信，不仅是对科研活动真实性和纯洁性的认同，还是对科研规则的遵守和认同。以科研课题项目的申请与完成为例，课题项目的发出就是一种民法上的要约，要约一旦发出，就受到契约规则的影响。而课题项目组同意接受要约，在合同上签字，获得启动资金的支持，就是民法上的承诺。要约承诺皆具，就形成了合同，便会受到法律和契约规则的双重约束与保护。要信守规则，牢记底线，不得用欺骗造假等手段来谋取利益；要信守契约，如实履约，并在不可能履约的情况下勇于承担责任，按约补偿，不得弄虚作假以逃避责任。只有每位科研工作者在科学研究中秉持诚信作风，才能使诚信成为一种维系良好科研秩序的道德义务④。

（2）科研诚信具有合律性，既具有自律性又具有他律性。诚信伦理学认

---

① Tindemans Report: An action-oriented Summary of the First International Conference on Research Integrity, Lisbon, l6-19, September 2007, http://www.euroscience.org/ethics-in-science-work-group.html.

② 刘军仪、王晓辉：《促进科研诚信：美国科研道德建设的经验》，载《外国教育研究》2010年第5期。

③ 美国医学科学院、美国科学三院国家科研委员会：《科研道德：倡导负责行为》，苗德岁译，北京大学出版社，2007年版，第42页。

④ 史兆新：《科研诚信论》，南京师范大学博士论文，2019年。

为，诚信本身存在着四重境界，即他律诚信、受律诚信、自律诚信和无律诚信，这四重境界之间是从低级到高级的递进发展的关系，体现了道德修养的不同层次。"他律诚信"是道德的基本，"受律诚信"是道德常态，"自律诚信"是一个社会普遍追求的道德状况，而"无律诚信"才是最高的道德追求[①]。科研伦理是专业伦理，科研诚信是专业诚信，专业仅仅是遵守的门槛，自律与他律才是科研诚信存在的保障。科研诚信不仅仅是一种道德规范和价值追求，它还是社会评价、一个国家科学界精神面貌的晴雨表，是国家综合科技实力的组成部分。自律是对自我的约束和规范，自觉地遵守科研规范和组织纪律。自律本质上是发自内心的，是充分发挥科研工作者自控自觉能力的方式。自律绝对不是被动执行，而是源于对科研诚信深刻认识基础上的理性自觉。他律主要强调外在的约束。科研诚信的他律，主要指相关的法律法规、职业规范和社会舆论等方面的力量对科研工作者及其言行的约束，是一种外在的力量或根据。这些外在的力量或约束，是超出科研工作者自身因素的，是科研工作者在科研活动中要重视和遵循的。强调科研诚信的他律性，主要是表明科研工作者在科研活动中不存在绝对的自由。科研活动总是要受到某种外在力量及其规律的制约，并要在这些外在力量及其规律性的基础上来开展科学研究工作[②]。科研诚信是科研自律与科研他律的有机统一，科研自律是科研工作者基于理性自觉对自己作出约束，科研他律是科研法律法规、职业规范、社会舆论以及科技信用体系综合力量对科研工作者的外在约束与监督，高度的科研自律是科研他律的推动力，科研他律体系的完善会倒逼科研自律自觉水平的提升。

（3）科研诚信具有普遍性。科研诚信首先是对科学共同体的基本要求，任何科学研究的主体都不能离开科研诚信的约束和鞭策。科研的道路上铺满鲜花也布满荆棘，科研工作者作为专业领域的专业人员，对其自身的道德要求要比对社会公众的要求高许多。"仁义礼智信"的传统儒家道德观念，应用到科研工作者身上，最为贴切的便是"诚信"。科研诚信要求科研工作者在物质工作和精神交流中求真求善，这不仅针对每一位科研工作者，而且对整个科学共同体都是如此，须知群体之恶往往要甚于个人之恶。强调科研诚信，

---

① 徐淑娟：《试论诚信的伦理要求和当代培育》，安徽大学博士论文，2020年。
② 史兆新：《科研诚信论》，南京师范大学博士论文，2019年。

实际上是维护正常的科研环境，巩固团结协作、活泼紧张的科研氛围的内在要求。科研诚信贯穿于课题申请、课题实施、成果形成、成果审查以及成果发表阶段，成为保障科研环境风清气朗、科研活动纯洁伟大的强大力量。

（4）科研诚信具有止损性。止损是经济学中常用的专业术语，在科研诚信语境下，它主要强调科研工作者恪守科研诚信，不仅有利于促进科学的发展，还有利于实现个人的合理利益追求，增加人生出彩的机会。一方面，在科学研究中遵守科研诚信，有助于抑制科研工作者的过分贪欲和牟利投机的企图，对科研工作者的科研活动具有强劲的约束力，避免了对国家、社会和他人合理利益的损害。另一方面，遵守科研诚信也可以避免科研工作者个人利益的完全丧失。虽然从具体的个别行为看，遵守科研诚信有时会使科研工作者丧失一部分眼前利益，但最终获得的是长远利益和根本利益。也就是说，诚实守信的科研工作者有可能就眼前来看会吃一些亏，但从长远看，"吃亏是福"，其付出的努力和善意必将得到更大、更长久的回报 ①。

## 二、科研诚信与科技信用的区别与联系

科研诚信与科技信用是一对经常同时提到的概念。成源将科技信用的定义归纳为从事科技活动的机构工作人员的职业素养和信用。② 其中，科技活动是指在所有科学技术领域内，与科技知识的产生、发展、传播和应用密切相关的、有组织的、系统的科技活动。李苏楠、胡少华提到，科技信用作为社会信用的重要组成部分，不仅是科研活动所涉及的人员及机构的信用，也是对科研活动中管理者、执行者、评价者等各类参与主体遵守承诺、约定，遵从行业规则、公认行为准则的评价。③ 张明龙认为，科技信用是指科技活动当事人遵守诺言和实践成约的行为。④ 科技信用属于科技领域特有的一种职业信用，是社会信用系统中一个重要的子系统。由此可见，学者们对科技信用所下的定义实质上是一致的。可以从国家科学技术部 2004 年发布的《关

---

① 史兆新：《科研诚信论》，南京师范大学博士论文，2019 年。

② 成源：《我国科技信用管理的现状与探索》，载《科学管理研究》2012 年第 3 期。

③ 李苏楠、胡少华：《基于项目活动周期的科技信用体系的研究》，载《中国软科学》2009 年第 4 期。

④ 张明龙：《我国科技信用管理制度建设的纵向考察》，载《科技管理研究》2005 年第 12 期。

于在国家科技计划管理中建立信用管理制度的决定》对科技信用的定义来理解其含义：科技信用指从事科技活动人员或机构的职业信用，是对个人或机构在从事科技活动时遵守正式承诺、履行约定义务、遵守科技界公认行为准则的能力和表现的一种评价。

科研诚信与科技信用之间的区别在于，科研诚信的主体为科研人员及其组织机构，其定位及内容是科研人员主动遵守研究行为要求的道德原则和职业标准，其重点是基于主动而非迫于规定被动遵守。科研诚信是科技活动中内在的、主动遵守的道德良心和价值认知；科技信用是科技活动中外在的、对遵守正式承诺、履行约定义务、遵循行为准则的能力和表现的一种评价。事实上，科研诚信侧重学者内在的道德良心和价值认知，而科技信用则强调外在的行为规范与约束[①]。

科技信用与科研诚信一表一里，二者是一个有机统一的整体。科技信用是科研诚信反映在制度上的具体表征，科技信用将抽象的诚信概念转化为可以量化的信用度，更加符合信息社会对于信任度的直观需求。科研诚信是科技信用体系存在的理论基础，守信行为能够提高科技信用系统的运转效率，失信行为是科技信用系统的监控对象。科研诚信指数越高，科技信用体系的经济价值和社会价值越大，科技信用体系越全面越具体，就越会倒逼科研失信惩戒制度的完善，从而压制科研失信的氛围。

## 三、科研失信与科研不端

### 1. 科研失信与科研不端的概念

科研失信，自然是指对科研诚信的违反。科研失信就是科研工作者未能遵循科学共同体的价值引导，作出违背科学追求真实性、客观性、规范性特点的科研行为，且这种行为违背科研工作者工作规范，伤害科学研究的诚信性。科研失信包括学术失范行为、科研不端行为和科研不当行为。所谓学术失范，是指有些科研人员因知识、方法、技巧、能力方面的欠缺或价值观的冲突而背离科研准则、原则和规范，也有一些科研人员则是出于某种目的故意违背科学研究基本伦理原则，这些都可以称为学术失范。其中最恶劣的做

---

① 沈亚平：《学术诚信与建设》，高等教育出版社，2017年版，第13页。

法被定义为"科研不端行为",一般包括伪造、篡改和剽窃。此外还有一些研究行为虽然违背了科研事业的基本道德原则,但没有突破相关的道德底线,它们被称为有问题的研究行为[①]或科研不当行为。而科研不端与学术失范行为,是科研失信的最主要表现形式。

1988年,美国政府发布《联邦登记手册》(*Federal Register*),第一次对科研不端行为作出权威界定,指出"科研不端行为"是指那些"编造、伪造、剽窃或其他在申请课题、实施研究、报告结果中违背科学共同体惯例的行为"[②]。这一概念较为全面地描述了科研不端行为的表现形式,同时也影响了国内相关研究。国内学界认为,科研不端行为是指在项目建议、研究审查或报告研究成果时,进行篡改、伪造或剽窃。其中,篡改是指编造数据或结果进行保存或报告;伪造是指操控研究材料、设备或过程,改变或舍弃数据或结果,导致该研究与研究记录不相符;剽窃是指将他人的想法、研究流程、研究结果或文字表述据为己有而未以任何方式承认作者的贡献[③]。

现代科研活动的总体过程大致可以分为课题申请、课题实施、成果形成、成果审查以及成果发表五个主要环节,每个环节均有可能发生科研不端行为[④]。据统计,我国科学界最常见的科研不端行为包括剽窃与伪造数据两种[⑤]。在课题申请环节,主要有伪造、夸大科研人员信息,剽窃他人已有研究成果,抄袭、复制他人申请材料等;在课题实施环节,主要有违背道德伦理行为、人为干涉科研进程、修改实验数据、剽窃已有实验成果等;在成果形成环节,主要有伪造实验数据、剽窃研究成果、主观取舍数据等;在成果审查环节,主要有人为操纵审查标准、纵容包庇科研不端行为等;在成果发表环节,主要有夸大论文数量、虚假署名或不当署名、同行评议弄虚作假等。科研不端行为的表现形式多样,从侧面也反映出在科研成果形成链条上下游存在许多漏洞,为科研不端行为提供了滋生的土壤。

---

① Committee on Science Engineering and Public Policy(U.S.):Panel on Scientific Responsibility and the Conduct of Research(1992),Responsible science:Ensuring the integrity of the research process, National Academy Press, Washington, D.C, pp. 27—29.

② 李真真:《转型中的中国科学:科研不端行为及其诱因分析》,载《科研管理》2004年第3期。

③ 邱仁宗:《什么行为可以界定为"科研不端"?》,载《健康报》2020年第7期。

④ 中国科学院:《科学与诚信:发人深省的科研不端行为案例》,科学出版社,2013年版,第17页。

⑤ 李真真:《转型中的中国科学:科研不端行为及其诱因分析》,载《科研管理》2004年第3期。

### 2. 科研失信与科研不端的关系

（1）科研失信是科研不端行为的重要成因。科研失信是科研诚信的相反概念。科研工作者因为产出压力、经济利益、利益交换以及学术能力、价值观的缺失等种种因素，最终未能遵循科学共同体的价值引导，作出违背科学追求真实性、客观性、规范性特点的科研行为，违背了工作规范和道德操守，就形成了科研失信。缺乏科学伦理与道德良知的约束，科研工作者的行为自然便滑向科研不端的深渊。如果科研失信行为的数量增加，势必会有部分科研不当行为转化成科研不端行为，使得科研不端行为在绝对数量与相对数量上都会增加。

（2）科研不端治理不力将加剧科研失信氛围。科研诚信是自律与他律的统一。科研他律是科研法律法规、职业规范、社会舆论以及知识产权信用体系综合力量对科研工作者的外在约束与监督，科研诚信本身就包含了对科研工作者诚信行为的一种社会评价。如果科研不端行为没有得到很好的惩处，那么科研人员就会形成对科研责任的错误认知，从而影响其履行科研诚信行为准则的坚定性和积极性，所谓"久而不闻其臭，亦与之化矣"。科研诚信的建设自然离不开社会风气的制约。另外，科研不端行为虽然发生在专业性较高的科技学术圈子内，但是由于其与社会文化环境直接相关，且处理、曝光、披露的方式与社会舆论联系密切，一旦在治理上没有回应社会舆论的期待，则必然会影响科学共同体内部对失信行为的评价态度，潜移默化地提高对失信行为的容忍度。严以律己的科研工作者自然会对这样的环境失望心冷，甚至可能转向与失信者同流合污的境地，最终导致科研失信氛围的加剧。

# 第四节　知识产权信用与科研诚信的关系

科学研究实质上是产出有价值的智力成果的过程，该智力成果的外在表现为科研论文、专利发明等内容，简言之，科学研究所产生的创造性智力成果是一种典型的知识产权。科研诚信，实质上是对一种原则性的科研道德的表述，侧重于参与科研的各方面主体的自律，形式上表现为一种较为简单固化的社会评价。但是，基于当下科研失信情况频发、科研公信力下降的现状，科研诚信理应承载更多的价值，进而从一种单纯的原则转变为一种工具性与价值性兼顾的制度。

科研诚信的制度化必然依托于知识产权信用，因此厘清二者的关系就成为这一转变的重要前提。考虑到知识产权信用与科研诚信的重合点，本书将从"知识产权"与"信用"两个维度对知识产权信用与科研诚信的关系进行分析。

## 一、知识产权视角下二者关系的分析

知识产权信用体现的是知识产权运行过程中所形成的信任关系，对这一信任关系的评价是围绕知识产权进行的。科研诚信评价的是科学研究行为的规范程度，这一评价可以从知识产权创造与运用的角度来进行，即这一评价既针对作为科研成果的知识产权是否规范，也针对科研过程中运用他人知识产权的行为是否恰当。由此来看，以知识产权为本位，知识产权信用与科研诚信有以下几层关系。

### 1. 知识产权信用与科研诚信都是对知识产权的整体评价

知识产权信用侧重于对知识产权创造、运用、保护的过程进行评价，科研诚信则侧重于对科学研究及成果发表过程中行为的规范。二者都涉及运用他人知识产权的行为以及创造自身知识产权的过程，都是对知识产权相关行为的概括性评价，具有整体性、全面性。

### 2. 知识产权信用与科研诚信都着力解决知识产权失信行为

科研失信行为突出表现为学术不端行为，学术不端行为也正是知识产权失信行为的一种体现。知识产权信用目的在于依托信用制度对知识产权失信行为产生长效规制力，科研诚信则是通过对学术道德原则的重申，规范科研行为。二者都着力解决知识产权失信行为，保证智力成果的独创性，确保知识产权相关行为的规范性。

### 3. 知识产权信用与科研诚信都以行为秩序为共同价值目标

知识产权信用的制度目标在于依托信用机制，建立一个动态的长效保护体制，从而规范知识产权相关从业人员的行为，形成良好的行业秩序。科研诚信虽然与知识产权信用所涉主体范围不同，但是科研诚信的目的也在于形成良好的学术风气。因此，无论是知识产权信用还是科研诚信，都以形成良好的行为秩序为价值目标。

## 二、信用视角下二者关系的分析

知识产权信用是对与知识产权相关的诚信度进行的评价，科研诚信是一种科研成果产出过程中所体现的道德伦理。"信用"具有一定的动态化，体现评价的客观性，"诚信"则是一种相对固化的原则性评价，但二者实质上是同一种信任关系的不同表现形式。以信用为基本视角，知识产权信用与科研诚信具有以下几层关系。

### 1. 知识产权信用可以反映科研诚信度

知识产权信用是对知识产权相关行为的一种动态评价，这一评价可以量化为数值或者等级，且这一评价可以用于知识产权领域关涉的所有行为。因此，科研行为的诚信必然可以用具体的知识产权信用评价来表示。简言之，在选取一定要素进行评价后，符合科研诚信的行为必然具有较佳的知识产权信用评价。知识产权信用评价作为"度量衡"可以准确反映科研诚信程度。

### 2. 知识产权信用推动科研诚信制度化建设

科研诚信目前更多的是一种对从业人员的道德性、原则性要求，具备较强的自律性，而目前的科研失信现状要求科研诚信必须经由制度化而具备一定的他律性。这种制度化的实现必然要借鉴和依托知识产权信用制度。申言之，制度化和他律性要求对科研诚信进行有效的动态监管，实现动态监管的最佳路径就是信用制度。知识产权信用制度的实践，为科研诚信的制度化提供了参考指标，科研诚信可以沿用知识产权信用中的评价指标等要素对涉知识产权的科研行为进行有效评价，从而推动科研诚信制度化建设。

### 3. 知识产权信用推动科研诚信体系化建设

科研诚信目前很大程度上停留在一种笼统的原则性要求，一种道德性呼吁，要想完成政策文件的要求，真正落实科研诚信，必然要在制度化的基础上进行科研诚信的体系化建设。知识产权信用的外延就是知识产权信用运行的六大体系，这些体系涉及信用信息共享、信用评价、信用担保等方面，虽然这六大体系不能直接套用于科研诚信，但是知识产权信用的体系机制能够为科研诚信的体系化建设提供指引和参考。就目前来看，科研诚信制度以行为规制为重点，因此在科研诚信的体系化建设中可以着重打造科研诚信评价体系和监管体系，同时辅以科研诚信标准体系。由此来看，知识产权信用的系统科学视角能为科研诚信的体系化构建指明方向。

## 三、综合视角下二者关系的分析

综合以上知识产权与信用两个维度，结合科研诚信的实际情况与价值取向，可以明确知识产权信用与科研诚信存在多层次关系。

### 1. 知识产权信用与科研诚信存在纵横关系

（1）从纵向来看，知识产权信用深度参与科研诚信治理。首先，知识产权信用提高了科研诚信治理的科学性，使得科研诚信从原则性的倡导转向客观性的评价，赋予了科研诚信准确的内涵；其次，知识产权信用提高了科研诚信的他律性，知识产权信用为进一步的科研诚信动态监管提供工具价值，依托准确的信用评价，相关部门可以准确对科研诚信进行监管，使得科研诚信从自律性原则转向他律性制度；最后，知识产权信用提高了科研诚信的有效性，科研诚信治理以规范科研行为、规制学术不端等行为为重点，与知识产权信用规范知识产权失信行为的制度价值具有一致性，知识产权信用参与科研诚信治理，提高了科研诚信治理的有效性。

（2）从横向来看，知识产权信用是科研诚信制度化、体系化的依托。首先，知识产权信用可以作用于科研诚信全过程，知识产权信用评价针对与知识产权相关的行为，是一种客观的动态评价。知识产权信用评价当然涵盖科研过程中与知识产权相关的行为，为科研诚信全过程提供整体性评价，推动科研诚信的制度化。其次，知识产权信用为科研诚信制度化提供参照指标，科研诚信制度化必然对应着科研诚信度的评价，这一评价可以参照知识产权信用评价进行，评价结果同时也作用于科研诚信监管制度。最后，知识产权信用为科研诚信提供制度体系建设经验。知识产权信用在评价对象范围的确定、评价标准因素的选择、评价结果的共享和使用等方面已经初步积累了一些经验，这些可以直接为科研诚信制度的落地提供借鉴；同时，科研诚信的体系化建设也可以参照知识产权信用的六大体系，以评价体系和监管体系为侧重展开，由此实现科研诚信的制度化、体系化。

### 2. 知识产权信用与科研诚信存在内外关系

（1）科研诚信是知识产权信用的基础和动力。科研诚信是内化的、强调个人道德操守与价值追求的行为规范。在科学研究活动中，科研工作者越自觉、越自律，产生的内在约束力、道德良知就越强大。为科研失信行为筑起红线，并不只是在外部用法律法规及相关职业规范来约束，而且要培育一种道德感，把德行看作立身根本去追求，也就是要有一种道德的理想去引导自己的言行；同时要建立一种发自内心的制裁机制，当不合乎道德的行为和思绪产生的时候，人们会感到不安和羞愧，从而检视和约束自己的言行，纠正那种不合道德的思绪和行为。科研诚信氛围浓厚，则会为知识产权信用提供良好的环境与动力，反之，则会增大知识产权信用体系建设的压力。并且，科研诚信本身就是科学技术"大厦"建设的重要内容之一，知识产权信用体系是顺应科学技术"大厦"建设需要而产生的系列体制的组成部分。如果科研诚信发生崩塌，就会"皮之不存，毛将焉附"，知识产权信用体系自然也就失去了生存的土壤基础，变成无根之木。

（2）知识产权信用是科研诚信的保障和体现。知识产权信用体系包括知识产权信用信息共享系统、知识产权信用评估评级系统、知识产权信用担保系统、知识产权信用监管系统等，它的产生除了市场经济发展和技术市场扩张的需要外，还有一个重要的因素就是，它对应科研诚信涉及的每一个环节，从而在这些环节上，为科研诚信保驾护航。从这个角度上说，知识产权信用是可视化的科研诚信，是科研诚信转化为信用度后的表征。知识产权信用是"皮"，科研诚信为"骨"，知识产权信用从外部为科研诚信提供坚实的体系保障。

# 第二章 知识产权信用体系建设

## 第一节 知识产权信用法律制度

随着"大众创业万众创新"的提出，激发民众智慧与创造力、提高我国知识产权发展水平的重要性愈发凸显。在信用领域，为了实现我国经济高质量发展这一重大目标，《信用纲要》将"知识产权领域信用建设"纳入"全面推进社会诚信建设"当中①，这标志着知识产权信用建设正步入正轨。在知识产权领域，信用对知识产权权利人及相关主体起着重要的约束及管理作用，知识产权信用法律制度的完善可为加强知识产权诚信管理、知识产权信用评价、知识产权失信行为惩戒、知识产权服务机构信用建设提供法律支撑。

### 一、知识产权信用的主体

知识产权信用体现为一种社会关系，即发生在知识产权的创造、运用和保护等过程中的权利人（授信人）和相关行为主体（受信人）之间的社会关系。成千上万的授信人和受信人发生知识产权信用关系，行为主体时而是授信人，时而是受信人，身份在不断变换。为了构建知识产权信用法律制度，需充分调动和整合与知识产权相关的各方主体力量，树立尊重和保护知识产权的意识，杜绝滥用知识产权、侵犯知识产权、中介机构违法代理等失信行为，从而切实提高知识产权保护水平，营造一个诚信创新发展的良好环境。

#### 1. 知识产权权利人

知识产权权利人是指知识产权的权利所有人，包括著作权人、商标权人、

---

① 章政、田侃、杜丽群等：《中国信用发展报告（2014～2015）》，社会科学文献出版社，2015年版，第1-8页。

专利权人、商业秘密权人等。知识产权权利人既可以是自然人，也可以是法人和非法人组织，甚至可以是国家。知识产权权利人包括知识产权的原始主体和继受主体。原始主体是指直接根据法律规定或国家行政授权，在没有其他基础性权利的前提下，对智力成果享有知识产权的人。继受主体是指因受让、继承、受赠或法律规定的其他方式取得全部或者部分知识产权的人。随着科学技术的发展，知识产权的外延不断拓展，一系列新型权利如科技成果奖励权、域名权、数据库特别权等不断涌现，但这些权利能否成为独立的知识产权，相关主体是否能称为知识产权权利人，在理论界仍然存在较大分歧。

**2. 知识产权相关行为主体**

（1）知识产权行政管理机关。我国对知识产权实行司法保护与行政保护的"双轨制"保护模式，行政管理机关在知识产权授权、管理、保护等方面积极履行职责，对推动知识产权信用建设发挥重要作用。由于我国针对不同的知识产权客体分别设置了不同的行政管理部门，因此涉及知识产权行政管理的机关众多。例如，在2018年机构改革之前，国家知识产权局专利局负责管理全国的专利、集成电路布图设计工作；国家工商行政管理总局对商标权和类似权利给予保护，并负责制止不正当竞争行为；国家版权局主管全国的版权管理工作。上述各知识产权行政管理机关自成体系，除中央机构外，在各省、自治区、直辖市也设立了相应的工作机构，并且行政职能涵盖知识产权的多个方面，包括行政管理、行政服务以及行政执法功能。[①] 但机构改革之后，不再保留国家工商行政管理总局、国家质量监督检验检疫总局、国家食品药品监督管理总局，组建国家市场监督管理总局。同时，重新组建国家知识产权局。强化知识产权创造、保护、运用，是加快建设创新型国家的重要举措。为解决商标、专利分头管理和重复执法问题，完善知识产权管理体制，将国家知识产权局的职责、国家工商行政管理总局的商标管理职责、国家质量监督检验检疫总局的原产地地理标志管理职责整合，重新组建国家知识产权局，由国家市场监督管理总局管理。国家知识产权局的主要职责是，负责保护知识产权工作，推动知识产权保护体系建设，负责商标、专利、原产地地理标志的注册登记和行政裁决，指导商标、专利执法工作等。商标、

---

① 丛雪莲：《中国知识产权行政管理机构之设置与职能重构》，载《首都师范大学学报（社会科学版）》2011年第5期。

专利执法职责交由市场监管综合执法队伍承担。自此，中国知识产权行政管理格局发生了重大变化。

（2）知识产权司法机关。知识产权司法机关是知识产权失信违法行为的主要惩戒机关，法院依法独立行使职权，积极发挥从严打击各类知识产权失信行为的作用，以司法手段推动知识产权信用建设。我国知识产权案件管辖体系较一般案件更为复杂，主要体现在民事与行政领域。其中，专利民事纠纷第一审案件，由各省、自治区、直辖市人民政府所在地的中级人民法院，最高人民法院指定的中级、基层人民法院管辖；商标、著作权民事纠纷第一审案件，由中级以上人民法院以及高级人民法院指定的基层人民法院管辖。此外，2014年以来，我国还在北京、上海、广州、海口设立了四个专门的知识产权法院。南京、苏州、杭州、合肥、宁波等地高级人民法院也设立了专门的知识产权法庭，负责统一管辖和审理涉及知识产权的全部民事和行政案件。

（3）知识产权服务与运营机构及其工作人员。知识产权服务机构主要是指为专利、商标、著作权、软件、集成电路布图设计等提供代理、转让、登记、鉴定、评估、认证、咨询、检索、维权等服务的机构[①]，其工作人员大都是专利、商标代理人员。从其所提供的服务内容来看，知识产权服务机构及其工作人员对于知识产权信用建设起推动作用，一方面可以帮助知识产权人规范相关行为，另一方面在知识产权失信行为发生时可以提供维权服务。我国还没有建立起完善的与知识产权制度相配套的知识产权服务体系，机构人员创新意识与知识产权认知水平仍待加强。目前，正逐渐加大对服务机构及其工作人员的执业诚信信息披露力度，强化行业自律，促进知识产权代理质量和服务水平提升。

知识产权运营机构主要包括企业、科研院所、大专院校及各种专业运营机构，这些机构通过市场经济运行机制集约配置资源，采用特定的战略规制、商业模式和经营策略，从而实现知识、技术、创意等无形资产产权价值的商业行为的集合。[②] 自2017年我国公布首批八个知识产权运营服务体系建设重

---

[①]　姚泓冰、冯晓青：《我国知识产权商业性服务机构现状研究》，载《北京政法职业学院学报》2013年第1期。

[②]　范建永、郑红莺、秦正雨：《知识产权运营开启知识产权新视野新体验》，载《科技促进发展》2016年第6期。

点城市以来，相关各方开展了大量知识产权运营工作，促进知识产权与创新资源、金融资本、产业发展有效融合。知识产权运营是实现知识产权经济价值的重要手段，规范其主体行为也是建设知识产权信用体系的重要环节。

（4）利用知识产权的第三人。利用知识产权的第三人包括单位和个人。能否尊重知识产权并遵守诚实信用原则的要求，自觉规范其自身行为，对知识产权保护以及知识产权信用建设至关重要。一方面，知识产权的利用者应当尊重他人的智力创造成果，不侵犯他人合法拥有的知识产权。如果第三人对某项知识产权感兴趣，应当通过正当途径获得权利人的同意，不可为了节约新产品、新技术的开发成本而窃取他人成果、假冒他人商品。另一方面，获得知识产权人的授权许可或者直接购买取得知识产权后，知识产权的利用人仍然应当妥善保管和利用知识产权，遵守诚实信用原则，按照合同内容履行其义务。

（5）其他知识产权相关行为主体。当前经济仍然处于全球化趋势之下，各国均要求加强知识产权的运用和保护，进而提升一国的创新水平和综合实力。知识产权具有较强的特殊性，其运行体系下包括权利的产生、管理、运用、保护等诸多环节。因此，知识产权相关行为主体远不止以上所列举的类型，均应受到知识产权信用的约束，从而促使每一份社会力量都参与到知识产权信用建设之中。近几年来，多级知识产权行政管理机关在知识产权信用体系建设方面进行了探索和实践，针对不同的知识产权行为主体制定了各具特色的实施方案，将知识产权信用体系建设置于当地政务诚信建设中积极推进。

## 二、知识产权失信行为

知识产权失信行为，是指知识产权领域内违反知识产权法律制度规定，背离知识产权立法宗旨和诚实守信原则，从而有损知识产权制度信誉的行为。[①] 知识产权失信行为所涉领域广泛，存在于政治、经济、文化等多个方面，一般具有违法性和欺骗性等重要特征。各种形态的知识产权失信行为，不仅严重侵犯市场主体特别是知识产权权利人的合法权益，而且动摇市场经

---

① 吴国平、唐珺：《知识产权失信行为的法律规制研究》，载《知识产权》2011 年第 9 期。

济运行的信用基础。

### 1. 分类标准

从当前有关失信行为管理规范来看，失信行为严重程度的分类标准并不统一，各领域、各地区对失信行为采用不同的分类方式，对分类标准的理解也不尽相同，知识产权失信领域亦是如此。实践中，一般将失信行为分为一般失信行为、较重失信行为与严重失信行为[①]。对于严重性标准的量化主要有两种方式，一种是采用数字标准，以《湖北省企业失信行为联合惩戒办法（试行）》为例，"被处以特大数额罚款""被法院或仲裁机构认定为恶意拖欠贷款本息 12 个月以上""一年内发生 2 次及以上相同较重失信行为或者一年内发生 3 次以上较重失信行为"等情形被认定为"严重失信行为"，这是对照一般失信行为的"较小数额罚款"与"拖欠 6 个月内"、较重失信行为的"较大数额罚款"与"拖欠 6 至 12 个月"而作的设定。[②] 另一种是以受损法益作为损害程度的重要参考。例如，如果行为可能或已经造成自然人死亡、残疾或健康损害的，是对当事人生命权、健康权的严重损害，理应认定行为符合严重性要件。再如，如果行为造成社会秩序、市场秩序的紊乱，影响已经及于大多数的第三人或社会大众，那么应属于"严重影响"的范畴。

在知识产权失信层面，尚无相关制度规范对失信行为作以上精细划分。当前仅有《关于对知识产权（专利）领域严重失信主体开展联合惩戒的合作备忘录》（发改财金〔2018〕1702 号）以及《专利领域严重失信联合惩戒对象名单管理办法（试行）》（国知发保字〔2019〕52 号）两份文件列出了专利领域的严重失信行为，分别是：重复专利侵权行为；不依法执行行为；专利代理严重违法行为；专利代理师资格证书"挂靠"行为；非正常申请专利行为；提供虚假文件行为。此外，根据国家市场监督管理总局网站发布的关于《严重违法失信名单管理办法（修订草案征求意见稿）》的公开征求意见，"被列入经营异常名录或者专利代理机构经营异常名录届满 3 年仍未履行相关义务的""被决定停止受理商标代理业务的""因商标侵权行为 5 年内受到 2 次行政处罚的；因非正常申请专利行为 5 年内受到 2 次行政通报或者其他严重

---

① 黑龙江省人民政府办公厅：《黑龙江省企业失信行为联合惩戒实施办法（暂行）》（黑政办发〔2013〕26 号），第九条至第十二条规定。

② 湖北省人民政府办公厅：《湖北省人民政府办公厅关于印发湖北省企业失信行为联合惩戒办法（试行）的通知》（鄂政办发〔2015〕67 号），第十三条至第十五条规定。

情节的"也将由负责部门列入严重违法失信名单。

最新政策方面，有 2021 年发布的国家知识产权局公告（第 411 号）《关于规范申请专利行为的办法》。2007 年，国家知识产权局制定《关于规范专利申请行为的若干规定》（局令第 45 号），并于 2017 年进行了修改（局令第 75 号），对专利申请行为进一步予以规制。14 类严重侵害知识产权的行为被纳入侵权人"黑名单"。

2021 年，浙江省温州市中级人民法院向社会发布了《关于推进对严重侵害知识产权相关主体实施信用惩戒的工作指引（试行）》。同年发布的《市场监督管理严重违法失信名单管理办法》（国家市场监督管理总局令第 44 号）第九条规定："实施下列破坏公平竞争秩序和扰乱市场秩序的违法行为，且属于本办法第二条规定情形的，列入严重违法失信名单：（一）侵犯商业秘密、商业诋毁、组织虚假交易等严重破坏公平竞争秩序的不正当竞争行为；（二）故意侵犯知识产权；提交非正常专利申请、恶意商标注册申请损害社会公共利益；从事严重违法专利、商标代理行为。"

由以上文件内容可以看出，知识产权领域失信行为的规范分类采用的是有限列举的方式，即仅列出严重失信行为，而一般、较重、严重失信行为的划分标准并不清晰。笔者认为，在对知识产权失信行为的严重程度进行划分时，可以综合考虑主体的主观恶意、违法情节、危害后果等因素。例如，对于适用惩罚性赔偿的知识产权侵权行为，考虑到侵权人的主观恶意强烈，应将其纳入知识产权严重失信行为范畴。再如，对于直接危害国家安全和社会公共利益的行为，基于受损法益的特殊性，一般也应当将其认定为"特定严重失信行为"。此外，数字化标准的设置具有可参考性，其在一定程度上简化了失信行为的认定流程，降低了失信行为评价时的任意性，在具体设置时，可考量行为人被处以行政处罚的次数、侵权赔偿的数额等因素。

**2. 典型表现**

（1）滥用知识产权行为。法律保护知识产权的目的，旨在"保护智力创造者的权利，维系社会正义；促进知识广泛传播，有效配置智力资源"。[①] 一旦权利人超过法律允许的范围实施权利，以至于造成对他人合法权益或社会公共利益的损害，就会涉及知识产权的滥用问题。考察国内外立法及实践，

---

① 吴汉东：《知识产权本质的多维度解读》，载《中国法学》2006 年第 5 期。

知识产权滥用行为主要有下列表现形式：拒绝许可；价格歧视；搭售协议；限制交易行为；利用标准的制定和实施滥用权利；申请权的滥用；非诚信地利用知识产权救济程序。

（2）知识产权侵权行为。在现代社会，知识产权普遍受到各国法律的保护，然而在司法实践中，各种侵犯知识产权的违法、违约失信行为屡屡发生。知识产权侵权的失信行为严重影响了知识产权的生产、交易、签约及保护[①]，对知识产权的市场和文化环境的建设以及经济体制的增效升级产生了不利影响。其主要表现是：抢夺式侵权；冒用式侵权；伪造式侵权；非法泄露式侵权；非法使用式侵权；剽窃式侵权；违约式侵权。

（3）知识产权中介机构失信行为。中介机构是知识产权市场繁荣的助推器，在实施知识产权战略过程中发挥着重要作用。改革开放以来，我国形成了一大批专利代理、商标注册代理等知识产权中介机构，其产生和发展在很大程度上推动了我国知识产权事业的发展与繁荣，但也不可避免地出现了一些中介机构的失信行为，如不具备代理资质而违法从事专利、商标代理，采取低价、吹嘘、造假等各种手段拉客户，欺骗客户，扰乱知识产权代理市场的秩序；专利代理申请人在专利代理机构设立、变更审批过程中及专利代理执业证的首次申领、变更及注销过程中提交虚假材料等失信行为。

## 三、知识产权失信的法律责任

### 1. 民事责任

民事责任产生的前提系平等的民事主体之间因人身和财产关系而发生法律纠纷，在知识产权失信行为领域，民事责任主要因知识产权侵权失信行为而产生，其具体承担方式在《著作权法》《商标法》《专利法》中都有所规定。而对其他知识产权失信行为，一般没有规定民事责任的具体承担方式，如果符合民事责任的产生条件，则主要通过《民法典》对其加以约束。具体而言，知识产权失信行为的民事责任承担方式主要有以下三种：对知识产权信用主体的权利造成损害的，应当停止侵害，这类似于物权请求权中的妨害防止请

---

[①] 张进良、王惠东：《信用缺失对我国专利战略工程的影响及对策分析》，载《河北经贸大学学报》2009 年第 3 期。

求权；侵犯知识产权信用主体人身利益的，应当赔礼道歉并消除影响；给知识产权信用主体造成财产损失的，应当赔偿其损失，在赔偿数额难以确定的情况下，由人民法院根据侵权行为的情节判决给予法定赔偿。

### 2. 行政责任

由于行政保护范围涉及面非常广泛，因此知识产权失信行为的行政责任尤其多，三种典型知识产权失信行为的行政责任如下。

（1）滥用知识产权行为的行政责任，可见于《反垄断法》第七章，由反垄断执法机构责令停止违法行为，没收违法所得，并根据权利人滥用知识产权的行为类型处以罚款。

（2）知识产权侵权行为的行政责任，一般由知识产权行政管理部门责令侵权人停止侵权行为，没收违法所得，没收、销毁侵权物，并可处以罚款。

（3）知识产权代理失信行为的行政责任，实质上是一种行政处罚责任，它是指知识产权行政管理部门依法对违法或违规但尚未构成犯罪的专利或商标代理主体所实施的惩罚措施。知识产权代理行政责任的来源主要有两个，一个是知识产权代理机构设立审批、年检以及日常的行政管理方面的行政责任，另一个则是因为知识产权代理的特殊性对其执业规范进行了规定，并相应地规定了违反行业规范应当承担的行政责任。知识产权代理失信行为行政责任的主要承担形式有警告、罚款、没收违法所得，情节严重的可撤销代理机构执业许可证和代理师资格证。

### 3. 刑事责任

知识产权违法失信行为的情节严重性上升至刑法规制范畴时，则会产生相应的刑事责任。例如，专利代理师通过行贿获得专利代理资格证书，产生行贿罪的刑事责任；知识产权人以非法占有为目的，采取虚构事实或者隐瞒真相等欺骗手段，骗取对方当事人的财物，数额较大的行为，承担合同诈骗罪的刑事责任；商标代理组织和商标代理人以夸大或虚假宣传的广告方式误导委托人，争揽业务情节严重的，承担虚假广告罪的刑事责任等。

值得一提的是，我国《刑法》第二编第三章"破坏社会主义市场经济秩序罪"的第七节专门设立了"侵犯知识产权罪"，使得刑事处罚成为打击严重知识产权侵权的主要手段。侵犯知识产权罪是指违反知识产权保护法规，未经知识产权所有人许可，非法利用其知识产权，违反国家对知识产权的管理秩序和侵犯知识产权所有人的合法权益，违法所得数额较大或者情节严重的行为。当前罪名主要包括以下七种：假冒注册商标罪；销售假冒注册商标的商品罪；非法制造、销售非法制造的注册商标标识罪；假冒专利罪；侵犯著作权罪；销售侵权复制品罪；侵犯商业秘密罪。其刑事处罚一般为处三年以下有期徒刑或者拘役，并处或者单处罚金；情节特别严重的，处三年以上七年以下有期徒刑，并处罚金。

**4. 信用责任**

传统三大责任的规范与理论体系虽已相对成熟，但仍存在短板：失信收益高、失信成本低，失信收益高于失信成本；守信成本高、守信收益低，守信成本高于守信收益；维权成本高、维权收益低，维权成本高于维权收益。随着诚信中国与法治中国建设步伐的加快，尤其是如火如荼的联合褒奖诚信、联合惩戒失信机制的全面运行，经过法理提纯的信用责任作为独立的第四大法律责任正在进入法律责任体系。信用责任指法律主体因违反法定或者约定义务而承担的人格信用减损的不利法律后果。[1]

在知识产权失信层面，中央和地方为建设知识产权信用体系发布了一系列政策依据，探索建立各类知识产权服务标准化体系和诚信评价制度，强化对知识产权失信行为的联合惩戒。目前，在政策依据方面，《国家知识产权局关于加强专利行政执法工作的决定》（国知发管字〔2011〕74号）、《国务院关于印发社会信用体系建设规划纲要（2014—2020年）的通知》（国发〔2014〕21号）、《中共中央　国务院关于深化体制机制改革加快实施创新驱动发展战略的若干意见》（中发〔2015〕8号）、《国务院关于新形势下加快知识产权强国建设的若干意见》（国发〔2015〕71号）、《中共中央　国务院关于完善产权保护制度依法保护产权的意见》（中发〔2016〕28号）、《国家知识产权局关于开展知识产权系统社会信用体系建设工作若干事项的通知》（国知发管字〔2016〕3号）以及2019年11月中共中央办公厅、国务院办公厅印发的《关于强化知识产权保护的意见》等多个文件提出，建立健全知识产权诚信管理制度，将知识产权侵权行为信息纳入失信记录，强化对盗版侵权等知识产权侵权失信行为的联合惩戒，提升全社会的知识产权保护意识。

在具体信用责任形式方面，《关于对知识产权（专利）领域严重失信主体开展联合惩戒的合作备忘录》（发改财金〔2018〕1702号）对知识产权领域

---

[1]　刘俊海：《信用责任：正在生长中的第四大法律责任》，载《法学论坛》2019年第6期。

严重失信行为实施联合惩戒，标志着知识产权信用体系建设进入落地实施阶段。该备忘录明确了六类知识产权（专利）领域严重失信行为，对于知识产权（专利）领域严重失信主体提出了两类惩戒措施：一类由国家知识产权局实施，另一类由其他部门单位联合实施。对以上措施进行分类，可以概括为以下五种形式的信用责任。

（1）失信记录，如"失信情况记入金融信用信息基础数据库及互联网征信系统"。这是最基础的惩戒措施，其惩罚的成分最弱，主要功能是将已经认定的失信行为及行为人的信息予以集中保留，以备与其他惩戒措施配套实施。

（2）重点监管，如"作为重点监管对象，加大日常监管力度，提高抽查比例和频次"。这是对失信人加强监管，从而与普通被监管对象区别对待的惩戒措施，区别的方式有增加检查频次、再有失信行为将从重惩戒等。重点监管不会直接造成法律上新的义务。

（3）声誉不利，如"限制取得表彰奖励，已取得的表彰奖励予以撤销""将失信主体的失信信息协调互联网新闻信息服务单位，向社会公布"，即让失信人的声誉受到负面影响的惩戒措施。具体方式有失信信息的公开公示（包括但不局限于行政处罚的公开）、撤销荣誉称号、警告、通报批评、公开谴责等。失信记录本身不会对失信人的声誉构成不利，公开本身也不会增加法律义务，但在互联网、信息化时代，公开公示失信信息通常会使失信人声誉受损，进而影响其经济利益。

（4）资格限制或剥夺，如"对严重失信责任主体，限制其取得认证机构资质；限制获得认证证书"。这是失信惩戒中较常见的一种措施，是限制或剥夺失信人获取公共资源、公共职位、公共服务、公共荣誉以及进入特定职业或行业的资格。其具体方式更多样化，且资格限制或剥夺显然是更重的惩戒，直接对失信人的市场活动、获取职业、资源或荣誉的机会造成诸多障碍和不利。资格限制或剥夺所涉及的往往是需要满足一定条件才可获取的资格。

（5）自由限制，如"限制购买不动产及国有产权交易，限制在一定范围的旅游、度假等非生活和工作必需的消费行为"。与资格限制或剥夺不同，自由限制是对通常不需要满足任何规定条件的行动自由加以限制。

# 第二节 知识产权信用体系建设的理论逻辑及意义

## 一、知识产权信用的理论支撑

知识产权制度通过赋予相关权利人以一定期限的独占权，来肯定知识成果。作为一种制度安排，[①] 在经济新常态下，创新驱动发展实质上就是知识产权驱动发展，知识产权制度是创新发展的基本保障。[②] 信用制度是对交易主体信用行为的规制，是对市场主体交易过程中信用关系所作的一种制度安排。知识产权信用的制度设计对应的是当前各领域对知识产权信用的需求，知识产权领域信用的建设，意味着将相关主体的行为纳入统一的评价指标，为与知识产权有关的运营和交易提供统一的尺度，交易各方可以通过量化指标产生合理的交易预期。信用制度与知识产权并非独立的，信用制度可以作为一种评价工具，通过对知识产权运行过程中各方主体的行为进行评价而进入知识产权运营体系。在此背景下，相关专家学者对知识产权信用领域的一些问题进行了较为深刻的研究，重点集中在以下领域。

### 1. 知识产权担保质押基本问题研究

这一研究以比较法为基本视角，参考以美国为代表的诸多国家的经验，以制度移植为着眼点并从法律、政策、担保机构和中介机构四个角度指出了中国可以借鉴的方面。[③]

### 2. 信用缺失对专利等知识产权的不利影响研究

这方面的研究侧重于专利领域，明确了信用缺失导致产权制度不完善，使得基于产权制度和信用制度之上的专利制度、专利保护、专利权益等难以得到保障，明确制度需求。[④]

---

[①] 赵亮：《马克思主义与中国特色知识产权制度建设》，载《人民论坛》2019 年第 33 期。

[②] 吴汉东：《经济新常态下知识产权的创新、驱动与发展》，载《法学》2016 年第 7 期。

[③] 刘雪凤、杜浩然、王凡：《美国知识产权信用担保质押式研究》，载《中国科技论坛》2016 年第 6 期。

[④] 张进良、王惠东：《信用缺失对我国专利战略工程的影响及对策分析》，载《河北经贸大学学报》2009 年第 3 期。

### 3. 侵权行为的信用法律规制研究

这方面的研究侧重于侵权行为的规制，明确了"诚实信用原则的虚化是产生知识产权失信行为的现实条件"。相关研究者认为，诚实信用原则尚未成为贯穿我国知识产权立法、守法、执法和司法始终的基本原则，这就使得在面对新型的知识产权案件时，法官难以通过适用法律原则的方式解决纠纷，因此需要在法律中明确知识产权中的诚实信用原则。[①]

### 4. 知识产权保护的征信机制建设研究

相关研究者认为将知识产权保护与征信制度相结合或许可探索一种新的知识产权保护机制，这一机制能够拓展知识产权保护措施，有效衡量当下知识产权保护状况，为行政执法提供依据，是社会信用体系的有力补充。[②]

### 5. 知识价值信用评级体系构建研究

这一研究以有效缓解中小企业的融资难题为目标，在具体的指标设计中，研究者明确建立知识价值信用评价体系，应把握以知识产权为核心组成评价体系，以加权和加分两种方式，对创新型企业作出有关其信用行为的可靠性、安全性程度的估量，并用于评价履行各种经济契约的能力水平和可信任程度。[③]

在关注以上问题的基础上，以知识产权信用为基本依托，同时引入"信义法"的相关理论，将信任关系的确认和维护作为理论基础，在准确识别"受信人"与"受益人"的基础上，构建知识产权信用体系框架。

## 二、知识产权信用体系建设的逻辑起点

我国知识产权保护体系的建立，最初推动力是立法。从加入世界贸易组织到 2020 年 1 月签订《中美贸易协定》，我国已构建起制度设计与世界主要国家保持一致的知识产权保护体系。但是，我国并未真正建立知识产权的"长效保护机制"。

### 1. 知识产权侵权行为缺乏事先防范

我国的知识产权保护是以单向机制为主的，即先设计知识产权保护的制

---

① 吴国平、唐珺：《知识产权失信行为的法律规制研究》，载《知识产权》2011 年第 9 期。

② 罗斌：《构建我国知识产权保护征信机制的法律思考：从引入征信机制的角度》，载《贵州社会科学》2012 年第 1 期。

③ 李晓阳：《建立知识价值信用评价体系探析》，载《探索》2017 年第 5 期。

度，再落实到具体的社会现实中。目前的知识产权保护，在很大程度上还是一种被动的、事后的知识产权保护，知识产权侵权行为缺乏事先防范，实质上是通过事后的侵权惩罚来遏制事前的知识产权侵权行为。这种保护模式要求权利人积极作为，同时以司法裁判为基本指导，具有强烈的个案色彩，着重特殊预防之效。

在知识产权"长效保护机制"尚不完善的背景下，以知识产权侵权为代表的知识产权失信现象缺乏有效规制，屡禁不止，无论是在商标领域、著作权领域还是专利权领域，失信行为反复出现，盗版、商标冒用、专利泄露等侵权事件已经严重影响权利人正常行使权利，也阻碍了知识产权的高质量发展。

**2. 知识产权运营欠缺信用体系作为背书**

知识产权失信行为的更大弊端在于，其严重影响了知识产权的运营，相关主体很难期待知识产权相关行为足够合理、规范。知识产权领域欠缺信用体系作为背书，给知识产权运营体系的建设以及营商环境的优化带来了不利影响。在主体数量庞杂的知识产权运营过程中，没有统一的指标为知识产权交易提供参考，知识产权运营也无法获得信用体系背书，导致各方主体对于交易的信任度不高，从而影响到了知识产权运营的发展。因此，知识产权信用的建立是保障知识产权运营体系，使知识产权交易获得信用体系背书的应有之义。知识产权信用体系已成为各级政府激励和促进知识产权创造、运用、保护的重要举措和工作内容。

总体来说，推动知识产权信用体系建设的逻辑起点有两方面，一方面是以知识产权侵权为代表的知识产权失信行为缺乏有效规制，另一方面是知识产权交易量的增长与交易模式的更新需要信用作为工具来优化知识产权交易与运营环境。这两个层面的需求，一个立足于知识产权失信行为泛滥的现状，另一个立足于对知识产权运营体系的展望，二者构成了知识产权信用体系建设的基本推动力。

## 三、建立知识产权信用体系的意义

### 1. 建立知识产权信用体系有利于知识产权治理的进行

知识产权治理，需要遵循一定的治理路径，依托一定的治理手段，而知识产权信用能够作为治理的基本依据和工具。一方面,知识产权信用评价的后果能够作为监管的依据,从而明确知识产权行业的整体运行状况,进而得到清晰的治理路径;另一方面,知识产权信用也能作为治理的工具,通过对知识产权主体的奖惩起到规范相关主体行为的作用。

**2. 建立知识产权信用体系有利于知识产权行业的发展**

知识产权信用作为一种制度设计,其特征在于能够参与到知识产权运行的全过程中,并能够对具体的行为施加事前、事中、事后多维度的作用力。其作用不以惩戒为主,而是侧重于激励,这一制度安排能够最大限度激发相关主体的主观能动性,引导主体自觉规范其自身的行为,从而对整个知识产权行业风气的优化起到重要作用。

**3. 建立知识产权信用体系有利于知识产权运营的推动**

知识产权运营以知识产权交易为核心,知识产权信用有利于降低知识产权交易成本,有利于稳定知识产权交易预期,有利于扩大知识产权交易范围。知识产权信用具有非个案性,其对于未来交易的指导意义具有一般性,这种一般性在很大程度上避免了陌生的交易双方从无到有地去收集交易信息,简化了搜寻成本。在知识产权运营中,知识产权信用的存在,便于实现较好地评价各方主体的履约能力和履约意愿,使得各方主体对于知识产权相关行为产生准确的预期。交易成本的降低和交易预期的稳定,带来的直接结果就是在知识产权领域,旧有的交易主体会在进行交易时考虑新的、信用评价较好的交易对象。此外,知识产权逐步成为一些企业的核心竞争力,知识产权信用能够推动以知识产权为依托的融资过程,信用评价背后代表的是相关主体履约的能力,以这一评价为背书,自然能够缓解变现周期较长与融资需求较大之间的矛盾。

# 第三节　知识产权信用体系建设的原则

## 一、诚实信用原则

《民法典》第一编第一章第七条规定:"民事主体从事民事活动,应当遵循诚信原则,秉持诚实,恪守承诺。"知识产权信用体系建设当然以诚实信用原则为首要原则。这一原则要求人们在民事活动中应当诚实、守信用，正当行使权利和履行义务。诚实信用原则也是市场经济活动的一项基本道德准则，是现代法治社会的一项具有道德内涵的基本法律规范。信用以及所谓的"信义法律制度"都可以视为诚实信用原则的具化。诚实信用原则也为知识产权信用的运行过程划定了底线。

与一般公众所必须遵守的诚实信用原则相比，科技工作者的诚实信用原则关乎社会声誉、国际声誉以及研发成果的有效性。具体来说，要求科技工作者在课题申报、项目设计、数据资料的采集与分析、公布科研成果、统计数据、确认科研工作参与人员的贡献等方面，诚实、客观、信用，不侵害他人的权利，不干扰他人的研究，抵制不端行为。

## 二、维护国家经济安全原则

国家经济安全是指一个国家的经济主体与基本经济秩序，以及对经济主体在经济活动中的利益或行为的保障程度及其遭受损害的可能性，其实质是一种防范风险和危机的意识、能力与保证措施。其基本内涵包括维护国内经济整体安全与保护国家在国际交往中的经济主权两部分。[①] 建立健全知识产权信用体系，应该放在国家整体安全观之下考虑。我国知识产权信用制度的建设，将知识产权领域内的相关信息进行量化评估后再向社会主体进行公示，从而使得知识产权领域内的各个主体可以凭借这一信用指标化解交易风险，降低相关主体依靠自身力量进行安全保护的成本，建立一种成本较低的监控与保护机制，进而维护市场经济秩序和国家经济安全。因此，在构建知识产权信用制度立法时，应当坚决维护国家的经济安全，规定信用信息公开的领域、范围和程序，明确有关政府部门、企业及信用服务机构的相关职责。[②]

## 三、维护市场公平竞争原则

理想的市场应当具有公平竞争的环境，这一基本市场秩序对行业发展有

---

① 单飞跃：《经济法理念与范畴的解析》，中国检察出版社，2002 年版，第 100 页。
② 刘瑛：《企业信用法律规制研究》，中国政法大学出版社，2011 年版，第 121 页。

着重要意义。尤其是在知识产权领域，知识产权背后代表着具体产业的利益，为了避免垄断，只要符合法定条件，不论其在何地、采取哪种所有制形式、规模大小，都应当平等地获取知识产权信用信息。也就是说，知识产权领域的各个主体，在允许征信机构收集自己的相关信息作出知识产权信用评价的同时，也有权利平等地从征信机构依法获得知识产权信用信息。市场各主体获取信用信息的机会平等，使得市场竞争保持在公平的起点和公开范围内，使得竞争与市场环境的优化相辅相成，使得竞争能够让知识产权领域各主体行为真正规范，从而促进知识产权的繁荣发展。

## 四、保护科技创新成果原则

知识产权制度的设计，其根本目的之一是维护创新、激励创新，其基本手段是通过法律的形式给无形的智力成果以产权的地位，使其具有对世性。在产权确认的基础上，运用知识产权相关制度维护创新成果，并通过制度设计避免技术壁垒，真正激发科技创新的活力。由于知识产权信用制度在其中起到规制、保护、激发的作用，因此其必须以保护科技创新成果为原则。知识产权信用能够较好地反映相关主体的行为，进而便于从知识产权行为是否规范的角度对主体进行评价。此外，还要发挥知识产权信用制度所具有的惩罚失信者和奖励守信者的功能，使得科技创新成果在产权明晰的基础上得到进一步保护，并通过知识产权信用制度进一步推动科技创新成果的研发与转化。

## 五、促进知识产权交易原则

知识产权已经逐步成为企业的核心竞争力，企业的知识产权意识随着产业模式的升级而不断觉醒。知识产权信用制度的建设对于企业知识产权运营有着全方位的影响。知识产权交易与流转是知识产权行业整体发展的前提，因此知识产权信用必然起到促进知识产权交易与流转的作用。

从主体角度来说，对于以高新企业为代表的知识产权所占比重较大、知识产权质量较高的企业，知识产权信用制度首先使得其在市场交易中获得初步的优势地位。从便利融资的角度来说，知识产权信用参与到知识产权交易和流转的过程中，使得知识产权交易和流转背后的商业价值更为明显。知识产权信用作为融资的担保，能够弥补知识产权变现的时间差给交易带来的担忧，使得相关企业能够较快得到融资，这一融资在助力生产的同时，也能直接或间接地对知识产权研发产生促进作用，由此形成正反馈，使得企业知识产权发展形成良性循环。

从知识产权运营的角度来看，知识产权评估的结果是形成可以被市场中的交易主体直观获取的知识产权信用信息，提供这一信用评价信息，既是知识产权信用建设的出发点，又为知识产权的交易与流转提供了依据。在知识产权运营中，相关主体的知识产权信用评价当然会随着评价指标的变化而浮动，这一浮动对相关企业来说是具有直接现实的经济意义的。因此，在启动具体制度方案时，可以通过具体指标的设计，实现对知识产权领域内主体行为的宏观指引。利用知识产权信用信息公开、知识产权信用评估、知识产权信用担保、知识产权信用监管、知识产权失信惩戒等制度，对行业内主体进行积极引导，从而促进知识产权交易与流转，推动知识产权行业以及知识产权运营体系的发展。

# 第四节　知识产权信用体系建设框架

根据知识产权信用体系建设现状、自身包含的内容和运行规律，为构建知识产权"全链条"大保护格局，提升知识产权运营水平，实现知识产权高质量发展。知识产权信用体系建设应当主要包括知识产权征信与信用信息共享体系、知识产权信用评估评级体系、知识产权信用担保体系、知识产权信用标准体系、知识产权信用监管体系以及知识产权信用人才培养体系六大系统，它们之间相互促进、共同作用，形成有效的知识产权信用体系。

## 一、知识产权征信与信用信息共享体系

征信，是社会信用体系的基础环节，也是社会信用体系建设的重要内容。征信是由专业化的征信机构作为独立的第三方，采取收集、分析、整理社会活动主体的信用信息资料的方法，对其信用状况进行揭示，以判断和控制信

用风险的信用管理活动。诚信、信用是社会信用体系建设的目的，而征信则是建设的重要手段。征信通过对经济主体信用活动及时、准确、全面的记录，既帮助社会经济信息主体积累财富，也激励每个人养成诚信的行为习惯，进而推动社会信用体系的不断完善。

知识产权征信与信用信息共享是知识产权信用体系建设的基础。知识产权信用体系的构建目的，就在于通过获取信用信息，评价信用状态，进而促进公平竞争，维护创新环境。因此，信用评价信息的利用是信用体系发挥作用的途径。而信用"评价结论作为一种信息，是在一定时间及地点根据一定条件经过综合评价而形成的，所以被评主体在某一时期内的信用评价级别并不一定能够在以后的时间里持续有效。只有通过动态地采集和更新资料，对被评主体的诚信状况进行持续跟踪评价，才能获知被评主体现实的信用水平"[①]。这就需要在全社会范围内对通过知识产权信用体系获得的评价信息进行记录、积累和传递。互联网技术的存在使得建立知识产权信用信息共享平台成为现实。通过这一平台，可以将各种知识产权失信信息收集在综合的网络里，有利于信用体系在更大的范围内发挥作用。"征信体系的本质是为信用市场提供信用信息交流与共享的机制，而全面、完整的信用信息是征信活动开展的物质基础，信用信息的使用与共享机制是征信活动得以进行的制度保障。"[②]

我国当前信用体系尚不完善，征信行业发展不充分，现行法律体系中除了《征信业管理条例》还没有一套统一的法律体系为征信业务活动提供直接的依据，信用信息共享平台的建设也并不能满足当下经济发展的需要。因此，按照统一的信息标准和技术规范，探索构建企业、个人和社会组织的知识产权征信系统，构建知识产权系统内部信用信息交换和共享平台，全面整合现有数据资源，建立综合的信用信息数据库，实现系统内部信用信息互通共享，建立与完善知识产权征信与信用信息共享体系是我国完善市场经济体系、推动社会信用体系建设的前提。

知识产权征信与信用信息共享体系建设的落脚点在于知识产权征信与信用信息共享平台的建设，应从实体和程序两方面来完善信用信息共享平台的建设，确定信用信息的收集范围和公开范围，明确信用信息的收集程序，并

---

① 林江鹏：《和谐的科技诚信体系运行机制研究》，载《重庆工商大学学报（社会科学版）》2010年第2期。

② 刘瑛：《企业信用法律规制研究》，中国政法大学出版社，2011年版，第73页。

进一步拓展信用信息共享平台的应用范围。

## 二、知识产权信用评估评级体系

知识产权的评估价值是金融机构放款的依据，金融机构不仅需要对该项知识产权的盈利能力进行评估，更需要对企业整个运营状况和资信进行评价。信用评估是授信者利用各种评估方法，分析受信者在信用关系中的履约趋势、偿债能力、信用状况，并进行公正审查和评估的活动。信用评估是一项复杂的工程，包括选择评估方法、制定评估制度、总结评估结论等多项内容。

知识产权信用评估价值是衡量主体信用水平的重要依据，是知识产权运营的重要参考指标。知识产权的创造不仅需要人们智慧的密集结合，还需要大量的资金和政策支持，只有这样才能从根本上解决知识产权创造和创新动力的问题。利用有效的知识产权信用评估评级体系，能够对各类主体知识产权创造、使用和创新能力进行有效区分，能够准确衡量不同知识产权的经济价值和社会价值。在知识产权信用体系的建设过程中，建立良好的知识产权运营模式，利用良好的信用记录，帮助守信的知识产权创造和使用主体更加容易获取资金和政策支持。例如，建立信用等级评定与银行授信额度挂钩制度，将企业知识产权贷款融资许可与知识产权征信评价结果相结合，甚至可成为影响企业创业板 IPO 上市条件之一。知识产权信用评估评价体系能够提高知识产权的创造能力和使用效率，是知识产权运营体系得以平稳运行的重要手段。

现阶段，我国知识产权信用评估评级处于起步阶段。知识产权信用评估评级体系的建设是复杂的系统工程，需要政府、银行、第三方专业机构以及企业共同努力。政府出台操作性强的相关指南，创立科学独立的评估指标，建立全面公开的信用系统，通过知识产权信用评估机构准入机制和监管机制对评估机构进行监管，将知识产权运营的信用融入整体信用体系中。资产评估机构作为第三方专业中介机构，要做好评估工作。同时要充分发挥评估机构的行业自律性，加强信用评估机构之间的监督。企业则要解决知识产权信用问题，应通过加强自身信用提升知识产权运营能力，推动其进入良性循环。信用评估业务中突出的利益冲突问题、信息披露问题以及信用评估适用范围、信用评估行业的监管模式以及评估机构是否能引入信义责任，都是知识产权信用评估评级体系建设需要解决的问题。

## 三、知识产权信用担保体系

知识产权作为一种无形资产，日益成为企业提高核心竞争力所追求的重要目标。知识产权信用担保是知识产权质押融资的重要形式之一，其意义不仅在于对企业自主创新成果的保护，而且还在于为研发者提供一定程度上的资金支持。将企业拥有的知识产权资源盘活用好，激励企业加大科技研发投入、加强科技成果转化，是金融服务实体经济的重要内容。知识产权质押融资将知识产权与金融资本结合在一起，以金融体系来支撑知识产权产业的发展。实现以知识产权形式表现创新成果的商业价值最大化，金融支撑不可或缺。知识产权所有企业以通过向政府机构、担保公司等第三人出售知识产权或通过知识产权授权所产生的现金收益为抵押，换取第三人的信用担保，以提升企业自身的信用额度，从而能够向银行申请更多的贷款[①]。若借贷人出现未能按时清偿债务的行为时，出贷人银行有权向作为担保人的政府机构或担保公司提出偿还债务的要求。

知识产权信用担保是推动知识产权运营体系建设的动力，将提升无形的知识产权的变现能力，降低融资成本，提高融资效率，为企业融资提供支持。建立健全知识产权信用担保体系，不仅为培育高价值知识产权、提升知识产权运营质量提供保障，而且在信用担保的利益驱动下，企业将有足够的动力在知识产权运营的过程中坚持诚实信用原则。

但是由于我国信用担保起步晚，当前知识产权信用担保方面多以政策文件为主，尚未形成统一的法律规范以及行业标准。担保行业没有建立准入制度和规范的运行机制，以及行业统一的风险控制和分散机制，缺乏必要的行业管理和法律约束。因此，为进一步推动知识产权信用体系的构建，需将以下方面作为知识产权信用担保体系建设的重点：建立知识产权信用担保法律制度体系；构建知识产权信用担保融资服务体系；探索知识产权信用担保风险防控创新机制。

---

① 李鹏：《知识产权制度担保研究》，法律出版社，2012年版，第25-26页。

## 四、知识产权信用标准体系

知识产权信用标准是规定知识产权信用应满足的要求，用以指导和规范信用组织及其从业人员的信用行为。例如，信用惩戒的标准如何划分，信用记录和信用评价的主体如何确定等重大法律问题。知识产权信用标准体系是知识产权信用标准的系统集成，是知识产权信用标准按照其内在联系形成的科学的有机整体。[①] 知识产权信用标准体系除了指导和规范信用组织的信用行为，对于协调统一行政机关与司法机关判定失信行为的标准也具有重要意义。

知识产权信用标准是知识产权信用体系得到广泛应用和认可的关键依据。知识产权信用标准的确立，便于判定失信行为，对相关市场主体产生重要影响，对整个市场行为产生导向作用。标准的制定是否公正合理十分关键，需要运用法治思维，并结合知识产权的特点来制定知识产权信用标准。在信用标准的制定中，不仅要坚持诚实信用原则，而且要符合创新创造的要求，激励知识产权发展。知识产权信用标准应当具有可操作性，并能够量化。要充分考虑现实情况，注意不同主体、不同地域、不同行业之间可能存在的差别。依据一套主观、难以计量的标准作出的判断，不仅不能让失信行为的认定结论为社会所接受，反而会引发对信用标准的质疑，导致整个信用体系无法发挥作用。尤其是在知识产权本身以知识信息存在、难以具体化和实体化的情形下，各种标准需要通过一定形式的转化、量化，才能够得以实施。

知识产权信用标准体系的建设包括完善知识产权征信与信用信息共享标准、知识产权信用评估评级标准、知识产权信用担保标准、知识产权信用监管标准、知识产权信用专业人员培养及从业标准。建立健全知识产权信用标准体系不仅有利于解决企业面临的现实问题，更有利于导航企业未来发展的战略性问题。知识产权信用标准在回应创新主体、竞争环境、政府管理和国际互信的诉求中发挥的作用愈加重要。以标准为指引构建自身的知识产权信用体系，知识产权创造、运用、保护的能力将得到有效提升，知识产权风险应对和危机处理的能力也将显著加强。

---

[①] 刘瑛：《加快构建知识产权信用法治体系》，载《中国国情国力》2019 年第 6 期。

## 五、知识产权信用监管体系

知识产权信用监管体系是促使知识产权信用体系正常发挥作用的综合手段，是知识产权运营体系的保障。知识产权信用监管体系，主要包括知识产权信用法律体系与知识产权信用管理体系。

知识产权信用监管体系的作用在于通过法律、社会规范以及公共道德等手段，对社会主体在知识产权的产生、使用、转让中的一系列行为进行规范，确保社会主体的信用生产和使用规范、和谐、有序。具体而言，信用监管体系应当包括政府职能监管、企业内部监管、行业协会监管以及社会舆论监管等。通过知识产权局、公安、海关、税务等政府职能部门和行业协会等民间机构的通力合作、有效配合，形成多主体、全方位的立体监管模式，形成互相衔接配套的严格监管体系，促进知识产权信用体系建设的良性发展。

2016 年，国家知识产权局印发《关于开展知识产权系统社会信用体系建设工作若干事项的通知》，提出统筹加快推进知识产权领域社会信用建设工作，明确知识产权领域信用建设的基本目标，强调建立失信惩戒机制。2018 年，在国家发展改革委、国家知识产权局等相关部门共同努力下，制定出台《关于对知识产权（专利）领域严重失信主体开展联合惩戒的合作备忘录》，标志着知识产权信用监管体系步入新的阶段。

在知识产权信用监管体系取得一定成效的同时，也要注意到存在对从事信用服务的机构的监管不到位等问题。随着进一步开放市场，企业、高校、科研机构及社会公众的知识产权意识开始逐步提高，与知识产权相关的案件和纠纷的数量大幅增加，问题也更复杂。要想发挥知识产权保护的作用，就需要更系统化、严格化、全方位的知识产权信用监管，以应对知识产权领域层出不穷的失信行为。主要措施如下：加快信用立法进程，建立健全法律、行政法规、地方性法律规章，为知识产权信用监管提供法律依据；完善信用监管相关制度，完善全国信用信息共享平台建设，对重复专利侵权行为、专利代理严重违法行为、不依法执行行为、非正常申请等行为加强知识产权失信联合惩戒；创新知识产权信用监管模式，进一步扩大知识产权信用监管覆盖面。

## 六、知识产权信用人才培养体系

知识产权信用人才培养体系是我国实施知识产权战略的重要组成部分之一，也是知识产权运营体系得以顺利运行的智力支持，是贯穿整个信用体系的内在支撑。国家知识产权局制定的《知识产权人才"十三五"规划》指出，"知识产权人才是指从事知识产权工作，具有一定的知识产权专业知识和实践能力，能够推动知识产权事业发展并对激励创新、引领创新、保护创新和服务创新作出贡献的人"。知识产权信用人才即在此基础上能够掌握法律、管理、金融、经济、心理学等多学科知识的复合型人才，应当是更好的具有职业理念、专业知识和执业技能的知识产权专门人才。知识产权信用人才的复合型特点是同知识产权专业本身的特点相适应的，知识产权制度固然是以相应法律制度作为基础和前提的，但是在制定和实施过程中也必然会涉及经济学、管理学、政策科学等方面的问题。即使是在法律体系内部，知识产权法也与法学理论、民商法、经济法、国际法等其他部门法具有深度交叉和融合。

在经济、贸易、科技全球化背景下，提高自主创新能力，是推进经济结构调整、转变经济增长方式的中心环节，是经济社会发展的有力支撑。努力营造自主创新的体制和环境，不断深化体制改革，建立公平、有序的竞争秩序，全面有效地实施知识产权运营体系建设，需要大量高素质的知识产权信用人才。经过多年努力，我国的知识产权人才队伍逐步发展壮大，这对推动我国知识产权事业的持续发展起到显著作用。但是完善的知识产权信用人才的培养体系尚未建立，在人才结构、业务水平、国际化程度方面还存在诸多不足，不能满足知识经济下对于知识产权信用人才的需求。高校人才培养模式重视对学生的全方位培养，能够使学生获得较为扎实的专业基础知识，并得到一定程度的创新能力训练。但是，国家和社会对于知识产权信用人才的需求战略前瞻性强、层次要求高、实务特色突出，尤其需要在知识产权领域有突出专长的领军人才及复合型人才。[1] 而且高校的培养会出现知识产权人才培养模式同质化的倾向。如果各个高校之间不能实现知识产权专业培养模式的错位发展，就会导致差异化培养无法实现，也解决不了同质化

---

① 刘强：《复合型知识产权人才培养模式的若干思考》，载《安阳师范学院学报》2019年第6期。

竞争的问题。①

　　知识产权信用人才培养体系在高校人才培养模式与国家及社会需求对接、人才培养的差异化及特色化、人才培养模式与知识产权信用体系相衔接等方面尚面临挑战与问题。为此，有必要推进知识产权信用文化教育、优化高校知识产权信用自律教育、鼓励企业进行知识产权信用人才管理培育、完善法律法规建设并加强国际化交流合作，从而在相应培养模式下更好地培养具有职业理念、专业知识和执业技能的知识产权信用专门人才，为知识产权信用体系提供源源不断的智力支持与人才供给。

　　知识产权信用体系建设框架的各系统之间是互相支撑、互相配合的，如图 2-1 所示。知识产权征信与信用信息共享体系为知识产权信用评估评级体系和知识产权信用担保体系提供信用信息，使信用评估机构和信用担保机构等信息需求方能够便捷、高效地获取信息服务；信用评估评级体系也能够为

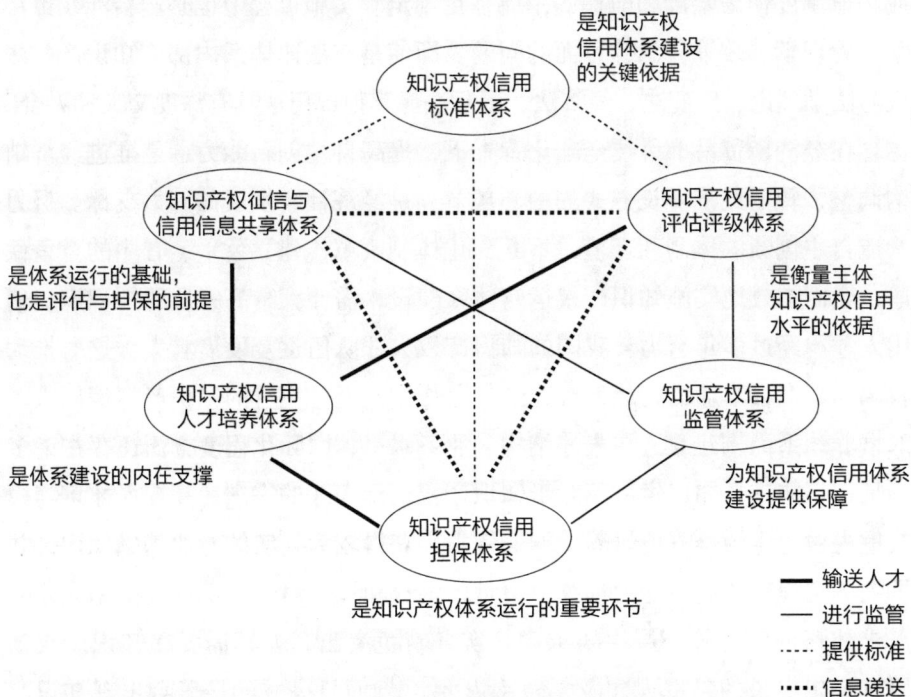

图 2-1　知识产权信用体系中六大系统之间的关系

① 钱建平：《论高校对知识产权人才的错位培养》，载《江苏社会科学》2010 年第 6 期。

信用担保体系提供决策依据。知识产权信用标准体系则为知识产权征信与信用信息共享体系、知识产权信用评估评级体系、知识产权信用担保体系、知识产权信用监管体系及知识产权信用人才培养体系提供标准。知识产权信用监管体系则通过法律法规等对知识产权征信和信用信息共享体系、知识产权信用评估评级体系、知识产权信用担保体系进行全面监管。对于征信中违反法律规定的行为，以及从事信用服务的机构违反法律或者严重失信等行为依法进行监管，从而保障知识产权信用体系的有效运行。知识产权信用人才培养体系为知识产权征信与信用信息共享体系、知识产权信用评估评级体系、知识产权信用担保体系等输送专业化人才，有效解决当下知识产权运营中人才短缺的问题，推动知识产权运营的长足发展。知识产权信用体系着力打通知识产权运营各环节，推动知识产权信用信息、资本、机构、人才等要素融合发展，强化制度保障和外部监管，助推知识产权运营体系的高质量发展。

# 第三章 知识产权征信与信用信息共享

## 第一节 知识产权征信与信用信息共享相关理论

### 一、征信与知识产权征信

#### 1. 征信的概念及特征

征信就是资信调查，指征信机构通过各种手段广泛收集、处理信用信息，以验证调查对象的信用状况。征信的本质体现在两个层面上。首先，征信的对象是信用信息。所谓信用信息，是指相关主体（包括但不限于企业和个人）在其社会活动中所产生的、与信用行为有关的记录。此外，信用信息还包括评价其信用价值的各项信息。其次，征信的本质还体现在征信活动中，信用信息的收集和加工是征信活动进行的基本环节。从这两个层面来讲，征信就是收集和加工信用信息的过程。

征信的特征体现在五个方面。

（1）独立性。征信机构是第三方中介机构，根据公开、公正、独立原则建立并提供征信服务。

（2）信息性。征信活动首先要从众多的信息中提取与信用相关联的信息，然后运用科学的分析方法对信息进行分析，最后形成数据化的征信产品，供市场交易者使用。

（3）客观性。征信活动的目的在于公正地了解、查证被征信者情况的真实性。因此，征信信息必须符合客观发生的实际情况。任何征信信息都会以这样或那样的形式留有各种印记或痕迹，这种印记和痕迹与征信事实之间存在一种客观的、内在的联系。征信的客观性表明征信信息的认定具有可靠性。

（4）时效性。征信资料都是以调查对象（企业或个人）过去的信用记录为主体，征信结果只反映过去时限内的信用状况。征信对象随着时间、内外环境等因素的变化而变化，其信用状况也会发生一定程度的改变。

（5）保密性。征信活动涉及国家安全、企业商业秘密和个人隐私，严守客户的征信资料是征信机构最基本的职业道德，因此在征信报告中或资料保管处理方面均需依法慎重处理。①

### 2. 知识产权征信的概念及特征

以征信的概念界定与特征分析为基础，将信用信息的收集范围限定在知识产权领域，经过概念的复合就得到了知识产权征信这一概念。知识产权征信可以理解为知识产权领域内的征信活动，因此其当然具有一般征信的独立性、信息性、客观性、时效性、保密性等基本特征。但是，基于知识产权领域与其他领域的差异性，在这些基本特征之外，知识产权征信的特征还体现在以下几个方面。

（1）征信对象的特定性。知识产权征信中所收集的信用信息不仅限于被征信主体的基础信用信息，而且重点收集相关主体在知识产权领域的相关权利与行为信息，并根据其权利与行为信息对其信用作出评价。

（2）征信目的的经济性兼社会性。知识产权征信的目的除具有经济性之外，还具有社会性。知识产权征信的目的不仅在于在经济上使相关企业获得更多融资，增强知识产权交易的安全性，更在于规范特定的知识产权领域内相关主体的行为。知识产权征信对知识产权领域内的相关行为具备一定的预防、规制作用，该制度运行的目的主要在于构建良好的知识产权运行秩序。

（3）征信信息适用的指向性。知识产权征信信息的指向性，从主体方面看，是指征信信息的适用只能发生在特定的知识产权交易主体之间，一方当事人向另一方当事人提出风险抗辩的情形下可以针对其征信信息适用；从监管角度看，是指知识产权行政管理机关、行业协会等监管机构，在被征信主体申请商标、专利和著作权登记时，将根据征信结果的不同情况对指向的权利客体采取相应的监管措施。根据《个人信用信息基础数据库管理暂行办法》制定的信息就可以看出，其目的是防范和降低商业银行信用风险，维护金融稳定，促进个人消费信贷业务的发展。

---

① 刘瑛：《企业信用法律规制研究》，中国政法大学出版社，2011 年版，第 96-97 页。

## 二、信用信息共享与知识产权信用信息共享

信用信息可分为主观信用信息和客观信用信息两类。主观信用信息主要指相关主体的信用观念和守信的意愿所表现出来的信用信息；与主观信用信息相对的是客观信用信息，此类信息涉及主体的守信能力，主要包括主体的履约能力、经营能力、资本和资产等。信用信息的收集侧重于客观信用信息的收集。为了使信用信息的收集和整理回归最基本的便利资金融通、规范市场秩序的作用，必须建立信用信息共享机制。这一机制是以信用信息的收集为核心，侧重于监管和社会治理，能够有效推动社会信用体系建设向纵深发展。

知识产权领域的信用信息共享，就是指对知识产权领域与信用有关的信息进行收集、整理后，通过信用信息共享平台进行共享和交换，使得知识产权信用信息数据库具有较高的可信度，从而保障知识产权信用评估的准确性与知识产权信用监管的有效性。知识产权领域的信用信息共享针对的信用信息为知识产权领域的相关信息，这些信息既包括行为信息也包括资产信息，还包括主体信息。同时，知识产权领域的信用信息共享目标较为多元，在传统的信用信息共享所固有的便利资金融通的作用的基础上，知识产权信用信息共享更多的是为知识产权信用体系服务。

知识产权信用信息共享的特殊性体现在以下两个方面。

首先，知识产权信用信息共享在主体方面具备协调性。提供知识产权信用信息的主体必然是知识产权领域内的管理部门和从业者，体现高度的专业性；知识产权信用信息的获取者范围则广于知识产权信用信息的提供者，与知识产权领域存在交集的主体都有可能成为知识产权信用信息的获取者。信用信息的收集与获取具有对合性，这就使得信用信息共享在主体方面呈现一定的协调性，被收集知识产权信用信息的主体当然也可能成为信用信息的使用者，而知识产权信用信息的使用者随后在知识产权领域内进行的行为也当然会被记录为知识产权信用信息。

其次，知识产权信用信息共享贯穿知识产权运行的全过程。这一制度并不单单服务于知识产权信用体系，还为知识产权创造、利用以及保护提供重要依托。具体来说，知识产权信用信息共享必然会对知识产权创造的结果予以记录，这就使得各方能够获知最新的智力成果，从而促进知识产权的转化；

知识产权信用信息中的行为信息共享能够提高知识产权运行的透明度，规范利用知识产权的行为；对知识产权创造和利用信息的共享，必然会使知识产权得到更有力的保护。知识产权信用信息共享平台的建设作用于知识产权创造、利用、保护的全过程，并使得各个环节之间实现信息共享，从而促进知识产权运行各环节的进一步完善。

## 三、知识产权征信与信用信息共享制度的域外立法与启示

征信制度起源于西方国家，但是以欧美为代表的西方国家通过立法规制征信活动则从 20 世纪 70 年代开始。从各国征信立法的指导思想上看，国外的立法着重规定了数据对象的查询权利、防止处理有可能造成损害或者痛苦的数据的权利、防止为直销目的而处理数据的权利、与自动决策有关的权利、获得补偿的权利、纠正和销毁、评估要求等项内容。[①] 从各国征信立法的内容上看，主要包含总则、数据的使用、数据安全、数据使用的公开性、有关人的权利、权利保护、监管机制、数据用作特殊目的的使用、特殊方式的数据使用、惩罚规定等项内容。[②] 但是，其征信业仅仅是金融征信，根据现有渠道的检索结果来看，国外并未进行单独的知识产权征信和知识产权信用信息共享研究，也不存在知识产权征信的单独实践。

正如之前提到的，知识产权征信是一个复合概念，其制度的运行其实是通过将征信制度限缩在知识产权领域来进行的。这就说明知识产权征信仍旧具有征信的一般特征，以这些一般特征为出发点，结合国外征信的立法与实践，在构建知识产权征信制度的过程中，我们能够得到如下启示。

### 1. 知识产权征信制度的运行要以保护私主体合法权益为前提

知识产权征信过程需要评价相关主体的信用记录，并公开和传播其评价结果，这样势必涉及相关主体的个人隐私或者商业秘密。因此，应当在信用信息收集的时候进行区分，将敏感数据与一般数据进行划分，规定合法使用信用信息的主体类型并要求这些主体明确其使用目的，从而实现既能保护相关主体的合法权益，又能保证征信机构取得授信。

---

① 李爱玲：《西方发达国家信用立法及借鉴》，载《金融理论与实践》2010 年第 3 期。
② 刘瑛：《企业信用法律规制研究》，中国政法大学出版社，2011 年版，第 109 页。

**2. 知识产权征信制度的运行要以破除信息不对称、维护市场公平竞争为原则**

知识产权征信的目的，在于破除知识产权领域的信息不对称壁垒，通过知识产权征信以及知识产权信用信息共享，能够有效地消除部分主体在知识产权交易或者知识产权运营中不正当的优势地位，使得市场竞争更为公平，而这种良性的市场竞争能够进一步优化知识产权领域的生态环境。

# 第二节　知识产权征信与信用信息共享现状及发展

## 一、知识产权征信与信用信息共享现状

### 1. 我国知识产权征信与信用信息共享面临的问题

（1）欠缺立法支撑，多层次制度缺位。现有的征信行业有关的规范性文件中，效力层级最高的是国务院发布的《征信业管理条例》，而这一条例中仅仅提到金融机构对征信信息的采集和利用，并不涉及知识产权领域。立法的问题存在于两个层面：一方面，我国目前信用层面的立法效力层级不高，缺少由全国人大或全国人大常委会制定的法律规范。统一的信用法律规范的缺位，使得该方面的制度运行只能通过散见于其他法律文件中零散的条文进行，信用制度运作的流畅性大大降低。另一方面，在知识产权领域中，征信的立法在法律层面、行政法规层面都有缺失，同时立法的思路也不明确，是设立单独的知识产权征信法律规范还是将知识产权征信纳入《征信业管理条例》等，现有法律规范尚无定论。

（2）受到信息"瓶颈"制约，信用信息获取量不足。知识产权征信是知识产权信用评估和知识产权信用监管的前提。无论是作出准确的知识产权信用评估还是进行有力的知识产权信用监管，都需要信用信息数据库作为支撑。只有知识产权信用信息收集量达到一定程度，知识产权信用系统才能正常运行。在知识产权领域，我国尚无相关信息收集和信息公开的全国性法律规范，何种信息应公开、何种信息不得收集均无相应规范，信用信息共享机制也尚未形成，只能通过政策进行摸索，逐步探索信息收集的范围和方式。这就使得相关主体对知识产权信用信息收集存在质疑，影响了征信需求的增长，也

增加了知识产权运营的成本。

（3）征信市场需求不足，知识产权征信发展模式不够明确。知识产权信用是一个新兴概念，这一概念的复合性使得其很难被知识产权领域内的相关主体准确理解。知识产权领域内的信用意识比较淡薄，知识产权信用的工具性作用难以发挥，导致相关主体在参与知识产权征信系统的建设过程中缺乏主观能动性。同时，在知识产权运营中，相关主体也很难主动利用知识产权征信和知识产权信用评估来降低交易风险。由于征信需求的缺失，相关主体在知识产权领域不会将以征信为起点的信用作为一个重要工具，信用信息的数量和准确度难以保证，也意味着知识产权信用制度设立的目标可能成为空谈。作为知识产权信用制度运行的首要环节，征信的问题必然波及知识产权信用评估的实效性，同时也对知识产权运营模式产生影响。总之，在征信市场需求不足的前提下，原有粗放式的知识产权运营模式变革困难重重。

在征信市场需求不足的背后，深层次的问题在于知识产权征信发展模式不够明确。当下，各地纷纷制定地方性规范、政策，推行本地区的知识产权征信制度，这是有益的尝试。但不容忽视的是，这种自下而上的征信制度建立方式，使得区域之间差异明显，而征信的地域差异使得建立全国统一的知识产权征信系统更为困难。发展模式不明确，使得相关主体对知识产权征信难以形成稳固的、统一的认知，这阻碍了知识产权征信制度的总体发展。

（4）知识产权征信专业人才匮乏、文化缺位。征信行业本来对从业人员的素质就有较高的要求，而知识产权征信更是要求从业人员具备知识产权方面的专业背景，只有这种复合型的技术人才，才能够保证知识产权征信行业的发展。只有保证了从业人员的素质，才能确保征信产品的质量，知识产权信用系统的运行才能达到其设立之初的目标。

在人才培养之外，还应当注重知识产权征信文化建设。之前提到知识产权征信的问题之一在于知识产权征信需求不足，这背后其实也反映出知识产权领域内的各个主体对于知识产权征信不了解、不重视。因此，推广知识产权征信文化建设具有现实的意义。通过知识产权征信文化的普及，推动知识产权信用理念深入人心，进而扩大征信需求，催生出更为完善的知识产权征信模式。

### 2. 我国知识产权征信和信用信息共享的现有制度基础

知识产权征信和信用信息共享平台的建设目的，就在于通过知识产权领域的信用信息共享，破除执法者、企业、个人、征信机构多个主体之间的信息不对称，使得知识产权信用信息数据库的可信度得到保证，进而使得知识产权信用评估和知识产权信用监管的准确度得到保障。

在我国征信以及社会信用体系建设中，具有里程碑性质的文件是国务院发布的《社会信用体系建设规划纲要（2014—2020年）》，其中明确信用建设的领域包括知识产权，要建立健全知识产权诚信管理制度，出台知识产权保护信用评价办法，重点打击侵犯知识产权和制售假冒伪劣商品行为，将知识产权侵权行为信息纳入失信记录，强化对盗版侵权等知识产权侵权失信行为的联合惩戒，提升全社会的知识产权保护意识。此外，开展知识产权服务机构信用建设，探索建立各类知识产权服务标准化体系和诚信评价制度。①

与征信系统密切相关的信用信息共享平台的建设依托于互联网，其设立目的在于破解信息收集者和信息使用者之间的信息不对称问题，为市场注入活力。2015年，由国家发展改革委牵头建设，国家信息中心承建了全国信用信息共享平台。以这一信用信息共享平台为基本依托，我国正逐步实现各类社会主体的信用状况公开透明、可查可核，并建立多部门、跨地域、跨领域信息联享、信用联评、守信联奖、失信联惩的共享机制，通过守信激励和失信惩戒机制的联合作用，创新了社会治理的范式。

在《信用纲要》作为顶层设计的引导下，结合全国信用信息共享平台建设的初步成果，相关部门积极探索知识产权信用体系的建设，而知识产权征信作为知识产权信用建设的出发点，也被各方重点关注。知识产权征信的建设体现在以下政策文件中。

（1）国家层面的政策性文件。

① 2014年，《深入实施国家知识产权战略行动计划（2014—2020年）》中提到："探索建立与知识产权保护有关的信用标准，将恶意侵权行为纳入社会信用评价体系，向征信机构公开相关信息，提高知识产权保护社会信用水平。"

② 2016年，《"十三五"国家知识产权保护和运用规划》中明确提出："推进知识产权领域信用体系建设。推进侵权纠纷案件信息公示工作，严格执

---

① 参见《国务院关于印发社会信用体系建设规划纲要（2014—2020年）的通知》（国发〔2014〕21号）。

行公示标准。将故意侵权行为纳入社会信用评价体系，明确专利侵权等信用信息的采集规则和使用方式，向征信机构公开相关信息。积极推动建立知识产权领域信用联合惩戒机制。"

③ 2017 年，《"十三五"国家知识产权保护和运用规划重点任务分工方案》中提到："推进侵权纠纷案件信息公示工作，严格执行公示标准。将故意侵权行为纳入社会信用评价体系，明确专利侵权等信用信息的采集规则和使用方式，向征信机构公开相关信息。积极推动建立知识产权领域信用联合惩戒机制。"

④ 2017 年，《专利代理行业发展"十三五"规划》中提到："加快诚信体系建设。健全专利代理诚信信息采集管理、信用评价等制度，建立健全诚信档案，推进守信联合激励和失信联合惩戒工作，将机构信用与各类优惠扶持政策挂钩。充分发挥全国信用信息共享平台作用，加大失信行为在'信用中国'网站上的曝光力度。完善专利代理执业信息披露制度，充分利用专利代理机构经营异常名录和严重违法专利代理机构名单加强社会监督。"

⑤ 2018 年，《关于对知识产权（专利）领域严重失信主体开展联合惩戒的合作备忘录》在"信息共享与联合惩戒方式"中提到："国家知识产权局通过全国信用信息共享平台，依法依规定期向签署本备忘录的其他部门和单位提供知识产权（专利）领域严重失信主体名单，并在'信用中国'网站、国家企业信用信息公示系统、国家知识产权局政府网站等向社会公布。"

⑥ 2019 年，《专利领域严重失信联合惩戒对象名单管理办法（试行）》中提到："国家知识产权局应当自收到列入决定之日起 5 个工作日内将严重失信主体信息报送全国信用信息共享平台，并通过'信用中国'网站、国家企业信用信息公示系统、国家知识产权局政府网站、国家知识产权局'互联网 + 监管'系统等向社会公示。"

⑦ 2019 年，《关于加强专利代理监管的工作方案》中也明确："加强与专利申请相关系统间的数据共享，对接全国信用信息共享平台，搜集相关企业登记信息和人员社会保障信息，实现举报投诉数据、行政审批数据、专利申请审查数据、监管案件数据和信用信息数据的共享互通。"

（2）部分地方政府的政策性文件。

① 2016 年，《重庆市人民政府关于新形势下加快知识产权强市建设的实施意见》中提到："健全知识产权保护预警防范机制。研究建立知识产权管理

和保护信用标准，建立知识产权侵权违法档案，将故意侵犯知识产权行为纳入企业和个人征信系统。"

② 2016年，《广州市知识产权局专利公共信用信息管理试行办法》更是以"征信"作为管理的基本手段，其中提到："市专利行政管理部门应当依法收集履行职责中掌握的下列专利公共信用信息：（一）被征信人的基本信息。（二）被征信人获得国家、省、市各级别、各类型与专利相关的奖励情况。（三）被征信人获得国家、省、市各级别、各类型专利优势、示范认定的情况。（四）被征信人侵犯他人专利权的情况。（五）被征信人违反有关专利的法律、法规、规章被行政处罚的情况。（六）其他有助于了解、分析被征信人信用状况的信息。"

③ 2018年，《珠海市专利行政领域信用红黑名单管理办法》中设立了"红名单"与"黑名单"的奖励与惩戒联合机制，该文件中提到："列入红名单的责任主体信息纳入全国信用信息共享平台（广东珠海），并实施下列激励：列为市知识产权局政策重点扶持对象；优先推荐申报国家、省级专利项目，申请市级专利项目的优先安排或者加大财政扶持力度。列入黑名单的责任主体信息纳入全国信用信息共享平台（广东珠海），并实施下列惩戒：列为市知识产权局重点监管对象；取消各级专利项目申报资格；《珠海市建立完善守信联合激励和失信联合惩戒制度实施方案》规定的相关惩戒。以上惩戒可单项或多项进行。"

（3）相关制度的政策实践要点。

①明确信息采集和使用的方式。即从程序上确定征信的范围、征信信息的使用流程。

②拓宽征信的信息来源。将专利侵权、知识产权代理失信行为、知识产权重复侵权行为、知识产权假冒行为等故意侵犯知识产权的行为和举报投诉数据、行政审批数据、专利申请审查数据、监管案件数据等知识产权运行数据一并纳入知识产权征信的范围。

③完善征信信息披露机制。依托全国信用信息共享平台、"信用中国"网站等平台，实现信用信息的共享，同时向社会公众进行信息披露。

④创新信用信息处理手段。创设"黑名单"、"红名单"、经营异常名录、知识产权失信行为人名单等方式，优化知识产权信用信息处理。

总之，征信系统纳入知识产权信用信息，并将这些信用信息进行共享，为联合惩戒机制奠定制度基础，为不同的部门之间联合惩戒机制提供制度桥梁，这是政策实践中知识产权征信制度的主要建设目的之一。

## 二、我国知识产权征信与信用信息共享的发展路径

### 1. 依托现有资源，结合知识产权领域特点

知识产权征信和知识产权信用信息共享都是复合性的概念，其复合的正当性基础在于我国知识产权领域确实需要征信和信用信息共享作为工具对知识产权领域秩序进行规制和管理。知识产权征信系统和知识产权信用信息共享系统的构建，并不一定要走一个"从无到有"的过程，而应当以现有的机制为基础，通过收集范围的扩大、机制运行目的的调整等手段将原有的机制细化，以实现知识产权征信和信用信息共享制度设计的目的。

具体来说，在涉及知识产权征信问题的政策文件中，表述模式都是将某一具体的知识产权领域的行为纳入征信系统，也就是说，并非单独针对知识产权领域的相关行为建立独立的征信系统进行单独评价，而是将原有征信系统的征信范围扩大到知识产权领域。与知识产权征信系统的设计与发展相类似，涉及知识产权信用信息共享的相关表述大多采取"报送全国信用信息共享平台""对接全国信用信息共享平台"等表述，这意味着知识产权信用信息共享，不是设立一个独立的平台，只收集和分享知识产权方面的信用信息，而是将全国信用信息共享平台的信息收集范围扩大到知识产权领域。

综合上述两个层面可以看出，无论是知识产权征信系统的建设还是知识产权信用信息共享平台的建设，都是依托我国现有的资源和平台进行的，其建设的基本路径和方式，都是将原有的信用信息收集范围扩大到知识产权领域，从而对知识产权领域的相关行为进行客观评价。这样的做法符合我国社会发展的现实。知识产权最终还是与相关主体的资产、总体信用密切相关的，因此单独对知识产权信用信息进行收集和评价不具有现实意义，将知识产权信用信息纳入现有的征信系统的收集范围，就足以对知识产权行为作出准确评价，并有助于提升相关主体整体信用评价的准确度。

### 2. 与知识产权失信惩戒机制和守信奖励机制紧密联系

知识产权征信、知识产权信用信息共享系统总是与失信惩戒机制和守信奖励机制相联系的。总体来说，信用信息的流动遵循着这样的流程：首先是

信用信息的收集，其次是信用信息的评价，最后是信用信息的公开以及应用。从这一流程开展的角度来看，知识产权征信即知识产权领域信用信息获取的过程，知识产权信用信息共享则是对知识产权领域的相关行为进行评价的前提条件。因此，知识产权失信惩戒机制和守信奖励机制与知识产权征信系统和知识产权信用信息共享系统产生了密切的联系。对特定主体在知识产权领域的行为进行失信惩戒或者守信激励的前提，必然是已经对其在知识产权领域内的相关行为进行了评价，这一评价显然要以收集到、获取到该主体的知识产权信用信息为基础。同时，该评价要想获得公信力，就必须经由公示系统向社会公众进行公布，由此可见信用信息征信和信用信息共享机制满足失信惩戒机制与守信奖励机制运行所必需的条件。

### 3. 信用信息收集范围逐步扩大

从政策文件涉及的内容来看，知识产权领域内信用信息的范围是逐渐扩大的，这一范围包括知识产权违法记录、知识产权侵权行为记录、专利项目申报记录、专利代理行为记录等信息。也就是说，知识产权领域内的信用信息收集的范围呈现扩大的趋势。这一扩大的趋势是与知识产权信用体系建设的目标相一致的，信用评价要尽可能全面和准确，而作为信用评价基础的信用信息收集阶段，就必须尽可能全面地收集相关信用信息，以期作出足够准确的信用评价。同时，这一范围的扩张符合信用法律制度的基本法理。知识产权征信所收集的信用信息本质上都是反映主体在知识产权领域的信用程度，而这一评价虽然是基于过去的行为作出的，但同时是面向未来的，能够对未来的行为产生恰当的预期与指引。

### 4. 以行业秩序所代表的公共利益为制度设计的重点

知识产权信用系统脱胎于传统的信用系统，知识产权征信是针对知识产权领域进行的征信，其征信目标具有多层次性。首先，与传统的征信业务一脉相承，知识产权征信首先起到的是便利企业融资的作用，通过知识产权征信，能够对企业的知识产权资产进行准确评估，从而使以高新技术企业为代表的相关主体能够获得更高的信用评价，将知识产权优势转化为融资优势，再进一步转化为企业发展优势，形成正向循环。其次，在与知识产权资产相关的信用信息收集之外，知识产权征信的重点还在于知识产权行为信息的收集。知识产权征信和信用信息共享所针对的，不仅仅是反映相关主体资产的知识产权信用信息，还包括相关主体在知识产权领域的行为信息，这些信息包括知识产权创造行为、知识产权运营行为、知识产权侵权行为、知识产权违法行为等，通过这些信息，可以准确评判相关主体在知识产权领域内的行为是否符合诚实信用原则，进而决定是否对其作出惩戒或奖励。这种机制使得征信从金融业的附属地位中脱离出来，具有一定的社会意义，而这一机制运行的目的在于规制知识产权领域的市场秩序。

综合以上两个层次的内容，可见在知识产权征信中，无论征信的对象是资产信息还是行为信息，其落脚点都是整个知识产权领域的秩序建立以及行业的整体发展，这体现了价值趋向于公共利益而非私益，制度运行的目标在于促进知识产权领域的整体行业秩序的建立与行业整体的发展。而在知识产权信用信息共享方面，则更加注重平台的建设，随着信用信息数量的积累和信用信息获取习惯的培养，信用信息共享能够以平台为依托，实现信用信息共享与平台建设的良性循环。

# 第三节 知识产权征信与信用信息共享制度建设与完善

## 一、建设知识产权征信与信用信息共享的意义

知识产权征信与信用信息共享制度设立的目标在于助力知识产权领域的整个发展。作为一个新的信用系统，其建立意义在于以下几个方面。

### 1. 从信用制度完善的角度看

有利于信用制度的创新，提高信用评价的准确度。信用为知识产权价值的明晰、交易和实现提供保障和交易手段，并具有提高交易效率和节约交易成本的作用。从宏观角度来看，纳入知识产权领域的信用信息后，我国的征信系统当然能够得到进一步的完善，所作出的信用评价也能更为准确地反映相关主体的资信状况。知识产权征信是我国征信制度的有益补充，进一步创新了制度的内容，扩展了信用评价的范围，提高了信用评价的准确度。

### 2. 从知识产权管理的角度看

有利于改变政府的监管模式，提升社会治理能力。我国目前正在提倡社会治理，在社会治理中政府与社会组织、企事业单位以及个人等多种主体平等地合作，以法律为依据、以公共利益最大化为目标，对社会生活进行引导

和规范。这种新型的治理模式，其实是依托于信息系统进行的，无论是大数据还是及时的信息共享与交换机制，都能给政府监管提供确切的决策依据。我国知识产权领域诸多失信问题的根源在于过度注重短期经济利益，没有正确引导行业形成长远目标的知识产权秩序。引入知识产权征信机制能够以一种较为温和的方式从根本上改变这种管理模式。知识产权信用信息的积累需要一个过程，这个过程成为以企业为代表的相关主体进行转型的缓冲期。通过企业长期的知识产权创造、运用、保护的信用数据，能够甄别失信"高危"企业，实施定点监管和风险预警，降低大规模专项行动的成本，同时企业也会基于此重新定位自身发展战略。①

**3. 从知识产权运营的角度看**

有利于知识产权交易安全，促进企业发展的正向循环。知识产权征信制度为知识产权信用情况较好的高新技术企业进行有力"背书"。这些企业能够基于一贯较好的知识产权信用状况而获得融资方面的便利，且其被侵犯知识产权的状况也会因为失信惩戒制度的存在而减少，同时这一制度"背书"也能使其在交易中获得更为有利的缔约地位，从而使得企业的发展因知识产权征信制度的存在而形成正向循环。此外，在知识产权运营过程中，知识产权征信能够提供统一的指标为知识产权交易提供参考，使各方主体对于交易产生信任，并在交易过程中看重己方的守信情况。

**4. 从知识产权保护的角度看**

有利于知识产权长效保护机制的建立。我国现有的知识产权保护的最初推动力是立法，尚未建立完善的知识产权的"长效保护机制"。我国的知识产权保护模式以单向机制为主，即通过事后的侵权惩罚来遏制事前的知识产权侵权行为。这种保护模式要求权利人积极作为，同时以司法裁判为基本指导，具有强烈的个案色彩，注重特殊预防之效。为了规制知识产权失信现象，就必须从信用角度对知识产权领域内的相关行为自知识产权的创造"源头"开始，进而对知识产权的运用、保护等不同环节进行信息收集，并将这些信用信息加工后作为评价的基础。可见，只有通过知识产权征信制度，而后通过知识产权信用评价、知识产权信用监管等运行过程，才能准确评判知识产权

---

① 罗斌：《构建我国知识产权保护征信机制的法律思考：从引入征信机制的角度》，载《贵州社会科学》2012 年第 1 期。

失信行为，进而对这些失信行为进行惩戒，并通过信用系统的作用预防失信行为的再次发生，建立完善的知识产权信用长效保护机制。

## 二、知识产权信用信息共享平台建设的基本路径

从外部环境来看，随着我国知识产权立法的完善，知识产权保护体系也逐渐完善，知识产权行政管理、司法环境都有所提升，因此在知识产权领域引入信用征信机制，对相关主体的行为进行准确监管和恰当评价，进而对其行为产生约束力也已经是知识产权领域发展的应有之义。同时，以高新技术企业为代表的部分主体也确实认识到知识产权的重要性，自主的知识产权能够给自身带来巨大的新的利益。

从内部结构来看，由于知识产权保护属于社会公共服务的内容，所提供的征信产品不是商品，因此知识产权征信机构不应具有营利性。可由知识产权行政主管部门督导，建立第三方知识产权征信机构，同时结合银行等金融机构，将企业知识产权保护状况与企业信用档案挂钩，有效实施对企业知识产权的信用评价。这种兼有行政性、企业性、非市场化运作的组织结构也符合当下我国其他领域征信制度的方案。[①]

知识产权征信的最终落脚点，还是在于知识产权信用信息共享平台的建设，这一平台与知识产权征信紧密相关。具体来说，这一平台的建设要遵循以下的基本路径。

### 1. 确定信用信息的收集范围和公开范围

征信本质上就是一个信息收集、保存、加工并向信息使用者提供的过程，知识产权征信制度的根本创新就是将原本征信的范围从金融信贷领域逐步扩大到知识产权领域，并将征信从金融业的附属地位中解放出来，赋予其规制行业秩序的社会职能。知识产权信用信息共享平台更是进一步将这些信息汇总、分享、公开，并通过公开引入社会监督，使得征信制度在阳光下运行。

知识产权信用信息平台的建设，首要问题就是明确并统一信用信息的收集范围。这一步骤有两层含义：一方面要通过规范性文件准确界定知识产权领域内的哪些信息要被收集，另一方面要保证这些信息不因地域的不同而存

---

① 叶世清：《征信的法理与实践研究》，法律出版社，2010年版，第73页。

在差异。现有的政策文件中都提到了应将何种信息报送信用信息共享平台，以这些政策为指引，结合征信制度运行的基本原理，可以将知识产权信用信息共享平台需要收集的信用信息归纳为以下两类：第一类是资产信息，这类信用信息与传统征信业所征信的信息相似，只是将其范围限定在知识产权领域；第二类是行为信息，即对相关主体在知识产权领域内的行为进行记录所得到的信息，这类信息包括知识产权创造信息、知识产权交易中的违约行为信息、知识产权侵权信息、知识产权违法信息以及对相关主体行为进行评价后得到的信息（如失信名单等），能够更为全面地反映知识产权领域相关主体的行为状况，是知识产权信用信息共享平台收集信息的重点内容。

在明确信息收集的范围基础上，还应当进一步明确信用信息共享的范围。就公开的内容来说，既然进行了信息的收集，那么原则上就应当将信息全部共享，但是同时也需要认识到，部分信息涉及相关主体的商业秘密或者隐私，这些信息可以用来作为信用评价评估的依据，但是不宜共享。此外，信息共享的对象也要作一定区分，部分信用信息是向社会公众共享的，所有人都可以自行查询，而部分信息由于性质原因可能仅对部分主体共享，查询此类信息需要符合一定的条件或具备特定的资质。

信用信息的收集范围和公开范围的确定要做到全国范围内的统一，知识产权信用信息的分布可能因地域经济发展差异而存在不均，但是不能因为存在不均就在信用信息的收集上体现差异性，只有统一收集的范围，才能准确评定区域的知识产权信用。

### 2. 明确信用信息的收集程序

信用信息的收集程序涉及以下两个方面的问题。

（1）信息收集主体和信息报送主体的确定。知识产权领域的信用信息大部分与知识产权行政管理的信息重合，这部分信息往往由行政机关进行收集整理，在此基础上，知识产权征信机构可以从相关行政机关直接获取信息；而对于其他的信用信息，征信机构可以自行收集。在收集信息的基础上，向知识产权信用信息共享平台报送的主体还需进一步确定。征信机构不是必然的信息报送主体，行政管理主体也可能参与信息报送，主体范围的确定能够优化信息报送的流程。

（2）要完善信用信息更新和信用信息修复程序。时效性是征信的本质特性之一，因此要想维护知识产权信用信息共享平台的可信度，就要及时对信用信息进行更新。这就要求平台设立相应的内部监管机制，督促相关主体按时对信用信息进行更新。此外，信用信息更新中较为特殊的一种是信用信息的修复，也就是说被评价为不良信用的主体可以通过一定的程序，在履行一定的行为之后，改变其原有的信用评价，使得原先的负面信用信息被消除。2021 年，《市场监督管理信用修复管理办法》第二条规定："……信用修复管理，是指市场监督管理部门按照规定的程序，将符合条件的当事人依法移出经营异常名录、恢复个体工商户正常记载状态、提前移出严重违法失信名单、提前停止通过国家企业信用信息公示系统公示行政处罚等相关信息，并依法解除相关管理措施，按照规定及时将信用修复信息与有关部门共享。"第十八条明确："……知识产权管理部门实施信用修复管理，适用本办法。"这一信用修复程序有利于鼓励知识产权相关主体积极改善其行为。

### 3. 扩展信用信息共享的平台

在明确了实体问题和程序问题，即明确哪些信息应当收集、应当公开以及修复并更新这些信息应当遵循怎样的程序的基础上，需要探讨的是信用信息共享平台的实效性。就目前的政策文件来看，提及频率最高的平台是"全国信用信息共享平台"，该平台信用信息的覆盖面较广。此外，国家企业信用信息公示系统、国家知识产权局政府网站、国家知识产权局"互联网＋监管"系统等也能作为信用信息共享的平台。要想实现知识产权领域信用信息共享的有效性，还应当考虑建立专门的知识产权信用信息共享平台。这类平台可以作为上述信用信息共享平台的一个子系统或者子平台而存在。

## 三、知识产权征信与信用信息共享制度的完善方向

要想真正解决立法支撑欠缺、信息"瓶颈"制约、征信市场需求不足、知识产权征信专业人才匮乏、文化缺位这些问题，完善知识产权征信与信用信息共享制度，需要从以下几个方面着手。

首先，要推动知识产权信用文化，促进知识产权领域内的相关主体明确知识产权信用制度运行的基本原理以及制度的基本作用，推动其主动适用知识产权信用作为衡量交易相对方可信程度的依据，推动其努力建设自身知识产权信用。这样才能够充分扩大征信需求，进而推动征信业快速发展。

其次，要关注知识产权征信人才的培养与选拔，促进专业人才参与知

产权征信的全过程，进一步明确知识产权征信的范围和方式，破除知识产权信用信息"瓶颈"，探索可推广适用的知识产权征信模式，推动知识产权的立法发展。

综上两个方面，当下要从信用信息的主体和征信机构的建设两方面入手，双管齐下，以信用文化建设为依托，以激发相关主体主观能能动性为手段，以模式建立与制度建设为落脚点，完善知识产权征信与信用信息共享机制。

# 第四章 知识产权信用评估评级

## 第一节 知识产权信用评估评级相关理论

### 一、信用评估评级与知识产权信用评估评级

信用评估是授信者利用各种评估方法，分析受信者在信用关系中的履约趋势、偿债能力、信用状况，并进行公正审查和评估的活动。[①] 信用评级是信用评级机构以第三方的立场，根据独立、客观、公正的原则及规范的评级指标体系和标准，履行必要的信息征集和评级程序，运用科学的评级方法，对经济主体、金融工具和其他社会组织的相关要素对信用品质的影响进行全面分析研究和综合集成后，就其在未来一段时间履行承诺的意愿及能力的可信任程度给予的判断，并以一定的符号表示其可靠性，同时向市场公开，为受评者和社会公众服务的一种社会管理活动。[②]

知识产权信用评估评级是在一般信用评估评级的基础上，将信用信息的范围限定在知识产权领域，将相关主体在知识产权领域的行为信息和资产信息以一定的标准进行客观分析，并形成量化的分析结果。这一结果能够准确反映该主体在知识产权领域的专业素质、管理水平、经营模式、外部环境、财务状况、发展前景等方面的具体情况。将分析结果向社会公开，能够让社会公众通过知识产权信用评估评级准确地对相关主体在知识产权领域履行承诺的意愿和能力以及行为的可信度产生准确认知。同时，评估评级结果的公示也是在信用监管中引入社会力量的参与，有利于知识产权领域相关主体自律性的提高，也有利于知识产权领域市场秩序的完善。

---

① 李雯：《基于财务比率分析方法的企业信用风险评估研究》，载《商情》2011年第7期。
② 刘瑛：《企业信用法律规制研究》，中国政法大学出版社，2011年版，第128-129页。

在知识产权信用评估评级的过程中存在两方主体，即知识产权信用信息评估评级主体和知识产权信用受评主体，与两方主体相联系的是作为知识产权信用评估评级客体的知识产权信用信息。知识产权信用信息来自受评主体，这些信用信息经由征信过程汇集到知识产权信用信息评估主体，并成为信用评估评级的对象。对于知识产权信用评估评级，应从以下几个方面进一步理解。

### 1. 知识产权信用评估评级的主体

知识产权信用评估评级的主体是第三方信用评估评级机构，受评主体则是知识产权的权利人、使用者及相关从业者，既包括法人、非法人组织，也包括自然人。知识产权信用评估评级的客体是受评主体在知识产权领域的信用品质，这一信用品质以知识产权信用信息的形式表现出来。信用评估评级的过程由第三方机构独立进行，此类第三方机构自身具有一定的技术优势和专业经验，能够对知识产权信用信息独立进行分析并作出判断或者发表意见，这种判断或者意见往往通过量化的数值或者层级性的评价（如优秀、良好、一般、较差）来实现。该评价可揭示受评主体的信用风险，相关公众可以通过该评价对相关主体的履约意愿、能力及违约风险作出较为准确的预测。

### 2. 知识产权信用评估评级的目的

知识产权信用评估评级的目的在于揭示知识产权领域特定的信用风险，而不是所有的交易风险。知识产权信用评估评级是对评价对象主客观可信程度的评价，反映的是知识产权具体交易过程中或者知识产权运营过程中受评主体的可信任程度，这一可信任的程度具体表现为相关主体的守约信赖程度、可能违约的风险或者相关主体实施侵权行为的可能性。

### 3. 知识产权信用评估评级的机构

执行知识产权信用评估评级的机构在形式上和实质上保持很高的独立性。知识产权信用评估评级的依据是收集到的或受委托的知识产权信用信息，这些信息必然涉及相关主体的部分商业秘密。因此，作为提供中介服务或者鉴证服务的评估评级机构必须尽到信息的安全保障义务。同时，知识产权信用评估评级机构和人员在进行评估评级时，要避免机构利益、机构内工作人员利益与受评主体利益产生冲突，尽量提供客观公正的结果，从而发挥信用评估评级的服务职能。

### 4. 知识产权信用评估评级的重点

知识产权信用评估评级的重点是受评主体在知识产权领域的信用品质。

知识产权信用评估评级作出科学合理的评价必须基于所收集的大量信用信息，并将这些信用信息与外部市场环境、经济环境的信息结合，进而公允地对评价对象的知识产权信用风险进行评估。其评价的是经济主体在知识产权领域客观上能够为他人所信任的程度。

### 5. 知识产权信用评估评级结果的相对性

知识产权信用评估评级对信用风险的判断是一种相对评价。知识产权信用评估评级的结果不是一个绝对数值，而是通过比较受评主体之间的信用风险得出的。这个评价结果的含义在于：一个高级别的信用等级比一个低级别的信用等级在知识产权领域违约或者作出失信行为的可能性要小，违约后造成的实际损失程度也要小。这一大小的比较会随着客观情况的变化而变化，因此知识产权信用评估评级得到的是一个浮动的评价结果。

### 6. 知识产权信用评估评级结果的时效性

知识产权信用评估评级结果具有一定的时效性。这是因为知识产权信用评估评级的基础是知识产权领域内相关主体过去的信用记录，评估评级机构通过对这一信用记录进行分析从而对当前的信用品质作出判断，这一判断代表着对受评主体在知识产权领域的信用能力的合理预期。这一过程受到作为评价基础的信用信息时效性的影响，其评估评级的结果也相应具有时效性。当知识产权信用评估评级对象的相关信息发生变化或者有新的信息时，信用评估评级机构应当及时跟踪受评主体的信用信息变化，并根据最新获取的信息对评级结果进行调整或说明。

## 二、知识产权信用评估评级的理论基础

知识产权信用评估评级是知识产权健康发展的有力保障，也是知识产权信用体系建设的重要一环，从知识产权法学和经济学角度看，知识产权信用评估评级的理论基础在于以下几个层面。

### 1. 知识产权的属性与知识产权信用评估评级

知识产权的本质属性是无形性，不发生有形控制的占有，不发生有形损耗的使用。知识产权虽为无形资产，但对相关主体的有形资产起到直接或间接的影响。一方面，企业等主体的产品和服务需要知识产权的支撑；另一方面，知识产权相关的权利流转、权利质押以及侵权之诉涉及的赔偿问题等

也会对企业等主体的资产产生影响。根据国家知识产权局发布的数据，2020年，我国专利、商标质押融资项目达12039项，同比增长43.8%；质押融资总额达2180亿元，同比增长43.9%。这充分体现了知识产权运用能够对企业资产产生影响。在对资产产生影响之外，利用知识产权的相关行为也体现了相关主体的知识产权信用，也会对该主体的资产及履约能力产生影响。"知识产权是企业的重要经济来源，是维持企业生存和发展的重要支柱，也是保证企业获得利润乃至超额利润的必要源泉。"① 知识产权信用评估评级不仅能够确定知识产权现有的价值，也能够确定未来效应所对应的价值，而这一未来利益是知识产权价值中更为侧重的一个方面。越来越多的主体认识到这一利益，逐步将知识产权收益能力作为企业的核心竞争力。因此，对知识产权进行评估时，只有确定与知识产权相联系的各种权利，准确分析运用知识产权的行为，才能作出全面的知识产权信用评价。

### 2. 信息不对称性理论与知识产权信用评估评级

信用评估的需求产生于信息不对称性。在知识产权领域，尤其是知识产权运营过程中，信息不对称性表现为交易双方所掌握的与知识产权相关的信息不一致，这种不对称贯穿知识产权运营和知识产权融资的整个过程。因此，形成稳定可靠的交易信息传递机制，提高知识产权运营和知识产权融资过程中信息的透明度，就成为知识产权信用评估评级制度建立的逻辑起点之一。信用评估评级机构对知识产权信用信息进行加工、处理、研究、分析，将交易中复杂的实际情况转化成简单明了的信用评价，并将这一评价结果予以公示，从而解决信息不对称的问题。这一知识产权信用评估评级结果对于没有足够时间和精力、无法收集到足够信息，或者专业知识有限、无法理解披露信息所表达特定含义的众多投资者、知识产权经营者具有特别重要的意义。

### 3. 交易费用理论与知识产权信用评估评级

交易费用理论可以解释信用服务的现实需求和潜在需求，以及信用评估机构产生和发展的经济根源。在知识产权运营过程中，由于知识产权行业的专业性，对交易过程中的具体信息作出准确评价更为艰难。知识产权信用信息收集和加工具有复杂性，因为过高的经济成本和时间成本，知识产权运营中的相关主体都不会选择自己进行信用评估或者信用评级。专业的知识产权

---

① 王清丽：《知识产权的评估和变现》，载《知识产权》2003年第4期。

信用评估评级机构使降低交易费用成为可能。知识产权评估评级制度，增加了知识产权失信行为的成本，使得原本基于侵权可以快速获利的知识产权交易行为因为失信成本的增加而被遏制。这一制度也给知识产权联合惩戒机制的建立提供了一定的制度基础。

### 4. 博弈理论与知识产权信用评估评级

博弈论认为，市场主体总是寻找对自己最优的策略并由此形成一个均衡状态。[①] 这一均衡状态体现在知识产权信用中，就是大部分市场主体在进行与知识产权相关的行为时都恪守信用，注重维护行业的整体生态。这一均衡状态要求存在良好的知识产权信用评估评级机制与知识产权信用信息共享机制，通过评估评级机制和信用信息共享机制对知识产权领域内相关主体进行监管。在信用监管之下，知识产权失信行为虽然不能杜绝，但是失信主体可遭受不利益，这一不利益足以使其反思自身行为并在之后的交易中逐步规范自身行为。从这个角度来讲，知识产权长效保护机制的建立也与博弈理论息息相关。

## 三、知识产权信用评估评级的功能和作用

知识产权信用评估评级，是知识产权信用体系运行的重要环节。知识产权领域专业的第三方信用评估评级机构的建立，是解决知识产权运营和知识产权交易过程中存在的诸多问题的保障。知识产权信用评估评级，要求已经对知识产权信用信息进行大量收集和初步整理，并在此基础上给出准确的评估评级结果。知识产权信用评估评级在具有信用评估评级固有功能的基础上，还有其制度运行独特的功能，这些功能为知识产权领域的健康发展奠定了基础。知识产权信用评估评级的功能在于以下几个方面。[②]

### 1. 从知识产权信用评估评级的体系地位来看

信用评估评级在知识产权信用体系中起到承前启后的作用，其是对之前征信收集的信用信息进行的有效梳理，也是之后信用监管的重要依据。从横向看，知识产权信用评估评级的作用体现在知识产权信用信息能够在不同的主体之间传递，并且在信息传递的过程中发挥资源整合的作用，进而总体反映知识

---

① 刘瑛：《企业信用法律规制研究》，中国政法大学出版社，2011年版，第133页。
② 刘瑛：《企业信用法律规制研究》，中国政法大学出版社，2011年版，第137-139页。

产权领域内的信用程度及风险。从纵向看，知识产权信用评估评级的功能体现为知识产权信用信息在不同层级上的传递，从最基本的体现在合同履行中的交易关系，逐渐向以知识产权运营为代表的知识产权行业整体传递，以便信息的使用者有针对性地制定经营策略、最大限度地防范知识产权失信行为。

### 2. 从知识产权信用评估评级的量化结果来看

知识产权信用评估评级让相关主体更易准确清晰地获知该结果的内涵。这一量化结果可以从两个方面理解：首先，量化从一定程度上反映了相关主体的资产价值；其次，量化是对信用信息的直观化描述，量化后可以用一定的符号来表示信用的好坏程度、高低水平。量化的过程由信用信息评估评级机构主导，机构的公信力越高，结果的可靠性就越强，知识产权运营和交易的安全系数就越大。

### 3. 从知识产权信用信息的公示来看

知识产权信用评估评级可以提升知识产权行业的透明度。知识产权信用评估评级用简单的、最易理解的符号将信用程度及风险分析结果传达给市场。从交易相对方的角度来看，知识产权信用评估评级提供了守约期待、违约风险和实施侵权行为风险的可能性分析，从而有助于知识产权运营的进行。就整个资本市场而言，知识产权信用评估评级强化了知识产权行业的透明度，有利于相关主体更快地获得融资。

### 4. 从知识产权信用监管角度来说

知识产权信用评估评级可以强化知识产权信用监管的基础依据。信用评估评级系统内部存在自我监管，同时知识产权信用评估评级结果的外部监管还能为知识产权行为和知识产权资产的监管提供依据。知识产权信用评估评级系统内部的监管，首先是针对信息提供者来说的，从而要求提供的信用信息及时、准确、真实，在此基础上信用评价的客观性和准确性才得以保障；其次是针对知识产权信用评估评级机构来说的，在性质上该机构属于第三方独立机构，但是其客观立场需要通过监管来维护，这种内部的自我约束机制促使评级机构意识到自身的品牌和信誉的价值。知识产权信用评估评级外部的监管功能，主要体现在评估评级结果会作为评判相关主体在知识产权领域行为的依据。在内外监管结合的基础上，正在逐步建立和完善信用信息方面的法律责任制度，对制造和提供虚假信用信息的，要求其承担相应的法律责任，包括刑事责任、行政责任和民事责任。知识产权信用责任制度的完善，强化了知识产权信用监管的制度基础。

### 5. 从知识产权信用信息的效能看

知识产权信用评估评级可以加强相关主体的信用意识。与资金融通中的信用相比，知识产权运营中所对应的信用信息更为复杂。也就是说，知识产权信用评估评级过程所处理的信用信息的重要性更强。知识产权信用评估评级机构对知识产权信用信息进行科学加工后向社会公众、交易对方和投资者公布。通过这些信用信息和信用评估评级结果的公示，知识产权信用等级高的企业可以树立自身的社会形象，而知识产权信用等级低的企业就会在知识产权运营中被市场所淘汰。不论知识产权信用评估评级结果如何，均可推动相关主体加强信用意识，督促受评主体规范自身在知识产权领域的行为；亦可促使信用评价结果的使用主体不断提高防范信用风险的能力和水平。

## 四、知识产权信用评估评级的对象

知识产权制度通过赋予相关权利人一定期限的独占权，肯定其创造智力成果的价值。作为一种制度安排，[①] 在经济新常态下，创新驱动发展实质上就是知识产权驱动发展，知识产权制度是创新发展的基本保障。[②] 信用评估评级制度就是对信用关系进行客观评价的制度，这一制度的重点在于准确评价相关主体的履约意愿和履约能力。

知识产权作为一种无形财产权，虽然具有非物质性的基本特征，但是其在知识产权领域相关主体资产中的权重在不断上升。知识产权作为一种可以流转的权利，是资产的重要组成部分；运用知识产权的行为，也是相关主体信用的具体体现。因此，为了对知识产权潜在的未来利益进行准确评价，知识产权信用评估评级的对象应当确定为知识产权资产和知识产权行为。

进行知识产权信用评估评级的意义在于，拥有优质知识产权的主体可以获得与其知识产权相匹配的融资能力。同时，在国家鼓励科技创新、建立知识产权大保护体系的背景下，创造、运用和保护知识产权的行为当然会对相关主体的信用产生影响，因此有必要记入信用档案。这样一方面可鼓励相关

① 赵亮：《马克思主义与中国特色知识产权制度建设》，载《人民论坛》2019 年第 33 期。

② 吴汉东：《经济新常态下知识产权的创新、驱动与发展》，载《法学》2016 年第 7 期。

主体合理利用知识产权，另一方面也可对以重复侵权为典型代表的知识产权失信行为进行规制。也就是说，知识产权信用评级评估的立足点是被评估对象当前所拥有的资源资产以及其在知识产权领域内的行为，对资产和行为一并进行评估的目的在于更为准确地"总结过去、控制现在、预测未来"[1]。

## 第二节　知识产权信用评估评级制度的国际比较

### 一、域外信用评估评级制度与知识产权信用评估制度

信用评估评级制度于 20 世纪初期起源于美国。西方世界的周期性金融危机，使得投资者逐渐意识到信用评估评级的重要性，大量企业的破产事件和违约行为也验证了评级公司所作评级结果的正确性。信用评级机构随着金融市场的发展而产生，并且随着市场的需求变化而发展。总体来说，推动信用评级发展的重要动力包括以下几个方面。

首先是全球金融的一体化。随着各国金融业开放程度逐渐加大，相互之间的金融投资门槛也逐渐放宽。信用评级机构作为金融信息的中介，其所出具的信用评级报告在一定程度上缓解了投资者投资各国金融产品和服务时可能产生的信息获取难度，成为投资者重要的投资参考。其次是市场监管的需求。监管机构需要依靠信用评级机构扮演"市场看门人"的角色，为市场监管提供各种信息以降低监管成本。因此，信用评级机构的发展也是金融监管者乐于见到的。最后是金融创新的发展。按照目前的商业模式，信用评级机构作为专业的信息中介，掌握较投资者更为深入、全面的信息，其所出具的信用评级报告也就相应地缓解了因信息高度不对称所产生的误判，能够予以广大投资者更好的市场环境。[2]

以美国为代表，西方的信用评级经历了初始阶段（20 世纪 30 年代）；整顿、淘汰阶段（20 世纪 60 年代末）；高速发展阶段（20 世纪 80 年代以后）。以穆迪投资者服务公司、标准普尔公司为代表的美国信用评级机构，不断拓

---

① 田高良：《现代企业知识产权分析与评价体系探讨》，载《知识产权》2001 年第 6 期。
② 马建威：《美欧信用评级法律监管的发展及启示》，载《北京社会科学》2015 年第 11 期。

展其信用评价的业务范围，对于金融市场内的债券、商业票据和银行大额存单等业务，其都进行信用评价。此外，在美国信用评级业的发展历程中，美国证监会（SEC）扮演了重要角色，SEC要求公开发行的债券必须获得由证监会批准的机构的评级，并且通常需要两家以上。

上述的这种信用评价模式，发源于美国，也被许多国家所借鉴，其特点在于该信用评价模式以征信公司为主体，征信公司以市场化、商业化为基本运营模式，向社会提供有偿商业征信服务。在以美国为代表的评价模式之外，还存在另外两种较为典型的信用评价模式，分别是：以一些欧洲国家为代表的，以中央信贷登记为主体的信用评价模式，在该模式下中央银行建立中央信贷登记的全国数据库和网络系统，信用评估也主要是为内部所使用，服从于中央银行的货币监管与金融政策；以日本为代表的"双轨制"的企业信用评价模式，在该模式下信用评价的主体既有银行业协会建立的会员制征信机构，也有商业性征信机构，二者地位并重。①

但是这三种模式的信用评价，本质上都是为金融业服务，其评价的目的在于准确界定市场经济中存在的风险，从而明确是否应当进行投资或者融资活动。而作为本章内容主体的"知识产权信用评估评级"在国外尚属于空白。国外的信用评价制度仍旧是附属于金融业来运行的，在这一评价制度中，没有对知识产权的特殊性进行独立考量。

## 二、域外信用评估评级制度的启示

虽然从现有资料来看，以欧美、日本为代表的域外主体并未进行知识产权信用评估评级建设的实践，但是由于其信用评估评级机制较为发达，因此在信用原理共通性的基础上，我国的知识产权信用评估评级制度可以从域外信用评估评级制度得到一定启示。

### 1. 应当妥善选择知识产权信用评估评级模式

我国的基本经济制度和银行业发展状况证明，在知识产权信用评估评级领域，单独由公权力背书的银行业征信机构进行信用评估评级不利于激发

① 邹小芃、余君、钱英：《企业信用评估指标体系与评价方法研究》，载《数理统计与管理》2005年第1期。

市场经济活力，而单独由商业征信机构进行知识产权信用评估评级则欠缺支撑且容易引发新的信用信息垄断。因此，从信用评估评级的需求出发，建立"双轨制"的知识产权信用评估评级模式更适合我国的国情。这就对我国信用评估评级机构的范围进行了界定，明确了商业性的知识产权信用评级机构在知识产权信用运行的过程中应当有一席之地。

**2. 知识产权信用评估评级制度设计的重点在于评估指标的设定**

与现有的较为完善的信用评价制度相比较，知识产权信用评估评级制度在实际操作层面最大的难点在于评估指标的设计。针对知识产权领域的相关信用信息设计评估指标，在定量和定性两个方面都有一定难度。在定量方面，知识产权对于相关主体的影响与企业所处的具体行业相关，也与企业所处的地域相关。就我国目前的实践来看，知识产权信用信息欠缺完善的数据交换机制，数据透明度也不高，导致定量数据获取较难。① 在定性方面，知识产权的恰当权重难以衡量。在数据不真实、不充分的现实条件下，考虑相关主体的性质，明确知识产权所占权重的过程，需要仔细分析企业现状并对企业未来经营进行合理预估。

准确进行定量和定性分析是作出准确的知识产权信用评估评级的基础，我国要建立行之有效的知识产权信用评估评级制度，就必须着力探索评估指标的设计，对知识产权信用信息从定量与定性方面进行分析。否则将会阻断知识产权信用流动的过程，使得收集到的大量信用信息无法发挥其应有的作用。

**3. 建设有中国特色的知识产权信用评估评级制度**

对国外信用制度的发展过程进行梳理后不难发现，信用制度的产生与发展是与具体的历史环境、经济条件、科技手段相一致的。因此，我国的信用制度也应该依托我国的本土资源来设计，其目的在于解决我国现实中存在的问题。这就要求我们探索建立中国特色的知识产权信用评估评级制度，体现制度创新。这一制度创新基于我国独特的知识产权环境，其创新点不仅仅在于对知识产权进行信用评价，更在于对知识产权进行的信用评价要符合中国的特定国情，满足中国知识产权交易和知识产权运营独特的信用需求。同时，这一制度创新的期望效果，在于我国的信用评估评级制度在较短的时间内实

---

① 同勤学、张丹、余剑：《科技型中小企业信用评估指标体系的构建》，载《经济研究导刊》2017 年第 31 期。

现跨越式发展，知识产权市场开发、知识产权运营、知识产权标准化建设都受益于知识产权信用评估评级制度。

# 第三节　知识产权信用评估评级现状

## 一、我国知识产权信用评估评级体系的制度基础

与西方国家相比，我国重视并着手信用体系建设较晚，探索建立知识产权保护体系的时间也不长，[①]而知识产权信用体系的建设时间点更晚。我国知识产权信用评估评级体系的制度基础，可以从以下几个层面来理解。

### 1. 现有的企业信用评估为知识产权信用评估评级提供了制度经验

我国目前已经初步建立了较为完善的企业信用评估体系。企业信用评估制度，主要是通过制定评估体系，将企业主体的资本、能力和行为等方面作为评估指标，结合科学的手段，进行评估并作出结论。这一结论能够在企业参与交易、获取融资的过程中为其背书，也会影响企业的整体发展。企业信用和知识产权信用都具有信用的一般特性，其制度运行也遵循相同的模式，从内容上来说，要对企业作出准确的信用评价，必然涉及企业的知识产权信用。因此，企业信用评估评级制度的建立，可以为知识产权信用评估评级制度提供参照和指引。

### 2. 多层次、多领域的政策明确了知识产权信用评估评级的建设方向

《信用纲要》中提出要将"知识产权领域信用体系建设"作为"全面推进社会诚信建设"部分的主要目标和建设重点，而信用评估作为信用体系重要的组成部分，也成为制度建设探索的重点。在这一知识产权信用体系顶层设计的政策性文件指引下，我国出台的一系列政策文件中均重点提及知识产权信用评价的相关内容。

2014年，《深入实施国家知识产权战略行动计划（2014—2020年）》中提到："探索建立与知识产权保护有关的信用标准，将恶意侵权行为纳入社会信用评价体系，向征信机构公开相关信息，提高知识产权保护社会信用水平。"

---

[①] 蔡恩泽：《将知识产权保护纳入信用评价体系势在必行》，载《产权导刊》2016年第6期。

2017 年,《版权工作"十三五"规划》中提到:"探索建立侵权盗版信用评价机制。"

2017 年,江苏省《关于知识产权强省建设的若干政策措施》中提到:"完善知识产权信用评价制度,将知识产权失信行为纳入公共信用信息系统。"

2020 年,《中共上海市委办公厅、上海市人民政府办公厅关于强化知识产权保护的实施方案》中提到:"加强诚信体系建设。建立健全知识产权信用评价、诚信公示和失信联合惩戒制度,推广合规性承诺践诺制度。"

在系列政策文件中,特别值得关注的是重庆市的一些政策以及实践。《重庆市科技型企业知识价值信用评价体系》从评价指标的设计、评价赋值的具体流程以及信用评价的等级等方面完整建立了一套知识产权信用评价体系,并明确"科技型企业登录系统填报数据系自愿行为,填报时应当知晓相关数据用途并同意接受知识价值信用评级"。2019 年,《重庆市科学技术局、重庆市知识产权局关于推进重庆市科技型企业知识价值信用评价工作的通知》中更是明确了知识产权评价的工作程序,并建立了切实可行的企业知识价值信用评价指标体系,具有极强的实践意义。

从制度基础来看,知识产权信用评估评级涉及的文件和知识产权信用信息共享体系涉及的文件具有高度相似性,这也恰好说明了两个体系之间存在较强的关联关系。

## 二、我国对知识产权信用评估评级的现实需求

对以上政策文件进行总体分析,可以发现我国现有的全国性和地方性政策所作出的更多是原则性的规定,我国并未建立起普遍的知识产权信用评价机制,说明我国确实存在知识产权信用评估评级机制的现实需求。这些现实需求体现在以下几个层面。

### 1. 从扩大知识产权融资角度来看

2019 年政府工作报告中增加了"扩大知识产权质押融资"内容。在政策导向的基础上,高利梅等对山东省高科技企业信用评价的研究,初步证明了

信用评估对投资有可靠指导。[①] 张目等 [②]、刘东岳等 [③] 和张珂 [④] 对科技型企业信用评价体系的构建进行的实证研究，进一步厘清了企业信用与融资风险的关系。这些实证研究表明，在知识产权领域，尤其是知识产权运营中，准确的信用评估可用于对抗融资风险，提高相关主体获得融资的可能性；同时，知识产权信用评估评级也可促使相关主体增强创新能力，积极转化知识产权。由此可见，知识产权信用评估评级有助于解决科技型中小企业等创新主体发展进程中容易遭遇的"融资难"问题，进一步助推创新主体的技术进步和经济发展，发挥知识产权的资源作用和价值。

**2. 从提高知识产权质量的角度来看**

根据国家知识产权局发布的数据，2020 年上半年，我国发明专利申请量为 68.3 万件（其中国内授权 21.7 万件），商标注册申请量为 428.4 万件（其中国内注册 262.9 万件）。然而，在较高的专利、商标申请量背后，我国仍存在知识产权质量不高、技术成果转化率不高等问题，这影响了创新的内在动力，也说明知识产权对实体经济的贡献不够。国家知识产权局早在 2011 年就提出从评价标准的设立、评价监督机制的构建、企业行为的监测、知识产权诚信档案的设立等多个方面多个层次建立知识产权信用机制，但截至目前，政策文件更多的仅局限于原则性的规定。要真正提高知识产权的质量，就有必要借助信用评估评级，通过信用信息共享，完善知识产权信用评估评级体系，促进知识产权转化。

**3. 从建立知识产权长效保护机制的角度来看**

就目前的实践来说，我国现有的知识产权保护以单向机制为主，并不是一种理想的机制。这一保护机制的运行效果不佳，知识产权失信行为屡禁不止。因此，有必要通过建立知识产权信用评估评级体系，将知识产权领域内相关主体自身的信用状况作为知识产权保护的起点，依靠信用评估评级制度，将诚实信用原则在知识产权领域具化。信用评估评级结果的量化与公示，会

① 高利梅、李修平：《山东创业板上市公司信用评价体系构建及实证研究》，载《今日财富（中国知识产权）》2018 年第 4 期。

② 孙黎康、张目：《科技型中小企业信贷风险评价指标体系研究：基于投贷联动模式的实证分析》，载《科技创业月刊》2016 年第 29 期。

③ 刘东岳、喻凯：《科技型中小企业信用评价体系研究》，载《中外企业家》2016 年第 15 期。

④ 张珂：《科技型中小企业信用风险评价指标体系建设》，载《时代金融》2016 年第 18 期。

对知识产权领域相关主体的行为产生约束力与影响力。从长效机制的建立角度来看，基于信用评价而进行的知识产权保护，所需要的成本更低，其制度运行的便捷度更高。信用制度本身就是一种长效机制，知识产权信用评估评级机制对知识产权行为能够产生事前的、非个案性的约束力。随着知识产权信用评估评级系统的运行，以积累的大量的知识产权信用信息为依托，长效保护机制的运行效果会逐渐优化，符合理想的知识产权长效保护机制的运行要求。

# 第四节 知识产权信用评估评级制度建设与完善

## 一、建设与完善知识产权信用评估评级制度的意义与目标

知识产权信用评估评级机制的建立，不仅确保对知识产权征信所收集的信用信息进行合理加工和使用，更为知识产权信用担保、知识产权信用监管以及知识产权联合惩戒机制提供依据。具体来说，知识产权信用评估评级制度建设的意义在于以下几个方面。

### 1. 规范的知识产权信用评估评级有利于知识产权领域的信息传递

在知识产权迅速发展的今天，知识产权运营、知识产权交易、知识产权融资等过程中存在信息壁垒，信息交换和信息共享机制不畅通。知识产权信用评估评级体系以知识产权信用信息收集与共享体系为基础，并且知识产权信用评估评级体系的运转同时也会优化知识产权信用信息的收集与共享，二者相辅相成，相互促进。首先，知识产权信用的需求体现在资金融通方面，通过知识产权信用评估评级准确评估自身优质知识产权资产以获得银行融资是部分主体所追求的结果；其次，知识产权信用需求体现在知识产权行为规制方面，我国知识产权领域需要以知识产权信用评估评级为媒介，向相关公众传递失信与守信信息，这种信息传递与共享有利于防止知识产权领域中道德风险和逆向选择风险的发生，对知识产权从业者产生约束力和影响力，同时也有利于改变知识产权失信行为频发的现状。

### 2. 规范的知识产权信用评估评级有利于相关主体自身的发展

知识产权领域中的主体，既包括自然人也包括企业，后者是知识产权运

营、知识产权交易以及知识产权融资的主要参与者。规范的知识产权信用评估评级可以助力这些企业自身的发展。首先，从企业运行和内部监督的角度来看，基于评估评级结果，企业能够及时审视内部问题，合理规划自身发展路径。其次，知识产权信用评估评级的存在，可以推动进一步完善原有的企业信用评估制度，使投资者对风险的评估更为准确，企业也能够更好地获得融资以发展自身。再次，通过将企业的知识产权信用评估评级结果向社会公众公开，让消费者、潜在的交易对象对企业有更为准确的认识，从而使企业获得更多的交易机会，同时也降低了交易成本。最后，在企业逐步认识到自身品牌重要性的背景下，知识产权信用评估评级无疑是对其品牌可信度的直接反映，因此要想提升企业形象，就必然要关注信用评估评级的结果。由此可见，规范的知识产权信用评估评级为银行准确了解企业信用状况提供了依据，也为企业带来新的融资机会与交易机会，从而促进企业自身能够更快、更好地发展。

**3. 规范的知识产权信用评估评级有利于减少交易风险**

知识产权领域的交易风险，很大一部分源自信息不对称。而知识产权信用评估评级的结果，有助于消除信息不对称，维护交易的公平性，促进市场良性竞争。知识产权信用评估评级机构对知识产权信用信息利用一定指标量化后，通过客观的评估评级过程，得到知识产权信用评估评级的结果。因此，知识产权信用评估评级的结果不带有倾向性，不会对交易主体产生不正当的暗示或者诱导作用。知识产权信用评估评级的结果，可以通过信用数据库等各种信用信息渠道传递给社会，为相关主体提供客观、公正的信用评价信息，相关主体可以选择信用良好的主体进行交易，这就在很大程度上防范了知识产权领域交易风险的发生。

**4. 规范的知识产权信用评估评级有利于知识产权行业环境改善**

知识产权信用评估评级的结果具有公信力，由知识产权领域的参与各方共享，满足各种不同的目的和需要。知识产权信用评估评级可以准确揭示知识产权领域的市场风险，将原本因信息不对称而无法被相关方获知的知识产权失信行为公开。在我国的知识产权实践中，由于失信成本较低，存在劣币驱逐良币的现象。但是基于知识产权信用评估评级的公开性，失信成本已经足以使相关行为得到遏制。与失信的不利益相对应，守信的激励机制也逐步落实，信用较好的主体自然更易获得较好的交易机会，进而树立起自身的社会形象。这从正反两方面对知识产权领域内所有主体起到了示范和引导效应，使得相关主体的知识产权信用意识不断强化，知识产权行业的总体环境也因此得以改善。

**5. 规范的知识产权信用评估评级有利于政府部门监管**

政府对于知识产权信用评价结果的使用，是一种宏观意义上的使用，也就是说政府通过对知识产权信用评价结果的整体分析来获知知识产权行业总体的运行情况。从这个角度来说，作为政府监管重要工具的知识产权信用评估评级，可以为政府管理部门提供科学的依据与参考。政府管理部门可以据此缓解不能全面、及时地深入实际调查了解情况的矛盾，同时也可以从日常烦琐的事务性工作中解脱出来。[①] 在知识产权信用评价的基础上，政府管理部门可以对知识产权领域进行重点的、事前的、预警性的监管与调控。

通过对这五个层面的意义进行分析，可以明确知识产权信用评估评级制度建设的目标是多层次的：从主体角度来说，知识产权信用评估评级制度对于知识产权领域私主体的具体交易具有重要的指导意义，同时政府能够通过知识产权信用评估评级更为准确地了解知识产权行业信息；从知识产权运营角度来讲，知识产权信用评估评级制度既有利于减少知识产权交易的成本，更方便相关主体达成交易，进而推动知识产权运营的发展；也会促使知识产权领域的行为更为规范，从而优化知识产权行业的总体环境。

## 二、建设与完善知识产权信用评估评级制度的基本路径

知识产权信用评估评级制度的建设不是一蹴而就的，具体来说，我国知识产权领域的信用评估评级制度的建设和完善需要遵循以下路径。

**1. 完善知识产权信用评估评级的法律基础**

目前我国信用立法上的空缺主要体现在两个方面。首先是立法层级方面的问题，现有的信用方面的立法最高层级为国务院制定的行政法规，没有全国人民代表大会或者全国人民代表大会常务委员会制定的法律。其次是立法内容欠缺体系化和统一化。我国信用评估评级业仍处于发展初期，还存在监管规则不统一、自律机制不健全、独立性不足、行业竞争秩序有待优化等问

---

① 刘瑛：《企业信用法律规制研究》，中国政法大学出版社，2011年版，第142页。

题。因此，要想完善知识产权信用评估评级制度，必须解决的是立法上的先天不足，通过出台效力层级较高的信用评估办法等文件，使知识产权信用评估评级制度具备坚实的法律基础。

### 2. 提高知识产权信用评估评级机构的公众认同度

要以信用文化建设为起始点，在社会中大力弘扬诚信文化建设，形成讲究诚信的良好风气。同时，要先行开展一批知识产权信用评估评级实践，将评价结果按照程序向公众公示，并进一步引导群众了解这一信用评价结果的客观性与公开性，鼓励知识产权领域的从业者依据信用评价结果对交易风险作出评价，引导相关从业者形成使用知识产权信用信息的习惯，进而提高知识产权评估评级制度的公众认同度。

### 3. 政府推动知识产权信用评估评级制度的发展

我国知识产权信用评估评级制度的健康快速发展离不开政府的支持。政府的支持并不意味着第三方评价机构的独立地位遭到破坏，而是政府在宏观层面通过政策倾斜等手段，帮助推广知识产权信用制度，使得知识产权领域内的相关公众有更多渠道了解和使用知识产权信用评估评级制度。

### 4. 建立独立公正的知识产权信用评估评级机构

信用评估评级机构依靠专业的技术和较为严格的内部管理来保证其评价结果的客观性，知识产权信用评估评级尤其注重这一以专业性为基础的客观性。因此，要着力培养一批兼有信用知识和知识产权背景的复合型人才。在专门的知识产权信用评价人才培养的基础上，要杜绝知识产权信用评估评级机构受到资本、受评主体等的不正当影响。知识产权信用评估评级机构可以得到政策、资金的支持，但是其独立性地位不能改变，否则知识产权信用评价结果的客观性就无法保障。

### 5. 探索建立科学的知识产权信用评估评级标准体系

知识产权信用评估评级标准的制定，直接影响到知识产权信用评价结果的客观性，也决定了知识产权信用评价结果对交易起到引导作用，准确揭示交易风险。在知识产权信用评估评级标准体系的建立过程中，要充分考虑到我国国情和知识产权领域具体情况，以实际情况为基准，准确地进行定性和定量评估评级。在评估标准和评估指标设定清晰的基础上，还要注重引入现代先进的评估模型和评估方法，确保这一评价的标准体系可以适应当下社会的发展，保证知识产权信用评估评级机制的长效性。

### 6. 规范知识产权信用评估评级的市场

知识产权信用评估评级机构是独立的第三方机构，这种独立的地位反而对评估评级机构提出了更高的要求。针对评估评级机构之间的市场分割、恶性竞争等问题，必须加强行业自律。在具体的制度设计层面，可以通过设置行业协会的形式，加强信用评估评级机构之间的相互监督，完善知识产权信用评估评级行业的竞争规则，增进不同机构之间的交流合作，促进形成全国性的知识产权信用评价行业规范。

# 第五章　知识产权信用担保

## 第一节　知识产权信用担保相关理论

### 一、担保与信用担保的概念及种类

#### 1. 担保的概念与种类

担保，也称为债的担保，是指法律为保证特定债权人利益的实现而特别规定的以第三人的信用或者以特定财产保障债务人履行债务，债权人实现债权的制度。对于担保的概念应当从以下三方面来理解。

（1）担保是保障特定债权人债权实现的法律制度。担保的目的是强化债务人清偿特定债务的能力和打破债权人平等的原则，以使特定债权人能够优先于其他债权人受偿或者从第三人得到赔偿。

（2）担保是以第三人的信用或者特定财产来保障债权人债权实现的制度。担保的本质是风险的防范和转移，以第三人的信用，即具有代为清偿能力的法人、其他组织或公民以自身的信用和资产确保债权能够实现。如果以第三人的信用设立担保，第三人的信用等级状况将直接影响债权人是否同意债权债务关系的成立，以及债权最终能否实现。

（3）担保是对债的效力的一种补充和加强，是对债务人信用的一种保证措施。在担保中，担保人和债务人之间进行的是信用交易，以第三人的信用或者财产来增强债务人的信用，保证债权的实现，帮助债权人分散风险。对特定债权设定担保后，债权人或得以从第三人的财产中受偿，或得以从债务人或第三人的特定财产中优先于其他债权人受偿，债权得到更有效的保障和加强。

《民法典》中较为详细地规定了我国的担保制度包括保证、抵押、质押、留置和定金五种形式，担保制度就是规范这五种担保形式的法律制度。其中，保证方式即通常所讲的信用担保，又称人的担保；抵押、质押和留置又称物的担保；定金又称金钱担保。其他国家对担保种类的划分不尽一致。但在各国信贷担保实践中，采用较多且有效的是抵押、质押和保证三种担保方式。

## 2. 信用担保的概念与种类

信用担保是担保的一种，属于人的担保。对于信用担保的概念，在理论界有不同的理解。主流观点认为，信用担保也称信用保证，是指由专门机构面向社会提供的制度化的保证。其有三个要点：一是由专门机构提供的担保，而不是由一般法人、自然人提供的担保；二是这种担保是制度化的担保，是在一定的政策、法律、制度、规则框架安排体系之中的，是标准化、规范化的业务；三是面向社会提供的担保而不是对内部关联机构和雇员提供的担保。① 也有一些学者从"信用担保"一词的构成出发，认为信用担保由信用与担保两个基本要素构成。信用担保是从传统担保中的保证发展而来的，二者有着某种程度的共通。信用担保是指信用担保机构以第三人的身份，以保证的方式为债务人提供担保，以自己的信誉和资产向债权人即金融机构保证债权实现的行为。当被担保人不能按合同约定履行债务时，则由担保人进行代偿，承担债务人的责任或履行债务。此外还有一些观点指出，关于信用担保，有广义和狭义两种理解：广义的信用担保等同于担保，因为担保行为本身就是针对信用而言的；狭义的信用担保专指贷款担保，特别是在信用担保体系的范畴内，信用担保主要倾向于银行信贷融资担保。一般意义上的信用担保，指的是后者，即狭义的信用担保。② 还有学者从政府职能角度进行论证，认为信用担保的侧重点是政府职能行为，即信用担保是指由政府出资或主要是由政府出资设立、旨在实现一定的政府职能、专门为企业提供信用担保的机构，与金融机构或企业的其他交易对象约定，当信用活动中的债务人不履行债务时，由担保机构按照约定履行债务或者承担责任的行为。信用担保是政府为促进企业的发展，帮助其解决因信用不足而导致的融资困难等问题所采取的一项扶持性措施。③

通过对信用担保概念的不同理解，可以将其归纳为：企业在向银行融通资金的过程中，根据合同约定，由依法设立的担保机构以保证的方式为债务

---

① 刘新来：《信用担保概论与实务》，经济科学出版社，2006年版，第103页。

② 陈文辉：《中小企业信用担保体系国际比较》，经济科学出版社，2002年版，第42页。

③ 沈凯、唐松涛：《我国中小企业信用担保发展中的问题及对策》，载《法学杂志》2005年第2期。

人提供担保，在债务人不能依约履行债务时，由担保机构承担合同约定的偿还责任，从而保障银行债权实现的一种金融支持方式。信用担保属于第三方担保，其基本功能是保障债权实现，促进资金融通和其他生产要素的流通。

随着社会对信用需求的不断增加，信用担保的领域越来越广泛，信用担保的种类也不断增加，不仅在投融资、生产、流通、分配和个人消费领域发挥作用，而且进入资本市场领域。目前常见的信用担保种类如下：

（1）贷款担保。贷款担保是指按借款人要求提供的第三人保证，主要发生在企业法人、自然人与金融机构之间。借款人若没有按贷款合同的规定还本付息，担保人则负责支付借款人应付而未付的本息。担保在借款人收到所有借款时生效，偿还后失效。贷款担保是信用担保机构的主要业务，其目的主要是缓解企业融资难问题，分散银行放贷、企业融资可能产生的风险，起到保证信用贷款安全、促进企业发展的作用。

（2）综合授信担保。综合授信担保业务主要用于企业流动资金贷款需要，包括流动资金周转贷款、银行承兑汇票的承兑及贴现、商业汇票的担保、国际结算业务项下融资等项目。企业可在批准的授信额度、期限和用途范围内根据自身实际需要将各种贷款方式进行组合、循环使用。

（3）租赁担保。租赁担保是指承租人采用租赁方式取得设备时，委托第三人向出租人保证，当承租人未按租赁合同规定的期限给付租金时，由担保人代为给付。

## 二、知识产权信用担保的内涵及范围

### 1. 知识产权信用担保的内涵

知识产权信用担保，是知识产权担保融资的重要形式之一。目前我国知识产权担保融资的模式主要有三种：以权利本身作担保、以知识产权的授权收益作担保、通过第三人的信用增强作担保（知识产权信用担保）。知识产权信用担保是知识产权所有企业通过向政府机构、担保公司等第三人出具知识产权或通过知识产权授权所产生的现金收益为抵押，换取第三人的信用担保，以提升企业自身的信用额度，从而能够向银行申请更多的贷款。[①]

---

① 李鹏：《知识产权担保制度研究》，法律出版社，2012年版，第25-26页。

相较于以权利本身作担保和以知识产权授权收益作担保这两种模式，知识产权信用担保更有利于保障债权人的收益，因为其通过第三人的介入，将债权人的风险分散和转移给担保人。知识产权信用担保是以知识产权作为基础权利，吸引第三人参与到知识产权担保融资的业务中，为知识产权担保融资增强信用的办法，即以第三人的信用来增强知识产权所有者的信用。

**2. 知识产权信用担保的范围**

知识产权信用担保的条件是知识产权的价值性和知识产权的可转让性。之所以能进行知识产权融资担保，是因为知识产权具有使用价值和交换价值。只有同样具有价值的物或者权利才能担保债权的实现。知识产权具有价值性，这是以知识产权进行担保融资的前提。知识产权具有可转让性，具有财产内容的权利是可以转让的。以知识产权设定担保进行融资，当债务人不能如期偿还债务时，债权人将以知识产权的价值获得清偿。因此，知识产权信用担保的范围应该是知识产权中具有价值性并可以转让的部分。

（1）专利权。专利权是发明创造人或其权利受让人对特定的发明创造在一定期限内依法享有的独占实施权。根据《民法典》第 440 条和第 444 条第 1 款的规定，在社会经济活动中，可以通过一定方式以专利权出质设立知识产权质押。专利权能够进行信用担保的标的是专利权中的财产权利，包括为生产经营目的制造、使用、许诺销售、销售、进口专利产品，使用专利方法，以及使用、许诺销售、销售、进口依照该专利方法直接获得的产品，以及为生产经营目的制造、许诺销售、销售、进口外观设计专利产品的权利。范围应以权利要求记载的内容或者表示在图片或照片中的产品的外观设计为准。专利能够为个体或企业带来巨大收益，专利权人以其拥有的专利财产权设定担保进行融资是知识产权信用担保的主要途径。

（2）商标权。商标权是商标所有人对其商标所享有的专有使用权。我国商标权质押的标的包括注册的商品商标、服务商标、集体商标、证明商标、联合商标和防御商标等。注册商标是指由申请人申请，经国家主管机关审查核准注册的商标。注册商标具有标识性，是识别某种商品、服务或与其相关的具体个人或企业的标志。同时，注册商标是商标注册人依法获得的，相应地，其享有商标专用权。我国《民法典》第 440 条规定，依法可以转让的注册商标专用权可以质押。因此，注册商标在性质上和法律上都是可以质押的。集体商标的申请人是组织成员的集体，个人不得申请，适用于该组织成员内部，允许依法转让，具有可质押性。证明商标的申请人是对商品或服务具有检测或监督能力的组织，只能许可他人使用，因而证明商标的受让人资格有特定限制。我国《集体商标、证明商标注册和管理办法》第16条规定，证明商标可以依法转让，也具有可质押性。[①] 对于联合商标和防御商标而言，它们的共同特点是为了保护主商标而存在，有效避免其他人利用相近似商标冲淡主商标或"搭便车"的行为。联合商标的质押一般需要随着主商标一并质押，不得单独质押。随着我国对驰名商标保护力度的加大，防御商标的实际作用并没有那么明显，但是我国仍允许防御商标和主商标经营分离，单独转让及质押。

（3）著作权与邻接权。著作权或称版权，是作者或其受让人依法对作品享有的权利。著作权包括著作人身权和著作财产权，著作权信用担保的范围仅针对财产权，而人身权不在此列，这是由著作人身权不可转让的人格性决定的，《民法典》对此也有明确的规定。著作财产权类型包括作品的复制、发行、传播等，类型多样，因此可以在著作权上设立担保的权利类型较多。而且随着文化产业的发展，版权产业的范围日益扩大，包含新闻出版、艺术展览、新媒体、数字通信等一系列具有文化链属性的产业集合。不同行业所涉作品的具体表现形式并不相同，如计算机软件、网络游戏、实用艺术品、广告作品、文字作品、影视作品等，这些作品具体可设立担保的版权类型也各不相同，极大地丰富了著作权信用担保的内容。与著作权有关的权利在著作权信用担保融资中也发挥着重要的作用，出版者对其出版书刊的版式设计权、表演者对其表演者权、录音录像制作者权，以及广播电台、电视台对其制作的广播电视节目的权利等四项权利可以作为质押标的进行融资。而且著作权进行担保的方式灵活，可以以一项权利进行出质，也可以将若干权利打包进行出质。

## 三、知识产权信用担保的意义

### 1. 有利于解决中小企业融资困境，保障中小企业发展

中小企业是我国国民经济增长和协调运行的基础性力量，在我国国民经

---

① 《集体商标、证明商标注册和管理办法》第16条规定："申请转让集体商标、证明商标的，受让人应当具备相应的主体资格，并符合商标法、实施条例和本办法的规定。集体商标、证明商标发生移转的，权利继受人应当具备相应的主体资格，并符合商标法、实施条例和本办法的规定。"

济中占有重要的地位。中小企业具有"五六七八九"的典型特征，即贡献了50%以上的税收，60%以上的GDP，70%以上的技术创新，80%以上的城镇劳动就业，90%以上的企业数量，[①] 在促进市场竞争、增加就业机会、推进技术进步、推动经济发展和保障社会稳定等方面起到了大企业无法替代的重要作用。然而我国大部分中小企业在融资上困难重重，直接融资的渠道很少，在间接融资中，担保贷款是中小企业获得资金的主要方式。但是中小企业能够用于担保的资源并不多，这使得中小企业在取得贷款时困难重重。促进知识产权信用担保的发展，为中小企业融资提供了新的方向和解决途径，保障了中小企业的发展。

### 2. 有利于促进科技成果的转化，助力企业自主创新

拥有知识产权、掌握核心技术、创立品牌的企业，在市场竞争中占有很大的优势，同时在面对金融危机冲击时，有着较强的应变能力和抗风险能力。而制约中小企业创新发展的关键因素就是中小企业知识产权运营所需资金严重不足，尤其是一些科技型企业，把有限的资金投入研发中，当取得了知识产权成果，需要实施知识产权产业化时，却缺乏后续资金的支持。因此，知识产权信用担保促进了中小企业的融资。知识产权融资在我国是一种相对较新的融资方式，增加了企业融资手段，提高了企业抗风险能力，有利于增强企业利用知识产权资源的意识，促进企业自主创新，增强我国企业的竞争力。另外，它促进了科技和创新成果的转化，为知识产权的商品化和市场化，以及提升企业知识产权核心竞争力起到了积极的促进作用，有利于科技成果的产业化和新兴产业的发展。

### 3. 有利于推动智力成果与金融资本的融合，分散金融风险

知识产权信用担保融资对我国金融抵押结构起到了改善作用，降低了我国金融机构的风险。知识产权信用担保是我国实施知识产权战略和应对全球金融危机经济冲击的重要政策工具，有利于促进企业科技创新和金融创新。我国企业融资大部分都是利用不动产进行抵押贷款，企业融资渠道单一，而且这种过度依赖不动产的抵押，导致企业融资困难。同时，金融业与不动产（主要是房地产）业关联度过大，金融风险集中度过高。对金融机构而言，知

---

① 新浪财经网：《多名社科院专家把脉未来中国金融改革方向》，http://finance.sina.com.cn/roll/2018-09-28/doc-ifxeuwwr9284542.shtml，最后访问时间：2021年8月19日。

识产权信用担保新型贷款模式打破了过分依赖传统担保品的思维定势，消除了横亘在金融机构与优质企业之间抵押担保品不足的阻隔，有利于提升地区的资源配置效率，促进区域经济金融协调发展，有利于推动智力成果与金融资本的融合，分散金融风险。

#### 4. 有利于塑造良好的营商环境，推动社会信用建设

知识产权信用担保是知识产权运营信用建设的重要环节。企业为获得担保，需要坚持诚信经营并注重维护信用。因为金融机构不仅需要对该项知识产权的盈利能力进行评估，更需要对企业整个运营状况和资信进行评价。因此，知识产权信用担保能够督促企业在市场上进行公平竞争，有利于营造良好的市场环境，推动市场经济健康发展，促进整个社会信用建设。知识产权信用担保建设是深入贯彻落实党中央、国务院有关强化知识产权保护、加强社会信用体系建设的重大举措，是推进构建知识产权保护体系不可或缺的组成部分，是严格知识产权保护、营造良好营商环境和推动社会信用建设的重要保障。

# 第二节　知识产权信用担保制度的国际比较

在知识经济背景下，知识产权作为国际竞争力核心要素，在社会经济发展中发挥着不可替代的特殊作用。在担保融资活动中，知识产权已经成为不可忽视的重要担保资产，特别是在高科技企业融资中日益显示出其必要性和重要性。建立知识产权信用担保体系是世界各国降低知识产权融资成本、扶持企业发展的通行做法，是提高知识产权运营、强化信用观念、化解金融风险和改善企业融资环境的重要措施。企业以合法拥有的专利权、商标权、著作权等知识产权中的财产权经评估后作为担保物，向银行等金融服务机构申请融资是获得资金的重要途径。

## 一、域外主要国家知识产权担保制度

世界上最早、最成功的知识产权担保融资案例发生在19世纪80年代，美国的托马斯·爱迪生用其自主拥有的白炽灯的专利作融资担保，创立了爱

迪生电灯公司，也就是当今举世闻名的通用电气公司（GE）的前身。日本自20世纪90年代开始由开发银行为科技型企业提供知识产权质押融资金融服务；韩国、新加坡等则从21世纪开始知识产权质押融资的业务实践。

随着各国知识产权担保体系的迅速发展，国际组织对于协调各国知识产权担保的问题也日益重视。2009年3月10日，联合国国际贸易法委员会又与世界知识产权组织（WIPO）合作，在瑞士日内瓦专门举办知识产权融资的研讨会，着重探讨完善法律和金融手段，以最大限度地利用知识产权资产等问题。联合国国际贸易法委员会于2010年7月通过了《担保交易立法指南之知识产权担保权补编》，以《担保交易立法指南》为基础，对知识产权担保权的设立、登记、效力、强制执行、法律适用等问题作了全面讨论并提出相关立法建议。

**1. 美国知识产权担保制度**

（1）以法律制度体系推进知识产权担保。美国在建国初期就将保护知识产权的条款写进了宪法，同时颁布实施了《专利法》《版权法》等一系列知识产权专门法律，为创造、管理、运用和保护知识产权奠定了坚实的制度基础。当一批积累和拥有相当数量重要知识产权资源的中小企业在发展过程中遭遇融资困境时，又及时制定了《中小企业法》《国内收入法》等多部法律，从各方面为中小企业的发展排忧解难，全面促进创新型中小企业的发展。为了充分发挥知识产权的功能与作用，美国对原有的担保法律制度进行了重大改革。担保法在美国原属于州法，各州的担保法内容和规则区别很大。为了统一全国法律，规范和简化担保类型，降低融资担保的实施成本，美国国家法学会与统一州法全国委员会于20世纪70年代对《美国联邦统一商法典》（UCC）第九编进行了重大改革和修订，统一规范了本国融资担保的法律制度。[①]

在英美财产法理论中，动产分为"占有物"和"诉体物"。前者通过占有而拥有，后者通过诉讼而享有。"诉体物"一词最先应用于债务，后来这一术语扩展到所有其他的无形财产，诸如专利和版权等知识产权。[②] 因此，知识产权担保同样适用动产担保的规则。UCC第九编进一步指出，"一般无形财产"上设立的担保适用该编的规定。所谓"一般无形财产"，根据UCC第九编的定义，是指除应收账款、有体动产、物权凭证、信用证、石油、天然

---

① 吴国平：《域外发展知识产权担保融资的实践与经验》，载《法治社会》2019年第4期。

② 劳森、拉登：《财产法》，施天涛、梅慎实、孔祥俊译，中国大百科全书出版社，1998年版，第19—20页。

气或其他矿物等之外的任何动产。尽管定义中没有具体指明"一般无形财产"包括专利、商标和著作权，但该编的正式评注在解释"一般无形财产"时，列举"知识产权"作为"一般无形财产"的一种类型。[①] 由此可见，在知识产权上创设的担保可以适用 UCC 第九编的规定。该编从第 9-101 条至第 9-507 条对动产担保与交易的各项规定作出说明，包括动产适用范围、担保协议有效性及当事方权利、第三方权利、登记规范以及违约处置等内容，[②] 涵盖面广泛，叙述详尽，为知识产权质押权利规范以及制度设计提供了法律保障。

此外，美国《专利法》明确将专利和专利权划归于动产；在担保权益的转移问题方面，美国《商标法》授权美国专利商标局调整知识产权担保品的登记及其法律效益；美国《版权法》规定将抵押作为版权转移的一种方式，在美国版权局进行版权担保权益登记时可以对所有人产生推定通知的效力，可使担保权人享有充分的优先受偿顺序[③]。上述法律中关于知识产权质押的条款，共同建立起规范美国知识产权信用担保质押体系的法律框架。

（2）融资机制在发展中不断创新。美国推进知识产权担保融资发展，主要创新了两项新机制。一是建立保证担保机制。美国联邦小企业管理署（The U.S. Small Business Administration，SBA）成立于 1953 年，充当联系企业与银行的中介平台，通过提供融资担保提升企业融资成功率。SBA 模式是美国知识产权质押体系中政策性担保质押的典型代表，其全部资金来自国会财政拨款。在知识经济高度发达的美国，超过 98% 的企业均为中小企业，SBA 在小企业进行知识产权信用担保融资过程中起着十分重要的作用。[④] 其以小型企业投资公司计划、小型企业贷款保证、再保证三种方式为小型企业提供融资保证，发展至

---

① UCC 第九编正式评注第 102 条（d）。不过有美国学者对将知识产权归入"一般无形财产"的做法提出批评，认为这样会使债务人无法准确知晓其知识产权设立担保的后果，从而损害债务人对其知识产权的创造和利用。因此，他们主张 UCC 第九编应具体列举专利、商标、版权等知识产权，并给予明确的定义。参见 Xuan-Thao Nguyen. Collateralizing Intellectual Property, 42 Ga. L. Rev. 1-46, 2007。

② 安雪梅、李秋燕：《美国电影制品动产质押模式的制度改进及其实践》，载《中国版权》2014年第 3 期。

③ 祝宁波：《美国知识产权抵押担保法律制度评述》，载《华东理工大学学报（社会科学版）》2009 年第 4 期。

④ 刘雪凤、杜浩然、吴凡：《美国知识产权信用担保质押模式研究》，载《中国科技论坛》2016年第 6 期。

今，已形成由政府、民间机构共同为企业利用知识产权担保融资的发展模式。二是创建保证担保资产收购价格机制。2000 年，美国 M–CAM 公司创建起一种新型融资模式。根据这一机制，拥有知识产权的融资企业可以用其知识产权作担保向贷款机构融资，在无力偿还贷款时可以依照合同预估的价格将其用于融资担保的知识产权出售给 M–CAM 公司。创建该机制的宗旨，在于为那些向金融机构寻求融资的拥有知识产权的企业提供信用担保。[1]

**2. 日本知识产权担保制度**

（1）通过创新立法推动知识产权担保。日本在亚洲金融危机后，政府部门组织和委托有关机构专门就知识产权担保的可行性及前景展开了全面、深入、系统的调研考察。1995 年，日本法人财团知识产权研究所发布了《知识产权担保价值评估方法研究报告》。该报告确认，"知识产权是当今知识经济时代一种新型的可以用来担保融资的有潜力的资产"[2]。自此，知识产权一举成为重要的担保资源，广泛地应用于融资担保。日本开发银行（政策性银行）制定了《新规事业育成融资制度》，对缺乏传统担保物的日本风险企业提供知识产权融资，兴业、住友等商业银行也有所参与，主要采取让与担保形式。[3]

首先，《日本民法典》关于担保制度的规定为日本发展知识产权担保融资留下了巨大的制度空间，通过一系列特别立法确立了动产抵押的地位。依据传统，抵押权只能设定在不动产上。但随着生产力的发展，社会财富形态事实上已经发生了巨大的变化，动产的价值并不一定逊色于不动产，于是日本立法与时俱进，及时设立了动产抵押权。其次，1933 年以后，日本更是以《农业动产信用法》等四部动产抵押法，正式确立了动产抵押权的重要地位。再次，通过促进型立法大力推进知识产权担保融资业务的快速发展。在知识产权被确认为一种新型的可以用来融资的有潜力的资产之后，日本很快制定并实施了一部促进型立法——《促进大学等实施技术研发成果转移给民间企业法》（以下简称 TLO）。TLO 制度的建立，极大地促进了大学等科研机构创新科技成果的转化，从而促进了日本知识产权担保融资业务的迅速发展。

（2）政府在知识产权担保中发挥主导作用。日本知识产权质押融资业务的发展属于政府主导型。政府的主导作用主要体现在以下三大方面：一是有关

---

① 吴国平：《域外发展知识产权担保融资的实践与经验》，载《法治社会》2019 年第 4 期。

② 杨延超：《知识产权资本化》，法律出版社，2008 年版，第 119 页。

③ 苏玲媚：《我国知识产权质押贷款业务发展综述》，载《中国科技信息》2009 年第 12 期。

中小企业知识产权担保融资问题，特别是有关担保的性质和其可行性问题的研究一开始就是由政府推动开展的，先后颁布了《中小企业信用保险法》和《中小企业信用保险法施行令》，极大地促进了中小企业融资。《知识产权担保价值评估方法研究会报告》也是在政府部门授权调研的基础上形成的。二是知识产权融资担保机构以政府出资为主。知识产权担保融资业务最初由政府的政策性金融机构——日本开发银行创办，一直由政府政策性金融机构和民间金融机构共同承办，使得日本的知识产权担保融资形成了以日本政策投资银行和地方银行融资为主、其他商业银行协同实施为辅的运作模式，具有鲜明的政府主导特点。[①] 日本知识产权担保机构也主要是由政府提供资金支持。日本信用保证协会是依 1953 年 8 月颁布的《信用保证协会法》设立的特殊法人，主要是以中小企业为服务对象实施公共信用保证的政策性融资服务机构，该法人机构具有公共性和公益性，不以营利为目的。三是政府主导知识产权担保运作流程，从而建立起有效的风险防控机制。日本政府对知识产权担保融资的操作方式包括简易的事前调查、知识产权检索、产业性评价、价值评估、制作与知识产权收益性相关的确认表格、设定担保及事后管理等方面。

**3. 英国知识产权担保制度**

（1）知识产权制度体系完备。英国率先建立起发达的知识产权制度，并成功运用知识产权制度促进经济发展。此外，英国又较早地将知识产权制度应用于企业融资担保，为拥有知识产权的创新型中小企业解决融资难题。在 20 世纪 30 年代初，英国开始探索中小企业知识产权担保融资。英国的担保制度设计，也为其发展知识产权担保融资提供了制度保障。

（2）知识产权担保方式较为灵活。在英国担保法律制度设计和法律实践中，知识产权等无形财产（也称权利动产），可以适用质押、按揭、合同留置权、债务负担四类协定的担保。抵押和按揭均是非占有性的，企业不会失去对资产的使用。对于按揭，虽然借款人保留对抵押贷款下资产的占有，但财产所有权已转让至债权人，直到借款人履行其所有义务。由于抵押贷款人在其业务中需要知识产权，抵押权人通常有必要向抵押贷款人往回授予许可权等权利。这里的许可权通常是排他性的，没有许可费用，并且允许抵押贷款人在正常经营过程中利用专利、商标、设计或其他知识产权。按揭形式在英

---

① 聂洪涛：《知识产权担保融资中的政府角色分析》，载《科技进步与对策》2014 年第 24 期。

国并不常见，因为在知识产权诉讼案件中，抵押贷款人需要联合债权人才能采取诉讼等保护措施。与按揭相比，抵押具有一定的优势，在抵押状态下，抵押人的财产所有权保留，不涉及将所有权转让给债权人，也不要求债权人参与保护或维持知识产权。抵押贷款人保留作为注册持有人的所有权，并继续负责该资产。另外，抵押登记可以对抗第三人。

英国知识产权局和英国商业银行（British Business Bank）联合发布的《使用知识产权获得增长资金》指出，向具有知识产权的企业提供贷款的损失率约为向没有知识产权的企业提供贷款的损失率的一半。[①] 这也证明企业拥有知识产权可以降低银行的贷款成本。目前，英国正在探索银行和保险公司共同合作构建知识产权担保贷款方式。

**4. 其他国家知识产权担保制度**

（1）韩国知识产权担保制度。与日本的知识产权信用担保制度类似，韩国的知识产权信用担保体系也是建立在政府公共财政和政府信用支持基础之上的，属于政策性很强的公共服务。韩国政府十分重视中小企业的发展状况，并颁布了相应的法律法规。韩国企业银行主要执行政府关于中小企业信贷的政策，以及向企业提供信贷支持；1974 年，韩国政府颁布了《韩国信用担保基金法》，规定了融资担保的对象、模式和金额；1975 年，韩国政府颁布了《中小企业系列化促进法》，加快实现中小企业的融资步伐；1976 年，成立韩国信用担保基金，为拥有高新技术的中小企业提供信用担保；20 世纪80 年代，韩国政府制定了技术信用担保计划；1989 年，韩国政府从韩国技术交易中心中划出一部分，专门成立了韩国科技信用担保基金（KTCGF），为高新技术中小企业提供信用担保；1997 年，该基金增加了技术评估服务，以作出更科学的担保和投资决策；2000 年，韩国政府出资设立韩国技术交易所（KTTC），该中心建有专门的技术转让数据库和转让网络，有利于技术转让方和需求方的信息对接，是知识产权质押融资的专业场所。KTTC 实行会员准入制度，只有经过政府许可的金融机构、评估机构等才能进行知识产权质押融资。首先，由知识产权评估中心对企业进行评估并形成书面报告，然后由技术信用保证基金提供担保，技术交易中心对质押的知识产权进行资产管理，

---

① Intellectual Property Office, British Business Bank：Using intellectual property to access growth funding, 2018, pp. 15.

中小企业和金融机构签订知识产权质押融资协议，最后金融机构根据评估报告和贷款申请额度为中小企业提供贷款服务。[①]

（2）新加坡知识产权担保制度。新加坡政府于2014年实施了一项数额巨大的知识产权融资计划。该项融资计划的具体做法是：企业把自己的专利作为抵押资产，经新加坡知识产权局委托的专业评估机构评估作价之后向星展、华侨和大华银行申请贷款。一旦借款企业无力偿还贷款，该贷款的抵押资产将用于承担贷款银行的部分亏损。该计划的贷款对象是拥有大量专利和少量固定资产的科技领域创新型企业，为这些企业提供了一个新的融资渠道。新加坡的知识产权保护制度在国际享有美誉，据世界经济论坛《2014—2015年全球竞争力报告》统计，新加坡名列全球第一。新加坡的知识产权融资计划表明，一个国家或者地区在加强知识产权保护的同时，也越来越重视知识产权的运用，发挥知识产权的价值，以促进创新。

## 二、域外主要国家和地区知识产权信用担保制度特点分析

各国知识产权信用担保融资模式虽然有所不同，但是均与各国实际国情相符合，与经济社会发展水平和金融市场发展速度相适应。

### 1. 知识产权制度和信用建设相互支撑、共同发展

坚持用法律制度规范和推进知识产权担保融资业务的发展，是域外发展知识产权担保融资最重要也是最根本的经验。知识产权信用担保都发生在知识产权制度建立并实施得较好的国家，如美国、英国、日本等。与此同时，这些国家的知识产权制度，也都在发展知识产权担保融资的实践中获得了进一步的改革和完善。正是这些知识产权制度的建立和实施，为本国知识产权担保融资的发展打造了两个坚实的基础：一是通过对科技创新的激励，产生了海量知识产权，从而为发展知识产权担保融资奠定了不可或缺的物质基础；二是知识产权转让交易制度的确立，更是直接为发展知识产权担保融资奠定了重要的制度基础。美国、英国、日本等在发展知识产权担保融资过程中，也都精心改革和调整了本国的担保制度，为发展知识产权担保融资提供了重

---

① 陈美佳：《知识产权质押融资模式的国际比较与选择》，载《财会通讯》2019年第2期。

要的制度依据。①

知识产权信用担保制度的有序运行同样离不开良好的信用环境，信用制度的完备为域外主要国家和地区的知识产权信用担保发展提供了有力保障。比较各个国家或地区的信用建设，可以发现其大多具有完善的法律体系、发达的信用中介服务和规范的信用行业管理。以美国为例，美国信用管理的法律框架是以《公正信用报告法》《金融服务现代化法》为核心，以《平等信用机会法》《公平债务催收作业法》《公平信用结账法》《诚实租赁法》《信用卡发行法》等其他相关法律为辅助的。完善的法律体系为国家信用管理建立了良好的法律环境。在中介服务上，美国的征信市场较为发达，有众多专门从事征信、信用评级、信用管理等业务的中介服务机构，如美国的标准普尔公司、穆迪投资者服务公司等。在信用行业的管理上，美国对征信数据的取得和使用有明确的规定，美国联邦贸易委员会是信用管理行业的主要监管部门，司法部、财政部、货币监理局和联邦储备系统也在监管方面发挥着重要作用。

**2. 前期政府主导、后期市场运作**

知识产权融资作为一种新型融资方式的社会意义日益深远，知识产权信用担保融资被各国政府所重视。无论是美国的小企业管理局（SBA）还是日本的政策性担保银行，都体现出政府积极支持和引导建立知识产权信用担保制度的特点。

为了配合产业政策的实施，鼓励本国产品出口和中小企业的发展，美国进出口银行和SBA都开展了融资担保业务，保证政府政策实现预期目标。在它们碰到流动性资金短缺困难时，政府利用政策保证它们拥有充足的运营资金。在知识产权信用担保制度有序建立以后，市场化的运作模式尤为必要。美国的市政债保险信用担保模式和知识产权中介机构担保模式都是商业性信用担保，具有专业化的机构参与运作和市场化的评估，在企业与银行之间形成了有序协作和良好的金融发展环境。

在知识产权担保融资中，银行与企业之间的融资关系是一种民事主体之间的债权债务关系或风险投资关系，知识产权融资业务是以商业化和市场化为基点展开的。虽有政策的支持，但企业仍需注重自身的成长和发展，实现技术创新和经营发展。企业是知识产权融资的债务或责任承担者。政府具有

---

① 吴国平：《域外发展知识产权担保融资的实践与经验》，载《法治社会》2019年第4期。

与银行企业不同的特定目标，其作用体现在制度完善、引导服务和资金补助政策到位等方面，但不能包办和替代；政府在推动知识产权担保融资实践起步之后，应理性回归其市场化的状态，促进企业正常而稳步发展。

### 3. 设立专门机构，便利企业融资

美国 SBA 专门向中小企业提供管理服务，作为政府针对中小企业创新及成长包括融资等扶持政策的实施者，其不但解决了中小企业在融资过程中面临的担保、信用问题，而且调动全社会的积极性，形成良好的氛围。此外，政府还联合民间力量成立信用保证基金，为中小企业提供直接资助或全额担保，增强了企业信用保证。

同样，依据《日本政策投资银行法》，日本设立日本开发银行，对缺乏传统担保物的日本风险企业提供长期的资本供给。到 1996 年，可以作为担保的对象包括计算机软件著作权及专利权、商标权等知识产权；1999 年，日本开发银行与北海道东北开发金库合并为日本政策开发银行，承接了知识产权担保融资业务，仍然沿用 DBJ 作为简称。日本开发银行以政府信用为保证，致力于贯彻政府政策和意图，引导社会资金方向，不与商业银行竞争，也不以营利为目的；设立严格的贷款项目审查制度，以保证债权的安全。由于日本开发银行依据专门的法律成立，运作比较规范，具有充足的资本金，以及其政策性定位，通过知识产权融资有效地促进了中小科技型企业的技术创新与组织发展。[1]

### 4. 风险分摊模式和风险防御机制完备

很多国家都致力于构建完备的支撑系统，形成担保网络以分散风险。在日本，各信用保证协会向中小企业信用保险公库缴纳一定比例的保费收入作为保险费，中小企业信用保险公库为信用保证协会提供再担保（保险），发生代偿后，信用保险公库向信用保证协会支付代偿额的 70%。在韩国，信用保证基金联合会是作为提供再担保服务的机构，与全国 16 个地方信用保证基金建立再担保关系，对其提供的担保项目实施再担保，信用保证基金联合会赔付的额度为代偿额的 50% ~ 60%。[2] 在德国，为了降低知识产权质押融资风险，德国政府采取了风险分摊模式，由联邦政府、州政府、担保机构和商

---

① 张颖、牟福江：《国内外中小企业知识产权融资经验及对滨海新区的启示》，载《港口经济》2013 年第 2 期。

② 崔延文：《国外融资担保行业发展经验及启示》，载《河北金融》2014 年第 8 期。

业银行共同承担融资风险，若企业无法按时还贷，则由上述几个主体按比例承担损失，其中政府承担的风险最大，担保机构次之，商业银行最小，仅占7%。政府通过制定完善的风险补偿机制来减少银行的损失，使银行最终分摊的比例降到 3% 以下，增强了银行开展知识产权质押融资的信心。

美国的知识产权信用担保模式均具有完善的风险防御机制。SBA 在受理企业申请前要求企业提供一系列证明材料，包括合理的股权投资结构、盈利现状及资金运转状况等，全方位、多角度地对企业进行资格审查力求将风险降到最低。市政债保险公司通过设立专门机构对企业信用状况进行阶段性调查，并利用信用评级系统对取得的数据进行评估，将企业信用等级分为高、中、低三个层次，以此作为担保额度的划分标准，还通过建构风险模型、进行市场风险评估及运作风险评估等方式对知识产权信用担保风险进行严格管控。知识产权中介机构采用内容审查、初级审查、第一防范等审查程序，对借贷人企业进行定性的资产评估，以确认借贷人的知识产权是否具有担保价值。审查范围包括审查无形资产是否存在、其信贷准备金的范围以及借贷人企业的经营历史等。其还会对客户的知识产权与无形资产情况进行跟踪监控，以保证投资者的资金安全；并专门建立 CAPP 机制对知识产权信用担保进行多方位风险监控。①

与发达国家相比，我国知识产权信用担保制度有待进一步完善，应根据目前的经济发展水平和市场环境，合理选择借鉴国外的先进经验。

# 第三节　知识产权信用担保现状

## 一、知识产权信用担保在我国司法实践中的现状

2021 年上半年，全国专利转让许可质押次数达到 22.7 万次，较上年同比增长 42.8%；全国专利、商标质押融资金额达到 1074 亿元，同比增长25.9%。"十四五"开局之年，我国知识产权运营迎来"开门红"。然而，与

---

① 刘雪凤、杜浩然、吴凡：《美国知识产权信用担保质押式研究》，载《中国科技论坛》2016年第 6 期。

知识产权运营欣欣向荣局面不匹配的是，我国相应的司法机制尚有欠缺。截至目前，我国尚无因知识产权信用担保而发生的相关判决。这主要是知识产权担保风险较大，银行不愿以此为担保，所以现有的知识产权信用担保并未步入市场轨道，其风险均在设立之初以非市场方式化解。从根本上讲，担保的目的在于信用增级，而不是担保权的实现，但是，若担保权实现的司法保障欠缺，则担保难以为继。虽然《民事诉讼法》中对执行程序作了部分修订，但对于知识产权担保权的实现并无较大改善。当今我国知识产权担保融资在银行没有出现坏账、呆账的原因，主要是知识产权担保运作机制并未市场化。究其根由，在于知识产权担保缺乏实现的司法机制。具体有以下几方面原因。

**1. 知识产权担保适用质权的规定制约了担保权的实现**

《民法典》第 446 条规定，权利质权适用动产质权的规定。因此，知识产权中的财产权出质后可适用动产质权的规定。根据民法原理，质权的特质是占有的移转和优先受偿权。占有起着两个作用，一是表明质权存在的公示作用，二是留置物被强制具有间接的偿还作用。而知识产权作为一项无形财产权，其无法被占有，所以因占有而产生的效力无法在知识产权上得以体现。可见，银行作为知识产权担保融资中的质权人，无法像对动产那样对标的物享有直接的支配权，其优先受偿权受到限制。

**2. 知识产权的收益难以提前清偿债务或提存**

《民法典》第 444 条第 2 款规定，经质权人同意，出质的知识产权可以转让或许可他人使用，其所得价款应当提前清偿债务或提存。同时规定，以依法可以转让的商标专用权、专利权、著作权中的财产权出质的，出质人未经质权人同意而转让或者许可他人使用已出质权利的，应当认定为无效。也就是说，当出质人未经质权人同意擅自处分或许可他人使用知识产权时，其获得的收益难以及时清偿债务或提存，质权人只能采取事后救济措施——向法院提起诉讼。然而由于知识产权权利公示制度不完善，质权人难以及时掌握知识产权权利变动情况，其担保利益必然遭受重创。例如，著作权转让时并未要求登记和公告，质权人难以控制其转让收益。而实践中，常出现著作权多次转让的情况。质权人无法控制知识产权的收益，使担保利益的实现更加困难。而且知识产权，尤其是专利权，其高端的专业性和技术性与知识产权创新主体和技术团队的智力直接相关，如果出质人不配合或配合不力，质权人难以有效地获得知识产权，影响质权的成功转让和价值变现。

### 3. 知识产权的担保利益难以实现

当债务人不能到期清偿时，质权人存在不能实现其担保利益的风险。因为此时需要就已出质的知识产权进行协议折价、变卖或拍卖，若出质人不予配合，所得价款将可能低于市场价格，折损质权人预期的担保利益。尽管《民法典》第 444 条第 2 款规定，经质权人同意，出质的知识产权可以转让或许可他人使用，其所得价款应当提前清偿债务或提存，但在现行担保法律制度下，知识产权人处分其权利的效力并不完全受限于质权人的意愿。若出质人处分其已出质的知识产权导致质权的实现受到影响，质权人虽能在事后主张出质人承担相应的民事责任，或者就所得的价款提前清偿、提存，但该主张主要依托于诉讼程序，需要耗费大量时间、精力，这种高成本的维权方式不利于质权人的利益保护。此外，由于与权利人的信息不对称，质权人一般不能及时掌握知识产权的权利变动情况，其担保利益难以得到有效维护。当出质人以低于合理价格处分已出质的知识产权时，纵使质权人可以就该处分行为所得价款提前获得清偿，其担保利益也无法得到最大限度的实现。

### 4. 法律衔接欠缺，在知识产权上易产生权利冲突

《公司法》第 27 条规定，股东可以用知识产权出资；《民法典》第 440 条规定，债务人或者第三人有权处分的应收账款可以出质。如果股东以其自有知识产权出资后，又将该项知识产权中的财产权设定担保，当企业破产时，知识产权的价值就存在公司资产与担保权优先受偿的冲突。[①]

针对知识产权担保在实现上的困境，《民法典》在担保物权的相关规定中，以立法的形式明确了抵押权、质权并存时顺位如何确定的问题，有助于解决当事人对权利顺位的争议，这对于解决知识产权担保上的权利冲突有重要意义。《最高人民法院 国家发展和改革委员会关于为新时代加快完善社会主义市场经济体制提供司法服务和保障的意见》指出，完善担保物权实现、破产债权清偿中的权利冲突解决规则。这有利于进一步协调《公司法》《破产法》《民法典》的相关规定，但是仍然存在一些法律没有明确规定的问题。例如《破产法》第 19 条规定，人民法院受理破产申请后，有关债务人财产的保全措施应当解除，执行程序应当中止。这项中止程序是否适用于担保物权，债权人就担保物权提起的执行程序是否也受该中止效力的约束？这些问题仍

---

① 李鹃：《知识产权担保权实现的障碍及其克服》，载《河北法学》2014 年第 7 期。

然在制约着知识产权担保权的实现，需要在司法实践中进一步解释和完善。

## 二、我国知识产权信用担保的发展

我国知识产权信用担保的发展经历了起步、探索、试点和稳步推进四个阶段。

### 1. 知识产权信用担保起步阶段（1996—2002 年）

知识产权信用担保的发展离不开信用担保机构的发展。1993 年，我国第一家专业信用担保公司——中国经济技术投资担保公司由国务院批准成立，这为我国后来开展知识产权信用担保提供了外部条件。但是，我国知识产权担保真正起步于《担保法》颁布之后。1995 年 6 月的《担保法》对专利权、商标权和著作权质押制度作了规定，与之配套的行政规章有：1996 年 9 月的《专利权质押合同登记管理暂行办法》和《著作权质押合同登记办法》，1995 年 12 月的《关于计算机软件出质人和质权人办理著作权质押合同登记的规定》，1997 年的《商标专用权质押登记程序》等。它们为知识产权融资提供了基本的法律依据和具体的操作规则。

1996 年，我国开始尝试专利质押贷款，全国专利质押登记数据从 1996 年的 1 家增加至 2002 年的 26 家。[①] 同期，对商标权质押的信贷创新探索亦自发地进行。例如，1996 年农行无锡分行向江苏红豆集团"红豆"商标质押发放 2000 万元贷款；1999 年工行山西忻州分行为云中制药厂商标质押发放 200 万元贷款；等等。这些探索为知识产权质押融资提供了最初的经验。

### 2. 知识产权信用担保探索阶段（2002—2006 年）

2001 年，国家经贸委发布《关于建立全国中小企业信用担保体系有关问题的通知》，在各级政府的大力推动下，信用担保机构的数量和资本规模均在不断增长，担保贷款数量迅速扩张。信用担保机构的扩张和担保规模的扩大推动了我国继续开展知识产权信用担保工作。2002 年，政府出台的若干政策使得我国知识产权信用担保正式进入探索阶段。2002 年 2 月，中国人民银行出台《关于进一步加强对有市场、有效益、有信用中小企业信贷支持的指导意见》（银发〔2002〕224 号），鼓励商业银行信贷创新试办专利权质押贷款业务。

---

① 卢志英：《专利权质押融资现状分析》，载《中国发明与专利》2007 年第 6 期。

在 1996 年至 2006 年的 10 年间，知识产权质押融资虽有一定的发展，但总体上，知识产权信用担保尚未真正落地，行业发展缓慢。1996 年至 2006 年 9 月，全国仅有 682 项专利在国家知识产权局进行专利权质押登记，质押总额不足 50 亿元。[①]

### 3. 政府主导下的知识产权信用担保试点阶段（2006—2012 年）

随着市场化进程的加快，政策性担保机构已经不能满足市场的需求，逐步诞生了大量的民营担保机构，即商业性担保机构，并逐渐成为担保市场融资的中坚力量。商业性担保机构的发展也为即将开始的知识产权信用担保试点的顺利开展奠定了基础。2006 年，《国务院关于印发实施〈国家中长期科学和技术发展规划纲要（2006—2020 年）〉若干配套政策的通知》（国发〔2006〕6 号）提出对政府优惠政策支持的知识产权质押贷款进行试点；银监会配套出台了《中国银行业监督管理委员会关于商业银行改善和加强对高新技术企业金融服务的指导意见》（银监发〔2006〕94 号）2006 年 10 月至 2007 年 6 月，交通银行北京分行的"展业通"知识产权质押贷款向 14 家企业发放贷款总计 1 亿元，2007 年 3 月，北京市知识产权局与该行签署了总额为 20 亿元的知识产权质押融资战略合作框架协议，北京市科委制定贴息、对中介机构专项资金支持等相关政策。2007 年，上海浦东新区建立浦东知识产权融资服务中心，区政府提供专项资金作为担保保证金，指定浦东生产力促进中心向企业提供贷款担保，企业以知识产权质押提供反担保，3 家企业获贷款 260 万元。

上海市浦东新区于 2006 年正式启动知识产权质押融资试点工作，其知识产权融资担保模式属于政策性主导的间接质押融资，通过成立上海联合产权交易所下属的知识产权交易中心，促进对科技型中小企业的知识产权担保融资中的资产评估、知识产权交易和竞价拍卖等，主要为集成电路、电子、先进制造、新材料、软件等行业的企业提供融资担保服务[②]。截至 2009 年 12 月底，上海市银行系统已向 84 家企业发放了知识产权质押贷款 106 笔，总额度为 1.6 亿元，至今尚未出现逾期不还贷情况或者坏账。广州市的"国家知识产权质押融资试点"也已经全面启动，广州市政府联合建设银行、工商银行

---

① 张卫、罗彩云：《我国知识产权质押若干问题研究》，载《河南省政法管理干部学院学报》2007 年第 5 期。

② 高政芳：《上海质押融资业务开展顺利》，载《中国证券报》2009 年 11 月 16 日。

等 5 家银行，为广州市的中小企业提供知识产权融资业务办理。

**4. 知识产权信用担保依法稳步推进阶段（2012 年至今）**

在知识产权质押融资试点取得一定成绩后，我国从中央到地方又制定了相应的政策加以推行，知识产权信用担保建设有了突飞猛进的发展。

2012 年 4 月 28 日，国家知识产权局等部门联合出台《关于加强战略性新兴产业知识产权工作的若干意见》，着力完善我国知识产权信用担保的融资政策，进一步明确创造知识产权是新一轮经济发展的制高点。有效运用知识产权，是培育战略性新兴产业创新链和产业链、推动创新成果产业化和市场化的重要途径。2016 年，《国务院关于印发"十三五"国家知识产权保护和运用规划的通知》指出，鼓励有条件的地区建立知识产权保险奖补机制；研究推进知识产权海外侵权责任保险工作；深入开展知识产权质押融资风险补偿基金和重点产业知识产权运营基金试点；探索知识产权证券化，完善知识产权信用担保机制，推动发展投贷联动、投保联动、投债联动等新模式；创新知识产权投融资产品；在全面创新改革试验区引导创业投资基金、股权投资基金加强对知识产权领域的投资。2017 年，国务院《关于强化实施创新驱动发展战略　进一步推进大众创业万众创新深入发展的意见》稳妥推进投贷联动试点工作。推广专利权质押等知识产权融资模式，鼓励保险公司为科技型中小企业知识产权融资提供保证保险服务，对符合条件的由地方各级人民政府提供风险补偿或保费补贴；持续优化科技型中小企业直接融资机制，稳步扩大创新创业公司债券试点规模；支持政府性融资担保机构为科技型中小企业发债提供担保；鼓励地方各级人民政府建立政银担、政银保等不同类型的风险补偿机制。

在地方层面上，针对科技型企业融资长期存在的突出矛盾和困难，重庆市构建知识价值信用评级体系，将知识产权作为信用评级的重要指标之一。构建市、区两级联合推动机制，设立总规模 3 亿元的担保基金，专户管理，风险分担，按照属地原则按银行贷款损失 80% 核算补偿额度。截至 2018 年 10 月，知识价值信用贷款试点区入库科技型企业 2154 家，有 833 家提出贷款申请。其中，银行审批通过 432 家，申请通过率为 52%。已经发放 411 家，金额 11.43 亿元，其中知识价值信用贷款 5.40 亿元。[1] 北京也在创新融资渠道上进行了探索。《北京市知识产权局关于印发〈"三城一区"知识产权行动

---

[1] 国家知识产权局：《第一批知识产权强省建设试点经验与典型案例》。

方案（2020—2022 年）〉的通知》指出，要探索知识产权质押融资保险新产品和推广知识产权质押贷款产品，进一步拓展企业融资渠道；鼓励融资担保公司开发适合知识产权的信用担保产品，探索开展知识产权混合质押、开发知识产权综合险种，加大对小微企业的知识产权融资支持力度；加快推进中关村知识产权金融服务平台建设，聚拢一批知识产权运营、评估、担保、保险、贷款、投资机构入驻平台，充分发挥中关村知识产权投融资服务联盟作用，提供一站式知识产权金融服务。

值得强调的是，2021 年 9 月 3 日，国务院印发的《关于推进自由贸易试验区贸易投资便利化改革创新若干措施》第 15 条题为"开展知识产权证券化试点"。知识产权证券化作为一种创新的知识产权运营模式，其实质是在当今知识经济时代，以专利权、商标权、著作权等知识产权权利本身为基础的资产证券化的一种结构性融资的新型尝试。①

## 三、现阶段我国知识产权信用担保的特点

### 1. 政府以直接资金支持为主并主导企业融资

目前我国知识产权信用担保资金主要来自政府财政。无论采取对银行的风险补救基金，还是对企业的贴息贷款，或是对中介机构的资金补助，担保保证基金、税收减免，都成为该业务推进的主要政策支撑。

政府为企业提供知识产权信用担保并对知识产权融资进行评估，发挥着主导作用。以湘潭市为例，当地政府确定了一批符合国家产业政策、科技含量高、创新性强、成长性好、有良好产业发展前景的企业，作为该市专利权质押贷款的预选企业。根据《湘潭市专利权质押贷款管理办法（试行）》的规定，相关部门对借款企业进行初步审查，然后向贷款银行出具推荐意见，银行最后确定贷款企业。政府职能部门根据企业提交的相关材料确认质押专利的最新法律状态，分析专利文件记载的内容与企业产品的关联度，检索查清同类的相关专利并判断该专利的有效性等。

### 2. 参与知识产权信用担保的金融主体增加

我国参与到知识产权信用担保的金融主体日益增加，改变了过去主要由

---

① 冯晓青：《企业知识产权战略》，第 4 版，知识产权出版社，2015 年版，第 321 页。

地方性中小银行参与的状况，中国银行、农业银行等大型银行也参与其中。成都、杭州等先后成立科技银行开展知识产权融资，上海、广州、武汉等地允许小额贷款公司参与。多主体的参与与联合有利于完善知识产权服务体系，实现信息共享。2019年11月30日，上海市知识产权金融服务联盟成立。该联盟由上海市知识产权服务中心牵头组建，由商业银行、担保机构、证券机构、保险公司、投资基金等金融机构以及知识产权服务机构、法律机构共同组成，为知识产权金融工作提供政策交流、业务协调、信息对接、价值评估、法律风控等服务。

### 3. 知识产权担保融资模式多样化

经过多年发展，我国知识产权信用担保已经形成了以北京、上海、武汉等城市为典型的多样化知识产权担保模式。

（1）"北京模式"。"北京模式"是一种以银行创新为主导的市场化的知识产权直接质押贷款模式。该模式的最大特点在于政府机构并没有直接参与到知识产权融资质押的法律关系中，仅对符合知识产权质押贷款条件的科技型中小企业在知识产权质押融资时给予贴息支持。政府辅助模式市场化程度较高，政府发挥的作用更多的是进行成本补贴及风险分担，对知识产权进行价值评估、信用担保以及法律保障均交由市场机构运作。

（2）"上海浦东模式"。"上海浦东模式"是一种以政府推动为主导的知识产权质押贷款模式，涉及的主体不仅包括企业、银行，还包括政府机构即浦东生产力促进中心。该中心作为政府职能的延伸，直接介入科技型中小企业知识产权质押贷款业务中并承担95%以上的风险。其最大特点在于政府机构以担保人的身份直接参与科技型中小企业知识产权质押融资。

（3）"武汉模式"。在"北京模式"和"上海浦东模式"的基础上，武汉推出了混合模式，并在实践中进行了创新。引入专业担保机构——武汉科技担保公司，在一定程度上分担了银行的风险。尽管在实际操作中各种因素制约了武汉地区知识产权质押融资工作的开展，但武汉市探索知识产权质押融资新模式的积极创新，尤其是引入专业担保公司，具有一定的推广价值。

（4）其他模式。此外，全国其他地区也在积极探索适合当地情况的质押融资模式。例如，江苏省推出将保险公司的险资直接用于知识产权质押融资的"政融保"模式；四川省推出"银行贷款＋保险保证＋风险补偿＋财政补贴"的便民融资模式；天津市采用"知识产权与实物混合打包作为抵押物"

的组合担保方式；等等。此外，以交通银行为代表的金融机构还建立起由银行和律师、评估、担保等中介机构参加的，各自独立、各负其责、相互配合、相互监督的金融服务平台，律师和评估机构全程参与贷前审查、贷后管理、质物处置等全方位的金融服务，以共同防范、管理和应对知识产权融资中可能出现的金融风险。[①]

为进一步探索信用融资新路径，加大对中小微企业的扶持力度，西安高新区在西安软件园试点实施"信用＋园区"新模式，有效解决小微企业在产业培育、融资发展等方面的难点问题，形成企业信用价值化、营商服务多样化、产业扶持下沉化、监管发展常态化的良好局面。一方面，从企业发展战略目标与发展方向出发，创建符合企业发展现状的信用分析和评估模型，将企业的经营管理与动态信用等记录等进行数据信息归集，搭建企业信用大数据管理系统，并且实现数据有效共享；另一方面，通过"信用＋金融"主动积极对接各类金融服务机构，根据信用等级为中小微企业提供信用贷款，实现企业信用资产的转化运用。通过"信用＋政策"，整合"信用＋园区"的企业数据与政务数据，深入分析各类型企业的潜在政策需求，实现惠企政策与企业需求自动匹配；通过"信用＋监管"定期归集企业的公共信用信息、市场信用信息和互联网第三方相关信息，精准评价企业信用等级，实行差异化监管。这套"信用＋"的"组合拳"使西安高新区实现了企业融资个性化、政策推送精准化、监管模式信息化。

## 四、知识产权信用担保面临的问题

### 1. 法律规范不健全

随着《商标法》《专利法》《著作权法》《反不正当竞争法》《植物新品种保护条例》《集成电路布图设计保护条例》《知识产权海关保护条例》等一系列关于知识产权保护的法律、法规陆续出台，我国已初步建立知识产权法律体系，为知识产权担保融资提供了前提。《民法典》第 440 条第（5）项规定："可以转让的注册商标专用权、专利权、著作权中的财产权可以出质。"这一条款是利用知识产权作为融资担保标的的依据。《民法典》第 444 条又规定了

---

① 郭峰：《知识产权质押贷款的法律风险及防范》，载《中国资产评估》2008 年第 2 期。

利用知识产权进行融资担保的程序性规范："以注册商标专用权、专利权、著作权等知识产权中的财产权出质的，质权自办理出质登记时设立。"此外，还有《著作权质权登记办法》《注册商标专用权质押登记程序规定》，以及《专利权质押登记办法》。我国法律法规对于知识产权融资担保的问题已经从实体和程序方面作了规定，然而远远不够完备。

我国没有一部专门的法律来规制知识产权担保市场，对于知识产权担保，通常按照动产质押制度执行。然而知识产权有其特性，按照动产质押规则不能满足知识产权担保的需要，故实践中存在诸多问题：一是知识产权不能被质权人现实占有，质权人就不能像对待动产质权那样通过留置督促出质人履行债务；二是出质人到期不履行债务，质权人也不能径自拍卖、变卖该项知识产权，因为质权人并不直接支配设质知识产权；三是由于知识产权不被质权人占有，不存在质权人不行使质权的情况，恰恰相反，可能存在出质人不配合质权人实现质权的情形，这样无疑增加了质权人的司法成本。

目前，知识产权担保权益的实现缺乏法律保障，优先权规则不明，登记制度不完善等，是知识产权信用担保制度层面存在的最大问题。现有法律并不能满足融资者接受知识产权作为融资担保时减少风险的需求。应当根据我国国情，加快完善法律制度，加快知识产权信用担保法律体系的构建。

**2. 发展环境不完善**

（1）审核制度不完备。知识产权的查核对于知识产权担保融资意义重大。知识产权作为一种智力成果，具有无形性、客体的非物质性等特征。而担保的目的在于保证债权的实现，最重要的是对担保标的物的控制。一般的担保标的物作为有体物，债权人通过占有能够实现对标的物的控制，然而对于知识产权这种无形财产，是不能通过载体的交付来实现实质转移占有的。通过事前细致到位的审核工作，可以了解某一项知识产权是否具有合法性、申请权利的过程是否完备、权利人是否真正拥有该权利等重要事项，进而降低风险，增加交易的安全性。我国目前的知识产权交易审核制度不够完整，由于信息不对称，某些中小企业会将风险转嫁给担保机构，这就增加了担保机构的成本费用。又因为担保机构的风控机制和损失补偿机制不健全，就更是雪上加霜。

（2）信用担保行业不规范。知识产权信用担保的良好运行离不开担保行业的规范发展。虽然担保行业从整体来看行业资本稳定增长，业务规模增加，经营状况改善，盈利能力可观，但仍存在着一些问题。首先，在准入机制上，我国对信用担保机构市场准入条件和合规经营缺乏权威性的法律界定，某些信用担保机构存在注册资本金虚高、挪用资本金另作他途等违规操作的问题。加之随着社会经济的不断发展，担保行业出现很多新兴企业，各企业为了追求效益最大化难免存在恶性竞争，造成信用担保行业的不合理运行，系统模式出现滞缓、工作效率低下等问题。其次，在担保行业的监管上，现有的法律法规难以对中小企业信用担保业涉及相关业务的合规经营形成有效约束，不利于整个担保行业的规范发展。而且，各地政府在对本地区担保业监管的职责划分上，存在职能交叉重叠和监管"真空"问题，配套政策实施的连贯性和有效性受到影响。最后，担保行业缺乏支撑其稳步发展的外部环境。目前，不够健全的信用体系使得信用关系扭曲，具体表现在企业管理混乱、资金使用混乱、会计制度不规范、虚假财务信息、监控力度薄弱等方面。而且企业信用观念较为薄弱，具备还款能力，却缺乏还款意愿，导致资金久拖不还，增加了信用担保机构的担保信用风险。这些因素都制约着担保行业的规范化，从而阻碍了我国知识产权信用担保工作的推进。

（3）知识产权信用担保形式单一。我国目前的信用担保机构主要有商业性担保公司、互助型担保组织和由政府出资的非营利性信用担保机构三种。其中，又以由政府出资的非营利性信用担保机构为主。商业性担保公司类似于商业保险，实施担保责任时收取一定的费用。由于信用担保是一项高风险、难以超前量化管理的业务，收取的费用常常不足以弥补承担所需偿还责任的费用，很难获得商业利润，所以基本上各国都已经停止了商业性担保业务。互助型担保组织范围小、规模小、资金实力不足，其信用担保于整个信用担保行业而言效果微乎其微。综上，我国目前以政府出资的非营利性信用担保机构为主流的局面，使得我国信用担保机构过于依赖政府资金，各个参与主体缺乏创新。单一的信用担保形式导致不能充分激发担保市场的活力，且政府财政用于知识产权担保部分的资金有限，加之缺乏持续的资金补偿机制，故而无法满足中小企业担保的需要。

# 第四节　知识产权信用担保体系建设与完善

## 一、知识产权信用担保体系建设的目标与原则

### 1.知识产权信用担保体系建设的目标

《关于加强战略性新兴产业知识产权工作的若干意见》中提出，要积极探索建立知识产权融资机构，支持中小企业快速发展，逐渐形成以咨询、评估、金融、法律等为重点，全方位配套、一体化衔接的知识产权服务体系，从而使战略性新兴产业知识产权融资和转移转化渠道更加顺畅，知识产权运用环境更加优化。

实质上，知识产权信用担保是我国知识产权战略实施的具体措施之一。帮助中小企业解决融资难问题是其直接目标；促进知识产权制度的建立、完善其法律规范体系和法律救济机制是其操作目标；发现和利用知识产权的价值，提高社会利用知识产权的意识，抵御金融危机，促进社会就业和社会稳定，促进企业自主创新和知识产权成果价值的转化是其中介目标；全面推动知识产权的创造、运用、管理和保护，提升国家核心竞争力，是最终目标或核心目标。

### 2.知识产权信用担保体系建设的原则

（1）市场导向原则。知识产权作为一项公共政策的产物，鼓励和推进知识产权担保融资应当是政府的职责。但是，政府的助推作用不能代替知识产权担保融资的市场化运作。《关于做好 2020 年知识产权运营服务体系建设工作的通知》（财办建〔2020〕40 号）指出："加大改革创新力度，坚持政府引导与市场驱动相结合，牢固树立知识产权的质量意识和价值导向，促进知识产权的制度运行和权利经营，充分释放知识产权运营市场活力。"因此，知识产权信用担保体系的建设应遵守市场导向的原则，充分尊重市场规律，发挥市场活力。

（2）统筹协调原则。知识产权担保融资的发展和运行是一项复杂的综合工程，知识产权信用担保融资的参与主体有企业、银行、担保公司、评估机构、专利和商标事务所、版权交易所、律师事务所、会计师事务所、技术产权交易所等。这些机构发挥着举足轻重的服务功能和桥梁纽带作用，为知识产权担保融资各方提供咨询、评估、调查、担保等知识产权服务，共同推动

知识产权担保融资业务的开展。

（3）差异性原则。不同地区的经济发展程度、政府对企业知识产权的保护程度以及当地企业的创新能力等一般不同，因此知识产权信用担保建设不仅要建立在自身特点与市场状况基础之上，还要与当地经济发展水平相吻合，并作出适当的调整，以使知识产权信用担保不断便利企业的融资活动，同时更好地发挥政府对于知识产权的保护作用。

（4）风险共担原则。风险和收益的不匹配是银行不愿放贷的根本原因。现有的担保融资体系表明，技术研发、运转成功带来的经济效益是由银行、企业、社会三者共同享有，失败的风险则由银行和企业共担。目前，各地政府为了鼓励高科技型中小企业发展，在贷款补贴政策上依然主要是向科技型中小企业倾斜。比较而言，当前的融资体系中，银行获益最小，风险最大。这种体系显然有违经济学收益与风险共担的基本原理。我国知识产权信用担保建设应遵循风险共担的原则，合理配置银行、企业、政府间的风险比重，从而提高银行的积极性。

## 二、完善知识产权信用担保体系的基本路径

### 1. 建立知识产权信用担保法律制度体系

（1）统一立法原则，颁布综合性法律。在国家层面，我国至今尚未出台统一的知识产权质押融资法律，导致相关管理规范内容零散、不成体系。各地政府部门出台的部门规章、试行办法与实施意见等各类行政规范性文件，法律法规层次不一，效力位阶参差不齐 [①]。应针对当前我国知识产权质押的发展需求，借鉴国外有益的立法规则，为知识产权质押制定全国性法律。同时要注重与《公司法》《破产法》《民法典》等相协调，确保担保权的实现。

（2）细化立法分支，出台全面的法律规范。除了对知识产权质押的常规内容进行规范以外，还应当将担保知识产权的权利范围、使用、转让及因侵权或质押违约而造成的纠纷处理程序、相关赔偿等内容进行具体规范。应尽快出台中小企业知识产权信用担保法，对知识产权信用担保作出具体的、有

---

① 傅文园：《知识产权中介机构发展中若干问题探析》，载《上海大学学报（社会科学版）》2003 年第 5 期。

针对性的、较权威的法律。各地政府、中小企业、银行、担保机构切实落实好已出台的有关信用担保的政策；严格按照规定实施法律；结合各地的实际情况，有针对性地对担保机构参与担保的条件进行限定，完善知识产权信用担保业务领域。

（3）增加具体实施细则。知识产权担保融资法律制度的完善不但涉及担保物权、知识产权等诸多精细的技术规范，更涉及组合型权利质押的多头登记，企业破产时如何有效保障担保权的实现，专利权、商标权、著作权等知识产权担保融资的统一规定等具体问题。这些问题会影响知识产权担保融资业务的深入开展，应当予以及时解决。在我国已有的《中小企业促进法》基础上，应重点增加知识产权质押、担保、评估等细则，为中小企业寻求法律指导提供依据。

（4）完善知识产权担保登记制度。《物权法》施行后，著作权、专利权、商标专用权质押登记和动产抵押登记办法相继修订、出台，进一步完善了相关权利和财产的担保登记制度。然而，著作权、专利权和商标专用权质押登记仅仅是对权利本身作登记，与知识产权相关的权益并未实行登记，这使得知识产权担保权的实现价值非常局限。因此，应设立统一登记管理机构。设立全国性、全行业统一的知识产权登记管理机构，便于知识产权集中管理、信息共享与有效融资。在《民法典》中，删除了有关动产担保和权利担保的具体登记机构的规定，为建立统一的登记制度留下了空间。

此外，还应引入登记对抗主义代替登记生效主义，即主张知识产权质押的担保权无须登记即可生效。采取登记对抗主义并未违反我国奉行的登记管理原则，并且在保障质押权人权利实现的同时，能够加速资金融通。

**2. 构建知识产权信用担保融资服务体系**

（1）完善知识产权信用担保需要构建知识产权信用担保融资服务体系。知识产权融资服务体系是企业利用知识产权融通资金过程中所需的、由众多服务行业构成的、用于辅助推进融资的系统的集合，其涉及多部门、多行业、多层次的协调配合。知识产权融资服务体系主要包括政府保障体系、金融机构融资体系、中介机构辅助体系和企业管理体系四个方面。[①] 通过政府、银

---

① 赵成国、金晓芳、王冀宁：《支持中小企业技术创新的知识产权融资研究》，载《企业经济》2015年第8期。

行等金融机构、担保机构等中介服务机构和企业等相关主体的协同合作，才能保障知识产权信用担保更有效地发挥融资作用。

（2）一项制度的良好发展需要完善的法律体系和政府的权力规范共同保障。应根据我国经济发展情况，设立政策性金融机构。通过贷款贴息、无偿资助和资本金投入等方式，重点支持处于产业化初期、有自主知识产权、市场前景好、风险较大、商业性资金进入尚不具备条件的中小企业知识产权项目。深入探索地区专利实施资金的引导作用，支持自主创新水平高、市场前景好的专利技术实施转化项目，大力培育具有自主知识产权的企业和产业。同时，发挥政策性银行的优势，支持符合产业发展方向的重大科技产业化项目、科技成果转化项目；研究地方政府与政策性银行共同发起设立创业投资引导基金的具体措施和模式，推进银商合作。①

（3）政府的保障作用不能代替知识产权信用担保的市场化运作，金融机构是知识产权信用担保融资利益和风险的最终承担者。应借鉴欧美国家中小企业融资的实践，大力发展多层次金融机构，尤其是中小企业金融机构。拓展金融机构知识产权融资产品类型，结合资金需求和企业的实际情况，因地制宜，创新符合企业特征的融资合同。允许企业有一定的融资自主设计权。银行对企业的融资方案进行审核与改进，互谋共利。通过税收支持、偿付保证、利息补偿或再融资等方式，切实发挥国有商业银行、股份制商业银行内设中小企业信贷部门的作用，鼓励其提高对科技型中小企业知识产权贷款的比例，合理确定知识产权贷款期限和额度，有效控制贷款风险。

（4）良好的中介机构是提升知识产权信用担保效果的重要保证。知识产权信用担保只有在担保机构等中介机构的规范化运作、识别与监管下才能有效地规避风险，成为可持续发展的市场行为。我国目前信用担保机构发展较单一，以政策性担保机构作为信用担保机构的主体时，应充分发挥互助性担保机构和商业性担保机构的积极作用，创新担保机构模式。担保机构也应根据自身情况完善运行机制，建立健全服务体系，如降低担保费率、简化担保手续、降低审批门槛、放宽明确担保对象、放松担保条件、丰富拓展担保服务、规范担保机构运作等。建立风险准备金、代偿准备金等损失补偿机制，同时充分借鉴外国及传统金融机构的担保和信用评级经验，制定一套属于自

---

① 华苘锋、杨晨：《知识产权融资服务体系构建研究》，载《科技进步与对策》2011年第8期。

己的经营机制。

（5）企业是知识产权信用担保的受益者，为获得资金支持，企业应做好知识产权确权登记和保护工作。应设立知识产权管理部门，专门负责知识产权的运营，提高企业员工的知识产权保护意识。在知识产权产生之初，到相关管理部门办理知识产权登记，明确知识产权权属关系。在知识产权归属和使用发生法律纠纷时，应尽早寻求专业法律服务机构的帮助，对侵犯知识产权的行为坚决予以法律惩治。同时，也要加强自身管理，坚持诚信经营。规范的财务管理既有利于降低企业经营风险，也有利于降低信息不对称所带来的信用风险。遵守相关会计准则和制度，建立规范的财务系统，及时、透明地披露财务信息和企业经营状况，树立良好的企业形象。加强财务管理，增收节支，减少应收账款，降低库存，盘活资金，提升经营管理水平。

### 3. 探索知识产权信用担保风险防控创新机制

（1）提供债权主体事后风险补偿机制。对银行来说，首先需要承担评估预测范围内的风险损失，即将企业的贷款申请提交给知识产权中介服务机构进行评估，中介服务机构在作出适宜贷款、贷款额度建议及风险评估报告后，银行可据此发放贷款。目前，知识产权的特有本性使知识产权估值面临两大困难，即未来收益的评估和事后失败风险的衡量，由此表明知识产权估值具有很大的不确定性和不稳定性。无论是政府已采取的给予科技型企业的低息、无息贷款的优惠政策，还是部分地方政府即将实行的根据贷款规模对贷款银行给予一定的风险补贴，都是基于契约执行的事前条款的规定。问题的关键不在于贷款利率的高低、知识产权估值的准确与否以及银行对事后风险能否预见，而在于当事后损失发生时，银行能否有参与再修订契约的权利，以使损失减少到可接受的范围内。因此，对银行的事后风险补偿保障是关键，根本在于事后剩余控制权的配置。基于信息不对称理论，要根本解决银行不分企业性质、规模大小、信誉高低等都能根据知识产权估值状况给予企业贷款，必须根据契约的动态性特点，赋予银行契约事前制定、事后再修订的权利。这样的契约安排使有效的风险补贴政策关键不在事前，而在于事后。一是由中介机构提供知识产权估值状况，如可根据知识产权会计确认与计量情况，结合权利的法律属性、企业信誉、经营状况、市场前景等因素确定风险程度。银行可据此决定放贷规模、利率高低等，这亦符合投资学中的收益与风险配比原则。二是对于事后失败的知识产权项目，可根据失败后的损失程度，由三方主体，即银行、企业、中介机构再行确定对银行的损失补贴。可根据贷款额度、时间、利率等情况合理确定，将贷款风险给银行带来的损失减小到最低限度。[①]

（2）加强银行贷前审核与贷后管理。银行在贷前应当勤勉地审核知识产权的相关情况，如鉴定登记人（审查知识产权权利登记人与权利所有人是否同一）、支付费用（是否按期缴纳相关费用）、持久性（如商标注册是否持续、专利和外观设计是否在有效期等）[②]，这些措施为化解知识产权担保风险、加强知识产权担保权益的实现起到了重要的作用。此外，还应加强企业的贷后管理和经营状况的监督，可以掌握其收益情况，进而决定是否采取提存或其他保全措施。对于信息不对称造成的风险，金融机构可在合同中约定，要求授信对象向其定期报告企业的财务信息和非财务信息，明确其报告义务。无论是贷前审核还是贷后管理，知识产权融资担保都有赖于专业机构来弥补信息上的不充分。目前各地方规定基本上都推荐将知识产权评估结果作为参考依据，并规定了知识产权评估机构的责任，值得肯定。但仅有知识产权价值评估报告并不充分，特别是贷后管理。这时较为有效的方法是加强出质人的信息报告义务，相关的法规或者在合同中可以直接要求出质人定期提供知识产权经营报告书，对企业的经营状况、出质知识产权的贡献度、技术市场的变化、类似技术的状况、出质知识产权产品的市场份额等作出说明。

（3）探索风险分担机制——知识产权融资保险和反担保机制。知识产权担保融资因权利价值和权利不稳定性风险具有不可测性，保险机制有必要发挥作用。可直接针对银行贷款的风险开发知识产权质押贷款的履约保证险，以知识产权质权实现失败作为保险事故，防范银行贷款丧失担保或担保实际无法发挥作用的风险。或者根据知识产权价值不确定性和不稳定性的常见风险因素，开发知识产权责任险和执行费用险；还可针对知识产权价值评估不准确等风险因素，开发知识产权评估责任险等。通过保险机制，构建知识产权质押融资的内在法律风险和市场风险的事前防控机制。例如，2009年上海出台的《关于本市促进知识产权质押融资工作的实施意见》中就引入了保险机制。

---

① 余丹、范晓宇：《中小企业知识产权担保融资的风险防控》，载《科技与法律》2010年第2期。

② John Runeckles, Taking Security over Intellectual Property: A Practical Overview, WHITE & CASE, August 2006/0129, European Intellectual Property Review, pp.1-3.

反担保机制对于控制知识产权信用担保中的风险具有重要作用。《上海市浦东新区知识产权质押融资指导意见》中引入了反担保机制，对于一些实物抵押条件不足的科技型中小企业，由上海浦东生产力促进中心担保，直接获得银行短期贷款；而企业则将其自有知识产权质押给促进中心作为反担保；同时设立专项资金，存入促进中心在银行的专户，银行按照 2 ～ 2.5 倍放大贷款规模。

总之，我国知识产权信用担保制度起步晚，在发展过程中存在着一定问题。研究总结域外国家和地区发展知识产权担保融资的实践做法与制度设计经验，并对其进行合理化吸收和消化，再结合我国国情，进行制度完善并健全配套保障体系，是有效推进我国知识产权担保融资业务健康、快速发展的一条重要捷径。

# 第六章　知识产权信用标准

## 第一节　知识产权信用标准相关理论

### 一、知识产权信用标准的概念

#### 1. 信用标准与信用标准化

信用体现了市场主体的资格和能力，是社会赋予市场主体的财产和资本，可以作为市场主体在社会交往或经济交易中使用的工具。但作为一种模糊性表述，其缺乏量化评估的度量衡。信用的模糊性决定了不同主体对其具体认识存在不一致之处，从而导致难以对其进行量化评估，将其作为知识产权运营工具加以利用时会存在一定的风险与障碍。因此，要将"信用"实质转化为市场主体可以执行、利用、遵守的对象，就需要消除这种不确定性，为其提供获得各方一致承认、可进行量化评估的规则。

标准与标准化的作用在于为信用提供规则秩序。根据《标准化工作指南　第 1 部分：标准化和相关活动的通用术语》（GB/T 20000.1—2014）的定义，标准是指以科学、技术和经验的综合成果为基础，按照制定机构颁布的制定程序，经过协商一致制定，为各种活动或其结果提供规则、指南或特性，以供共同使用和重复使用。标准与标准化广泛应用于通信、电力能源、医疗器械等工业领域，但随着社会治理体系和社会治理能力向现代化目标的发展，其应用范围也扩展至社会服务和公共管理领域。信用标准与信用标准化正是其中的重要应用，借助标准体系打破信用体系存在的不确定性与模糊性。

信用标准可以理解为社会各界对信用最共同的、最基本的约定。[①] 根据

---

① 吴晶妹：《对中国信用标准体系建设的思考》，载《大众标准化》2009 年第 10 期。

《信用标准化工作指南》（GB/T 23792—2009）<sup>①</sup>的定义，信用标准是指规定从事信用活动应满足的要求以确保其适用性的标准，信用标准化则是制定、发布并实施信用标准的过程。信用体系有序运行、良好发展的前提在于各方参与主体对于信用活动遵守相同的规则秩序，信用标准则可以对不同行业、不同地区之间的信用信息来源、数据、结果进行统一表示，以便在一定行业或地区范围内建立统一的信用活动规则秩序。依据标准的对象、属性特点及我国信用行业现状，《信用标准化工作指南》提出信用标准划分为信用基础标准、信用技术标准、信用产品标准、信用服务标准和信用管理标准五类，对每一类标准的基本内容进行了界定，并给出了信用标准实施的一般程序和基本方法。

信用标准化是社会信用体系建设的重要组成部分，《信用标准化工作指南》的发布实施对健全和完善我国信用标准体系提供了理论指导，对信用标准化体系的建立，信用标准的制定、实施、培训、宣贯应用有重要的指导作用，对于规范信用行业的管理与发展、推动信用标准的普及与应用，构建信用环境制度建设、促进经济发展有着深远的意义。总的来说，信用标准的制定有助于消除信用概念存在的模糊性，为信用活动各环节提供规范指引，是提升信用体系系统化程度的必要路径。

### 2. 知识产权信用标准与知识产权信用标准化

知识产权信用标准与知识产权信用标准化是信用标准体系与知识产权领域的融合发展。知识产权信用标准是指"规定知识产权信用应满足的要求，用以指导和规范信用组织及其从业人员提供的信用行为的标准"；知识产权信用标准化则是"通过对知识产权信用标准的制定和实施，以及对标准化原则和方法的运用，以达到知识产权信用质量目标化、服务方法规范化、服务过程程序化，从而获得优质信用服务的过程"。<sup>②</sup>在目前知识产权信用领域法律规章不完善的情况下，知识产权信用标准实质上为各项活动提供了依据准则。从知识产权信用的本质来看，知识产权信用标准受到知识产权标准与信用标准的双重指导。

知识产权类标准是知识产权与标准体系在保障创新成果利益基础上的结合，将知识产权活动中的有关程序进行规范化处理，对不同行业领域中的不

---

① 《信用标准化工作指南》已由国家质量监督检验检疫总局和国家标准化管理委员会发布，并于 2009 年 11 月 1 日开始实施。

② 刘瑛：《加快构建知识产权信用法治体系》，载《中国国情国力》2019 年第 6 期。

同知识产权活动规则进行统一建设。知识产权信用标准服从于知识产权类标准的规范引导，应当同其他与知识产权有关的标准在基本概念、制定原则、实施目标等方面保持一致。

信用标准规定信用主体从事信用活动应满足的基本要求，是信用主体进行信用信息沟通、交换、共享的基础，在信用体系建设过程中离不开信用标准的技术支撑。知识产权信用是社会信用的建设内容，对于知识产权信用标准进入信用标准体系的管辖范围，应当参照信用标准体系框架进行细化构建，与信用标准体系建设的原则和目标保持一致。

## 二、知识产权信用标准的内容及范围

### 1. 知识产权信用标准体系总体架构

知识产权信用作为社会信用体系的组成部分，其标准化构建须符合信用标准体系建设的基本原则，应当与信用标准体系协调一致、互相配合。《信用标准体系总体架构》（GB/T 35431—2017）将信用标准体系总体分为基础层、通用层和专用层。知识产权信用标准在信用标准体系总体架构中属于专用层信用标准，因此专用层信用标准的编制应以该总体架构为依据，结合知识产权信用领域的实际发展和业务需求开展。基于此，知识产权信用标准体系总体架构可划分为基础层、通用层和专用层。其中，知识产权信用基础层标准对知识产权信用标准化工作进行统筹协调，主要包括知识产权信用术语、知识产权信用标准化指南等基础性技术规范；知识产权信用通用层标准对知识产权信用信息、知识产权信用行为、知识产权信用主体等进行规范指导；知识产权信用专用层标准对不同行业、不同领域的知识产权信用标准根据领域或行业特点进行专用化安排。

《公共信用信息分类与编码规范》（GB/T 39441—2020）是2020年11月19日实施的一项中华人民共和国国家标准，归口于全国社会信用标准化技术委员会。该标准规定了公共信用信息分类的基本原则、分类体系架构、编码规则以及分类与代码，适用于公共信用信息的分类与使用活动，其他信用活动也可参考使用。

### 2. 知识产权信用标准具体内容

知识产权信用通用层标准不同于提供基本架构的基础层标准以及服务专

业领域的专用层标准，是对知识产权信用信息、知识产权信用行为、知识产权信用主体等知识产权信用具体内容作出的规范指导，涵盖了知识产权信用标准的具体内容。根据知识产权信用体系发展状况以及知识产权运营体系建设需求，知识产权信用标准具体内容包括以下几类。

（1）知识产权征信与信用信息共享标准，是对知识产权信用信息分类、征集、整理、公示、查询等流程进行规范指导，具体包括知识产权信用信息分类与编码标准、知识产权信用信息征集标准、知识产权信用信息公示标准、知识产权信用信息异议标准、知识产权信用征信机构服务标准等。

（2）知识产权信用评估评级标准，是对知识产权信用评估评级主体、流程、结果等进行规范指导，具体包括知识产权信用评价与等级表示标准、知识产权信用评价机构服务标准等。

（3）知识产权信用担保标准，是对知识产权信用担保价值评估、额度划分、贷款发放等进行规范指导，具体包括知识产权信用担保评价标准、知识产权信用担保授信额度划分标准等。

（4）知识产权信用监管标准，是对与知识产权信用有关的政府监督、行业自律、企业管理等活动进行规范指导，具体包括知识产权守信失信行为分类与激励惩戒适用标准、知识产权信用主体分级分类监管标准、知识产权信用管理标准等。

（5）知识产权信用从业人员标准，是对知识产权征信与信用信息共享、知识产权信用评估评级、知识产权信用担保、知识产权信用管理等领域从业人员进行规范指导，具体包括知识产权信用从业人员准入与强制退出标准、知识产权信用从业人员职业等级标准、知识产权信用从业人员执业标准等。

## 三、知识产权信用标准的特征与意义

### 1. 知识产权信用标准的特征

在构建知识产权信用标准体系时，应当针对知识产权信用标准的特征进行科学化、系统化设计，以发挥知识产权信用标准的最大效用。知识产权信用标准的具体特征包括以下几个方面。

（1）推荐性。强制性标准与推荐性标准的差异体现在适用范围、执行要求、制定程序等方面。强制性标准适用于人身健康和财产安全、国家安全、生态环境安全等领域且必须执行。推荐性标准则适用于其他领域并由市场主体自愿采用。知识产权信用标准调整知识产权信用组织及其从业人员的信用行为，涉及社会服务和公共管理事项，属于推荐性标准，经信用行为主体主动采用执行后才对其产生约束力。

（2）公开性。这一特征体现在标准公开与执行公开两个方面。首先，知识产权信用标准制定完成并批准发布后应当向社会公开，提供知识产权信用标准的完整内容，便于知识产权信用主体进行查询，从而获取从事知识产权信用活动的指引规范。其次，个人、企业、服务机构等应当主动公开其所采用执行的知识产权信用标准，既便于知识产权信用主体在市场交易中互相识别信用信息与信用状况，也可促进知识产权信用主体对信用标准的自觉遵守。

（3）专业性。标准是基于科学、技术、经验等综合得出的专业化成果，知识产权信用标准也不例外。知识产权信用标准的专业化程度取决于知识产权信用标准制定程序的专业化步骤，标准制定应当以知识产权信用专业理论为基础，根据适用行业、领域进行构建的深化、细化，同时在制定过程中广泛吸收采纳专业意见与建议，从而保证知识产权信用标准在实践中的可操作程度。

（4）基础性。知识产权信用标准是知识产权信用主体对知识产权信用作出的最基本约定，同时也是知识产权信用主体需共同使用遵守的行为规范。国家标准、地方标准、行业标准等为了保证知识产权信用标准的接受程度与使用范围，所反映的是各方主体对知识产权信用的最基础认识，未能代表知识产权信用活动所应遵守的最高规范。但个人、企业、服务机构等可基于自身特点或发展要求，制定高于知识产权信用基础标准的企业标准。

### 2. 知识产权信用标准的意义

知识产权信用标准体系是知识产权信用体系建设的关键依据，为其他子系统提供技术支撑，知识产权信用标准的建设对于规范知识产权信用活动具有重要意义。

（1）有利于促进知识产权征信与信用信息共享平台高质量建设。知识产权征信与信用信息共享平台存在重复建设的问题，不同区域与不同行业之间的信息也因具体标准不一致而难以实现互联共通。统一知识产权信用信息分类、征集、整理、查询等标准，能够实现知识产权征信与信用信息共享平台的高质量建设，推动知识产权信用信息的公开共享。

（2）有利于提升知识产权信用评估评级的专业化程度。知识产权信用评估评级存在评估评级标准差异较大、评估评级结果权威性不足、评估评级机构独立性不强等不足。对知识产权信用评估评级规则、机构、报告等进行标准化建设，能够规范知识产权信用评估评级活动，推动信用评估评级向专业化、统一化方向转变与提升。

（3）有利于优化知识产权信用监管流程。由于失信行为分类不清、惩戒手段运用不同、分级分类管理依据不一等问题，导致知识产权信用监管体系未能完全发挥作用。对知识产权信用监管体系建设采取统一标准，能够保证知识产权信用监管有规可依，优化知识产权信用监管流程，同时降低知识产权信用监管成本，提高知识产权信用监管效率。

（4）有利于培养高素质知识产权信用从业人员。培养高素质知识产权信用从业人员，不仅需要加强对知识产权学科、信用制度、经济管理知识等理论方面的培训，更需要重视对知识产权从业人员准入、执业、退出等标准的建设。规范知识产权信用从业人员的职业资格、执业行为标准，提升知识产权信用从业人员的综合素质，同时能够有效降低从业人员的失信风险。

（5）有利于形成良好的知识产权信用环境。对知识产权信用体系中的各方面进行标准化、规范化建设，不仅是为知识产权信用行为主体提供行为准则，同时也是通过各方主体对信用标准的遵守，进而改善知识产权信用环境。质量高、应用广的信用标准的影响深入人心，各方主体在使用信用标准的过程中潜移默化地习得了信用标准所体现的知识产权守信精神，从而形成良好的知识产权信用环境。

# 第二节　知识产权信用标准制度的国际比较

## 一、域外主要知识产权信用标准建设

知识产权信用标准体系既是知识产权领域信用建设的组成部分，也是信用标准体系向知识产权领域的延伸和发展，属于近年来新引入信用标准体系的研究对象。目前，域外知识产权信用标准建设尚未实现深入和细化，未能针对性地构建知识产权信用标准制度，仍主要集中于信用标准建设。

### 1. 国际组织的信用标准建设

巴塞尔银行监管委员会是成立于国际清算银行下的常设监督机构，致力于银行监管工作，通过《新巴塞尔资本协定》对信用评级及信用评级机构标准作出若干规定（如《合格的外部债务评级机构的标准》），包括客观性、独立性、透明度与信息披露、资源以及可信度五个方面。

客观性标准要求信用评级的方法必须是严格的、系统的，并且可以根据历史数据进行某种形式的检验。独立性标准要求外部评级机构应该是独立的，不应迫于政治或经济上的压力而影响信用评级。透明度与信息披露标准要求信用评级机构所采用的基本评级方法应当对外公开。资源标准要求外部评级机构应当有足够的资源，以确保提供高质量的信用评级结果。可信度标准则建立在上述标准的基础之上。[①]

国际证监会组织是国际上各证券以及期货管理机构所组成的国际合作组织，通过《关于信用评级机构活动的原则公告》与《信用评级机构执业守则》对信用评级机构标准作出规定。《关于信用评级机构活动的原则公告》提出了信用评级机构执业原则，属于开放式采用，不同国家可以采用不同方式和程度加以执行。《信用评级机构执业守则》用于指导信用评级机构在实践中实施相应的标准，包括评级过程的质量和诚信、信用评级机构的独立性和利益冲突避免，以及信用评级机构对投资公众和发行人的义务。[②]

### 2. 美国的信用标准建设

美国是信用体系发展较为完善的国家，对于信用标准制度的建设也走在世界前列。

在信用主体识别标准方面，美国在商业信用领域和社会信用领域分别建立了不同信用标准制度。对于商业信用主体识别，美国企业征信巨头邓白氏公司编制了邓白氏编码（DUNS Number）系统作为企业信用记录检索工具。该编码技术含量较高，可在全球范围内识别独特企业的地理位置，区别母公司、总部、分公司、子公司、企业家族等。[③] 对于社会信用主体识别，美国成立了专门从事个人信用评估和中小企业信用数据收集的信用局，通过公民

---

① 马文洛：《信用评级标准的要点及国内外相关比较》，载《中国金融电脑》2007 年第 2 期。
② 封红梅：《信用评级法律制度的国际化发展趋势》，载《时代法学》2012 年第 6 期。
③ 林钧跃：《谈我国信用标准的方案设计》，载《世界标准化与质量管理》2006 年第 6 期。

从出生便一直拥有的社会保障号进行信用主体识别。① 社会保障号制度赋予信用主体唯一识别标准，将信用信息、信用记录与信用主体永久挂钩，提高信用主体的失信成本，为信用体系建设提供良好信用环境。

在信用评级评估标准方面，美国证监会制定了"国家认可的证券评级机构"制度，其在美国信用评级行业的发展过程中，实质上发挥着标准化的作用，推动美国信用评级行业稳步前进。随着美国信用评级行业的发展，美国证监会继续制定了《在联邦证券法监管下的评级机构及其评级的作用》文件，对信用评级机构以及评级程序提出更严格的要求，以便确立新的信用评级标准。该文件进一步强调了信用评级的审慎原则，要求信用评级机构在职业谨慎方面遵循行业标准。②

在信用信息征集标准方面，美国消费者数据工业协会为了规范征信数据的采集和处理，制定了专门用于个人征信局征信数据采集格式的统一标准，即 Metro1 和 Metro2 标准。目前，Metro2 标准是较为通用的一种数据报告格式标准。个人征信局要求授信机构上报 Metro2 中列出的所有字段，而且所列出的数据都是必报数据。该标准还要求，所有的数据字段都必须遵循美国《公平信用报告法》和《公平信用记账法》的相关法律规定，如消费者姓名、地址等被加载到相应文件时所需要的标识信息，必须向个人征信局上报，其数据也必须及时更新。③

### 3. 英国、法国的信用标准建设

英国财务主管协会、法国财务主管协会联合起草了《信用评级参与各方标准化操作草案》，在肯定信用评级对于促进全球资本市场有效运行发挥重要作用的同时，对信用评级机构的信用评级标准提出了要求，包括信用评级透明度标准、非公开信息保密和防火墙设置标准、利益冲突避免标准、信用评级中信息沟通标准。其中，信用评级透明度标准要求公布评估方法、结果检验数据、信用评级分析人员等内容；非公开信息保密和防火墙设置标准要求评级机构在评估过程中收集的秘密信息应当被合理保密，并建立防火墙制度以保证这些信息不会被相关主体使用；利益冲突避免标准要求评级机构应当建立相应的政

---

① 陈晓辉、张爱红：《信用标准化建设历史拓展研究：兼述信用文明的发展》，载《中国质量与标准导报》2014 年第 3 期。

② 马文洛：《信用评级标准的要点及国内外相关比较》，载《中国金融电脑》2007 年第 2 期。

③ 林钧跃：《谈我国信用标准的方案设计》，载《世界标准化与质量管理》2006 年第 6 期。

策或程序以避免潜在的利益冲突，避免为了增加收入而满足提高信用等级的要求；信用评级中信息沟通标准要求评级应该促进发行者与市场、评级机构与市场、评级分析员与评级委员会、评级机构与发行者之间的信息沟通。①

## 二、域外主要信用标准制度的特征分析

### 1. 以完善的信用法律制度为基础

信用法律制度与信用标准制度同样是对信用主体从事信用活动的规范引导，二者有所不同却又联系紧密。信用法律制度由民商法、经济法、行政法等多个法律部门组成，从立法层面对社会信用体系进行调整，是社会信用体系建立的法律保障，大部分法律规范均具有强制约束力。信用标准制度规定信用主体、信用活动、信用信息等内容应当满足的基本要求，是社会各界对信用制度达成的一致认识，一般经过信用主体主动采用才产生约束力。就二者联系而言，信用标准制度在信用法律制度缺失的情况下实质上承担了支撑、调整社会信用体系的任务，但信用法律制度为信用标准制度提供了制定依据、确立了基本原则。因此，信用标准制度离不开信用法律制度的支撑，域外信用标准制度的稳定有序正是建立在完善的信用法律制度的基础之上。

### 2. 企业标准成为信用标准制度的重要来源

从域外主要信用标准制度的形成经验来看，目前主要存在两种构建信用标准制度的具体模式。一种是由一国行业协会推动，首先在若干家行业主流征信机构参与设计的情况下制定行业标准，随后再通过其他手段将行业标准转变为国家标准或国际标准。另一种是由大型跨国经营征信机构采用的企业标准演变为国家标准或国际标准。在国际上，有影响力的信用标准大部分源自私营征信机构的企业标准。企业信用标准的制定基础在于征信机构、信用评级机构等企业在实际经营中积累的经验，具有较强的专业性、可操作性以及适用性，通过大型企业的执行推广在行业领域中获得一致认同，从而成为域外信用标准制度的重要来源。

### 3. 注重对隐私权的保护

信用信息征集、整理、公示、查询以及信用监管等流程不可避免地涉及

---

① 马文洛：《信用评级标准的要点及国内外相关比较》，载《中国金融电脑》2007 年第 2 期。

信用主体的隐私信息，如何有效保护信用主体隐私权是构建信用标准制度不可忽视的重要任务。在目前互联网信息技术普及程度逐渐提高的背景下，信用信息数据库逐渐成为信用信息征集工具。建立覆盖范围广泛、信息种类完备的信用信息数据库，既可降低收集历史信息的成本，又有利于促进信用信息的共享。但信用信息数据库具有的网络平台虚拟化、信用信息传播速度快、安全技术发展不足等特点，也给信用主体隐私权保护带来了新的挑战。域外信用标准制度将隐私权保护纳入具体标准的组成部分，通过信用标准的严格执行以达到对信用主体隐私权的有效保护。

**4. 强调独立性及利益冲突避免**

在信用体系中，每一项信用活动都涉及多方主体，信用评估评级、信用监管等流程均依赖第三方机构作出。信用评估评级、信用监管结果的可信度取决于第三方机构的公正性，第三方机构的公正性则建立在其独立性以及评级监管过程中利益冲突避免的基础之上。独立性以及利益冲突避免要求第三方机构及其从业人员独立于其他可能干扰信用评级或监管的因素，包括政治因素、经济利益因素、私人关系因素等，同时不得从事与信用评级或监管存在利益冲突的活动。域外主要信用标准制度将独立性以及利益冲突避免直接纳入信用标准中，以维护第三方机构的公正性以及信用评级、监管结果的可信度。

# 第三节　知识产权信用标准制度现状

## 一、我国现有的知识产权信用标准制度

与域外主要知识产权信用标准建设情况相似，由于知识产权信用标准化属于近年来信用标准体系向知识产权领域拓展的新问题，我国尚未针对性地制定知识产权信用标准，现有知识产权信用标准制度主要由信用类标准与知识产权类标准两部分组成。

### 1. 知识产权信用标准归口单位情况

知识产权类标准的制定工作在我国起步较晚。2015年，国家知识产权局筹建成立全国知识管理标准化技术委员会（TC554），对内负责制定和修订知

识产权创造、运用、保护、管理等领域的国家标准，对外承担国际标准化组织创新管理技术委员会的对口工作。

信用类标准的制定工作在我国起步较早。2004年，全国整顿和规范市场经济秩序领导小组办公室牵头推进社会信用体系的建设工作。2005年5月，国家标准化管理委员会批准成立了"全国信用标准化技术工作组"，开始实质性推动我国信用标准制定工作。信用体系建设是一项庞大的系统工程，社会信用体系建设的细化对信用标准化工作的技术水平和制定效率提出了更高的要求。

因此，全国社会信用标准化技术委员会（TC470）于2016年在全国信用标准化技术工作组的基础上成立，由中国标准化研究院筹建、国家标准化管理委员会进行业务指导，负责社会信用领域标准化工作。同时，全国社会信用标准化技术委员会下设两个分委会。其中，全国社会信用标准化技术委员会质量信用分技术委员会（TC470/SC1）负责质量信用领域标准化工作；全国社会信用标准化技术委员会商业信用分技术委员会（TC470/SC2）负责商业信用领域标准化工作。

以全国社会信用标准化技术委员会为参照，目前共有7个省市组建了相应的地方技术委员会，负责信用类地方标准的制定工作。上海市商务信用标准化技术委员会于2018年6月成立，由上海市商务委员会筹建、上海市质量和标准化研究院承担秘书处。河北省社会信用标准化技术委员会于2018年6月成立，由河北省发展和改革委员会筹建、河北省标准化研究院承担秘书处。内蒙古自治区信用标准化技术委员会于2018年9月成立，由内蒙古自治区发展和改革委员会筹建、内蒙古信用促进会承担秘书处。山西省社会信用标准化技术委员会于2019年6月成立，由山西省发展和改革委员会筹建。北京市社会信用标准化技术委员会于2019年7月成立，由北京市经济信息化局筹建、中关村企业信用促进会承担秘书处。天津市社会信用标准化技术委员会于2019年11月成立，由天津市发展和改革委员会负责日常管理和业务指导工作、天津市信用协会承担秘书处。广东省社会信用标准化技术委员会于2020年6月成立，由广东省市场监督管理局批准筹建、广东省标准化研究院承担秘书处。

### 2. 国家标准发布情况

根据全国标准信息公共服务平台公示的数据，目前知识产权类现行国家标准共有 16 项，正在起草或审查的国家标准计划共有 5 项，均由全国知识管理标准化技术委员会发布。[①] 从标准数量以及归口单位来看，知识产权类标准的制定工作仍处于起步阶段，集中于知识产权管理、服务领域。

根据全国标准信息公共服务平台的公示数据，目前信用类现行国家标准共有 69 项，正在起草或审查的国家标准计划共有 21 项。[②]

从各年份发布标准数量来看，自 2014 年《信用纲要》发布以后，信用标准的制定工作也按照该政策所确立的"2020 年社会信用标准体系基本建立"目标快速推进。

全国社会信用标准化技术委员会共发布 59 项标准，全国认证认可标准化技术委员会、全国信息分类与编码标准化技术委员会、商务部各发布 2 项标准，工业和信息化部、全国政务大厅服务标准化工作组、全国电子商务质量管理标准化技术委员会、国家市场监督管理总局各发布 1 项标准。可以看出，在信用标准化领域，全国社会信用标准化技术委员会承担着主要的标准制定工作，符合由其推进社会信用标准化体系建设的职责安排。

从标准类型来看，以《信用标准体系总体架构》(GB/T 35431—2017)的规定作为划分依据，信用基础层标准共有 12 项，信用通用层标准共有 25 项，信用专用层标准共有 32 项。从国家标准的数量分布来看，目前的信用标准制定工作符合信用标准体系的总体架构。

### 3. 地方标准发布情况

根据全国标准信息公共服务平台公示的数据，目前知识产权类现行地方标准共有 32 项。[③] 同知识产权类国家标准发布情况相似，知识产权类地方标准制定工作仍处于起步阶段，已有标准集中于知识产权质押、服务、管理领域。

根据全国标准信息公共服务平台公示的数据，目前信用类现行地方标准共有 210 项。[④]

---

[①] 全国标准信息公共服务平台网站，http://std.samr.gov.cn/，最后访问时间：2021 年 8 月 17 日。

[②] 全国标准信息公共服务平台网站，http://std.samr.gov.cn/，最后访问时间：2021 年 8 月 17 日。

[③] 全国标准信息公共服务平台网站，http://std.samr.gov.cn/，2021 年 8 月 17 日最后访问。

[④] 全国标准信息公共服务平台网站，http://std.samr.gov.cn/，2021 年 8 月 17 日最后访问。

从各年份发布标准数量来看，信用类地方标准的制定工作同样受到2014年《信用纲要》发布的影响，同时大体上呈现出标准数量逐年增多的趋势。

从地域分布来看，各省市地方标准制定情况与各地社会信用标准化技术委员会成立情况相适应，较早成立委员会的河北省、上海市、内蒙古自治区等均在标准数量上处于领先地位，在标准数量上排名较为靠后的北京市、天津市、广东省等则于近年来积极建立委员会以推动社会信用标准化工作。

从标准类型来看，以《信用标准体系总体架构》（GB/T 35431—2017）的规定作为划分依据，信用基础层标准共有6项，信用通用层标准共有58项，信用专用层标准共有146项。与信用类国家标准分布情况相比，地方标准化工作更集中于信用专用层，即面向不同行业领域进行信用标准制定。

**4. 行业标准及团体标准发布情况**

根据行业标准信息服务平台公示的数据，目前知识产权类行业标准仅有1项，信用类行业标准共有51项。[①] 从所属行业来看，国内贸易领域共有18项，金融领域共有11项，电力领域共有5项，交通领域共有4项，气象领域共有3项，出入境检验检疫领域、轻工领域、农业领域各有2项，水利、烟草、测绘、认证认可领域各有1项，暂无面向知识产权领域的信用类行业标准。

根据全国团体标准信息平台公示的数据，目前知识产权类团体标准共有49项，信用类团体标准共有163项。[②] 从发布时间来看，两类团体标准均集中出现于2017年以后。从规制范围来看，知识产权类团体标准侧重于知识产权管理、专利代理、集体商标使用等领域，信用类团体标准侧重于质量信用、商业信用等领域，暂无针对知识产权信用领域的团体标准。

## 二、我国知识产权信用标准制度面临的问题

如前所述，我国现有知识产权信用标准制度主要由信用类标准与知识产权类标准两部分组成。信用类标准中规范各类信用标准化工作的基础性标准以及适用于不同领域行业的通用性标准，对于知识产权信用同样具有一定的

---

① 参见行业标准信息服务平台网站，http://hbba.sacinfo.org.cn/，2021年8月17日最后访问。

② 参见全国团体标准信息平台网站，http://www.ttbz.org.cn/，2021年8月17日最后访问。

适用空间，但目前仍然缺少针对知识产权信用领域的专用性标准。知识产权类标准主要集中于知识产权管理、服务、运用领域，考虑到知识产权管理、服务、运用是实现知识产权信用的基础，此类标准对于知识产权信用标准具有一定的指导意义。总的来说，我国知识产权信用标准制度在发展完善过程中仍然面临着一系列问题。

**1. 国家标准与地方标准不统一，缺乏标准对接机制**

国家标准对于全国范围内的行业领域具有引导规范作用，地方标准则是基于各地方不同经济水平、行业发展情况作出的特殊安排。在国家层面的知识产权信用标准制定发布以后，各地方以国家标准确立的基本原则、基础规范为依据，根据本地实际情况制定地方标准。由于各地方行业差异客观存在、发展规划与实际需求也各不相同，国家标准与地方标准、地方标准与地方标准之间不可避免地出现标准不统一的问题。在目前标准不统一并且缺乏标准对接机制的情况下，来自不同地区、不同行业适用不同知识产权信用标准的知识产权信用主体，在市场交易中难以有效、正确地识别交易对方的知识产权信用状况，降低了知识产权信用信息的交换效率，从而给知识产权运营活动带来信用障碍。

**2. 知识产权信用领域行业标准、团体标准缺失**

与一定区域内具有普遍适用性的国家标准与地方标准不同，行业标准与团体标准适用于从事某一特定行业领域的群体，具有较强的针对性和专业性。在有关国家标准缺失的情况下，行业标准实质上承担了对某一行业进行规范引导的功能。相较于由行政主管部门制定的国家标准、地方标准以及行业标准，市场主体在团体标准制定过程中的参与度更高，团体标准更符合市场主体实际需求，对于市场主体具有更强的适用性。从目前知识产权类、信用类的行业标准以及团体标准制定情况来看，现有标准集中于贸易、金融、质量等领域，已备案的知识产权类行业标准仅有一项，即《互联网新通用顶级域名服务域名商标保护服务（TMCH）流程和接口技术要求》（YD/T 3876—2021）①，而针对知识产权信用领域的行业标准与团体标准仍然处于缺失状态。

---

① 源自行业标准备案信息公示平台。尚未备案的知识产权类行业标准还有《中华人民共和国知识产权行业标准——框线式表格格式规则》《专利申请号标准》等。

### 3. 知识产权信用标准归口单位不明确

知识产权信用既属于社会信用的重要组成部分，同时也以知识产权的创造、运用、保护、管理为建设基础，知识产权信用标准化离不开社会信用标准化与知识管理标准化的相互配合。因此，在理论上全国知识管理标准化技术委员会与全国社会信用标准化技术委员会均可承担知识产权信用标准制定工作。但从实际情况来看，全国知识管理标准化技术委员会已制定的标准集中于对知识产权管理、服务的规范调整，全国社会信用标准化技术委员会则侧重于社会信用中的电子商务信用、科研信用等领域。现有标准从结果上反映了国家标准化工作分配的不合理之处，两个技术委员会均忽视了知识产权信用标准制定工作，实质上反映了知识产权信用标准归口单位不明确的问题。

### 4. 知识产权类标准质量不高

目前，知识产权类标准与信用类标准已经具备一定数量，但从质量上来看现有标准还有较大的完善发展空间。以全国社会信用标准化技术委员会制定的《职业经理人信用评价指标》（GB/T 31864—2016）为例，该标准通过价值观、竞争力、社会责任三个维度来评价职业经理人的信用，在具体指标中忽视了对利益冲突避免、回避等情况的考察。前述国家标准与地方标准缺乏对接机制、知识产权信用领域行业标准与团体标准缺失以及知识产权信用标准归口单位不明确等问题，在很大程度上导致了知识产权类标准质量不高的结果。此外，知识产权信用标准基础性研究工作较为薄弱、相关技术人才储备不足等因素也使知识产权类标准质量提升缺乏内在支撑。

### 5. 知识产权类标准社会认知度较低

知识产权信用标准一般属于推荐性标准，需要经过企业、服务机构等信用主体主动采用才对其产生约束力，而信用主体主动采用的前提则在于相关标准具有一定的社会认知度，未能得到信用主体采用的知识产权信用标准则失去了实用价值。虽然目前知识产权类标准与信用类标准在数量上具备一定规模，但是现有标准的社会认知度仍然较低，批准发布后未能在行业领域内引起充分关注。知识产权类标准化试点工作经验不足、未能利用媒体宣传报道进行推广、政府行政主管部门忽视标准培训工作等因素，综合造成了知识产权类标准的社会认知度较低。同时，大部分省市尚未建立地方社会信用标准化技术委员会，从而缺乏推进知识产权类标准贯彻实施工作的指导机构，这也是造成知识产权类标准社会认知度较低的原因之一。

# 第四节 知识产权信用标准制度建设与完善

## 一、知识产权信用标准制度建设的目标与原则

根据《信用纲要》作出的规划安排，社会信用标准化建设工作的阶段性主要目标是"到2020年，社会信用基础性法律法规和标准体系基本建立"。从信用类标准制度现状来看，目前已经形成总体架构、基本术语、主体标识等一系列基础性标准，信用信息分类、信用信息征集、信用档案信息等一系列通用性标准，以及以电子商务信用为代表的专用性标准，总体上实现了"社会信用标准体系基本建立"的目标。但在目前的社会信用标准体系中，知识产权信用标准制度仍然是薄弱环节，需要根据社会信用标准体系总体原则与构建思路作出进一步完善。以社会信用标准体系建设历程为导向，可逐步确立知识产权信用标准制度建设的目标。首先，开展知识产权信用标准化基础研究，为推动知识产权信用标准化建设奠定基础，研究构建知识产权信用标准体系总体框架、基本术语、主体识别等一系列基础性标准。其次，基于基础研究成果，全面推动知识产权信用领域重点、急需标准的研究制定工作，开展知识产权信用信息类标准、信用管理类标准、信用服务类标准等通用性标准的构建。最后，在知识产权信用标准制度基本建立的基础之上，完善提高标准质量，推动知识产权信用标准与具体行业领域的融合发展，形成完备的知识产权信用标准制度。

在建设知识产权信用标准制度的过程中，需要坚持以下原则。

### 1. 科学系统性原则

知识产权信用标准制度的总体架构与具体内容应当符合科学系统性原则。一方面，知识产权信用标准制度应当以知识产权信用标准化研究成果为基础，依据知识产权信用体系建设的要求，按照知识产权信用体系的客观规律进行设计，体现知识产权信用体系的特点，符合知识产权信用体系的性质。另一方面，建设知识产权信用标准制度应当遵循体系化规则，做到层次清晰、结构合理、全面成条，避免不同标准的具体内容出现交叉、重复、不协调甚至矛盾等问题。在知识产权信用标准制度中，构成总体制度的具体标准规范并

不是简单的独立个体，而是相互影响、相互作用、相互补充以及相互制约从而形成的一个有机整体。

### 2. 合法合规性原则

知识产权信用标准制度的构建应当符合相关法律、法规以及政策文件的内在精神与具体要求。知识产权信用标准是社会各界对于知识产权信用达成的一致认识，其实施执行必须得到大多数主体的认可。因此，要提高对知识产权信用标准的公众认可程度就必须确保以法律法规以及政策文件为指导，从而保证知识产权信用标准构建过程的公正性和权威性。根据相关法律及政策的要求，知识产权信用标准化工作的重点应当是做好信用信息记录基础工作，加强信用信息系统建设，努力营造良好的信用环境等。确保知识产权信用标准制度的合法合规性，既是优化知识产权信用标准综合质量的内在要求，也是提升知识产权信用标准认可程度的必然选择。

### 3. 适用实效性原则

知识产权信用标准制度的实际功效在于为知识产权信用主体及其行为提供指导规范，应当能够适用于知识产权信用各个环节具体活动的开展。一方面，在构建知识产权信用标准制度的过程中，制定单位应当考虑到知识产权信用标准在知识产权运营活动中的实际情况，以使知识产权信用标准适合业务需求，具有实用价值。另一方面，知识产权信用标准应当符合一般标准简明扼要的要求，在有效满足知识产权信用标准使用需要的基础之上，对标准内容及其具体形式进行提炼，剔除其中多余低效的部分，以实现知识产权信用标准构建的去繁化简。

### 4. 更新维护性原则

知识产权信用标准制度的组成内容不是一成不变的，应当根据知识产权信用活动的发展以及知识产权运营体系的完善进行相应的调整改进，适时对知识产权信用标准作出更新维护。随着时代环境的快速改变以及行业水平的发展提升，相关标准不可避免地呈现出一定的滞后性。因此，为了确保知识产权信用标准制度整体的有效性，除对知识产权信用核心内容进行技术规范之外，同时应当及时对已发布的知识产权信用标准进行跟踪监测、整合维护，针对具体标准进行修改补充、更新替代等。通过对落后无用内容的淘汰和先进科学内容的补充，确保知识产权信用标准制度始终满足知识产权运营体系的实际需要。

## 二、知识产权信用标准制度的完善路径

### 1. 建立知识产权信用标准对接交换平台

由于制定机构不同、各地域行业实际情况与发展需求不同，国家标准与地方标准、地方标准与地方标准之间不可避免地存在不统一的情况，知识产权信用标准也不例外。适用不同知识产权信用标准的知识产权信用主体，在市场交易中会遇到难以有效正确识别交易对方知识产权信用状况的无形障碍。因此，为了确保知识产权运营活动的顺利进行，提高知识产权信用信息的交换效率，有必要通过建立知识产权信用标准对接交换平台，对知识产权信用标准制度进行完善。首先，知识产权信用标准对接交换平台的建立基础在于对各类知识产权信用标准信息与具体内容的收集整理。其次，制定知识产权信用标准对接规则，在对接交换平台上公示规范同一事项的各项标准对接情况，便于存在实际需求的知识产权信用主体进行查询。最后，坚持在国家标准的指导下制定地方标准、定期清理不必要标准，也是完善知识产权信用标准的有效路径。

### 2. 加快制定知识产权信用领域行业标准、团体标准

相较于在一定区域内具有普遍适用性的国家标准和地方标准，适用于某一特定行业领域的行业标准和团体标准具有更强的针对性和专业性。知识产权信用领域行业标准、团体标准能够最大程度贴合企业、服务机构等知识产权信用主体及其从业人员的实际情况作出规范引导，但其在目前的知识产权信用标准制度中仍然处于缺失状态。这不仅未能满足知识产权信用体系的发展需求，也未能落实相关政策的要求。总的来说，知识产权信用领域行业标准、团体标准可以有效弥补国家标准与地方标准的不足，有助于行业协会等社会团体成为推动知识产权信用建设的有生力量，提升行业协会等社会团体对知识产权信用建设的影响力，引领具体行业领域内知识产权信用建设的良性发展，同时优化行业协会内各成员单位的知识产权信用建设质量。[①] 因此，加快制定知识产权信用领域行业标准、团体标准，是完善知识产权信用标准的必然选择。

---

① 张金波：《行业协会商会信用建设中团体标准作用分析》，载《征信》2018年第2期。

### 3. 明确知识产权信用标准归口单位

目前，知识产权信用标准归口单位的不明确导致知识产权信用标准化工作推进缓慢，知识产权信用领域的具体标准仍未制定。因此，明确知识产权信用标准归口单位是推动知识产权信用标准化工作的有效手段，有助于将知识产权信用标准的制定工作落实完善。同时，要加强全国社会信用标准化技术委员会与地方对应机构的交流合作，从制定机构的层面通过明确知识产权信用标准归口单位来推动知识产权信用标准制度的完善。

### 4. 提升知识产权信用标准质量

虽然增加知识产权信用标准的数量是完善知识产权信用标准制度的首要任务，但是提升知识产权信用标准的质量也不可忽视。因为知识产权信用标准制度的综合培育，不仅要求知识产权信用标准在数量上形成一定的规模，同时也要求知识产权信用标准在质量上有所提升，得到广泛认可，这样才能充分实现知识产权信用标准的规范引导作用。前述措施能够为提升知识产权信用标准质量提供外在支撑，但同时也应加强提升标准质量的内在动力。首先，要广泛吸纳知识产权信用标准化的理论研究成果，为知识产权信用标准体系的建设打好基础。其次，积极开展知识产权信用标准人才培养工作，推进对标准制定机构人员的专业培训工作。最后，在知识产权信用标准的制定过程中，要注重实际调研与理论规划相结合，确保知识产权信用标准符合行业领域开展业务的实际需求。

### 5. 加大知识产权信用标准宣传贯彻力度

知识产权信用标准的推荐性特征决定了其需通过个人、企业、服务机构相关主体主动采用才得以应用到实际工作之中，而知识产权信用标准的社会认知程度在一定意义上决定了相关主体主动采用的可能性大小，也是知识产权信用标准的实用价值得以检验的前提要求。因此，加大知识产权信用标准宣传贯彻力度，提升知识产权信用标准的社会认知程度，是完善知识产权信用标准制度的必要步骤。一方面，知识产权信用标准归口单位应当积极开展知识产权信用标准化试点工作，推出代表性案例、代表性企业以及代表性区域，以积累知识产权信用标准的实施经验。另一方面，知识产权信用标准归口单位要适度利用媒体针对知识产权信用标准进行宣传推广，从而扩大知识产权信用标准的影响范围。

## 三、知识产权信用标准制度的具体制定

知识产权信用标准制度的具体制定应当以信用标准体系总体架构为依据，结合知识产权信用领域的发展实际和业务需求开展。可参照现有知识产权类标准、信用标准的实际情况，结合知识产权信用的具体特征，通过以下五类标准的制定工作对知识产权信用标准制度进行具体构建。

### 1. 知识产权征信与信用信息共享标准的制定

知识产权征信与信用信息共享标准，是对知识产权信用信息分类、征集、整理、公示、查询等流程进行规范指导，具体包括以下几类标准。

（1）知识产权信用信息分类与编码标准。该标准主要规定知识产权信用信息分类与编码的基本原则、编码规则、分类与代码等相关要求，适用于社会治理和经济交易等领域的知识产权信用信息分类、归集及整理活动。该标准制定可参考全国社会信用标准化技术委员会发布的《信用信息分类与编码规范》（GB/T 37914—2019）。知识产权信用信息编码用以表示数据项所属主体、所属知识产权信用信息类别以及所属知识产权信用信息类别的子类，可准确表示知识产权信用信息数据项，为后续知识产权信用信息征集环节提供便利。

（2）知识产权信用信息征集标准。该标准主要规定知识产权信用信息征集的基本原则、征集对象、征集内容、征集方式和加工存储等，适用于开展知识产权信用信息征集的机构部门从事知识产权信用信息征集、管理以及监督的活动。该标准制定可参考全国社会信用标准化技术委员会发布的《信用信息征集规范 第 1 部分：总则》（GB/T 34830.1—2017）。其中，征集对象主要包括从事知识产权信用活动的相关主体，既包括自然人，也包括法人和其他组织；征集内容由相关部门机构根据自身业务领域特点和需求，合理设置或细化扩展；征集方式主要包括公开方式和约定方式；加工存储要求征信机构部门应当将所采集的信息及时、准确地录入知识产权信用信息数据库，对多渠道征信的知识产权信用信息进行对比、核实，对知识产权信用信息数据库进行备份，建立安全的信息储存系统、安全保密管理以及保护制度。

（3）知识产权信用信息公示标准。该标准主要规定知识产权信用信息公示的基本原则、公示内容以及通用要求，适用于各行业主管部门、各级政府部门等公示知识产权信用信息。其中，通用要求包括以下几个部分：对于公

示主体，知识产权信用信息提供主体对其所产生的信用信息应当在本部门以及本级政府的信用门户网站上进行公示；对于公示载体，应当积极利用网络平台进行公示，包括各级政府门户网站、相关部门单位网站、手机客户端、报纸杂志、国家企业信用信息公示系统以及"信用中国"网站；对于公示形式，知识产权信用信息提供主体应当在公示期内主动依法依规公示信用信息并提供查询服务，通过概要、详细和关联三种形式进行公示。

（4）知识产权信用信息异议标准。该标准主要规定针对知识产权征信与信用信息共享活动提出异议的处理原则和处理程序，适用于开展知识产权信用信息征集的机构部门处理知识产权信用信息异议的活动。知识产权信用信息异议的处理程序应当按照以下步骤展开：知识产权信用信息主体认为征信机构部门采集、保存、公示的信用信息存在错误、遗漏、侵害商业秘密或个人隐私的，有权向征信机构部门提出异议；知识产权信用征信机构部门应当自收到异议申请之日起15个工作日内核实相关信息内容，若信息异议准确属实则应当予以更正，若信息主体无法提供充分证据则应当予以驳回。

（5）知识产权信用征信机构服务标准。该标准主要规定第三方征信机构对个人、企业等知识产权信用主体进行知识产权信用调查的基本原则、机构制度以及服务分类等，适用于第三方征信机构提供的知识产权信用征信服务。为确保知识产权征信活动的顺利开展，第三方征信机构应当建立一定的制度，包括从业人员考核制度、征信服务质量控制制度、回避与利益冲突避免制度、信用信息数据库管理制度以及安全保密制度等，同时向公众公示具体征信标准，努力提高本机构征信的透明度。第三方征信机构提供的征信服务按照知识产权信用信息征集范围与程度，可分为基本征信、标准征信、深度征信以及特殊征信等。

**2. 知识产权信用评估评级标准的制定**

知识产权信用评估评级标准，是对知识产权信用评估评级主体、流程、结果等进行规范指导，具体包括知识产权信用评价与等级表示标准、知识产权信用评价机构服务标准等。

（1）知识产权信用评价与等级表示标准。该标准主要规定知识产权信用评价的基本原则、评价要素、评价指标、评价流程以及知识产权信用等级表示等内容，适用于企业、服务机构等开展自我评价以及作为第三方机构的知识产权信用评估评级依据。

知识产权信用评价要素可划分为知识产权信用主体守信意愿、守信能力、守信表现三个维度。知识产权信用评价指标是对知识产权信用评价要素的细化，在具体评估评级过程中，可根据被评价对象的实际特征以及所掌握信用信息情况，合理设置或调整评级指标项目。知识产权信用等级表示是通过等级划分对知识产权信用评价结果进行直观反映，可划分为优秀、良好、一般、较差、恶劣五个等级。

知识产权信用评价流程是对知识产权信用主体或第三方机构开展知识产权信用评估评级活动的具体要求。在评价准备阶段，应当根据知识产权信用评价指标确定需要采集的知识产权信用信息，根据所属行业地域确定各评价指标所占权重。在评价阶段，应当根据知识产权信用评价指标以及等级表示得出知识产权信用主体的信用评价结果。在结果公示阶段，应当在一定时间范围内准确公示知识产权信用主体评价等级与异议途径，若在公示期内无异议则公示结果为最终信用等级。同时，在整个知识产权信用评价流程中需要注意评价人员的回避与利益冲突避免的情况。

（2）知识产权信用评价机构服务标准。该标准主要规定第三方评价机构对知识产权信用主体开展知识产权信用评价的基本原则、服务分类以及业务流程要求等内容，适用于第三方机构提供知识产权信用评价服务等业务活动。

知识产权信用评价服务按照发起方式可划分为委托评价与主动评价，评价业务流程主要按照以下步骤展开。首先，知识产权信用评价机构应当根据回避利益冲突的原则，组织人员按照知识产权信用评价指标进行综合分析，撰写评价报告，并提出被评价对象的知识产权信用等级建议。其次，由知识产权信用评价机构评审委员会对信用评价项目组提交的报告及相关资料进行审核，提出评审意见，确定被评价对象的知识产权信用等级结果。再次，将知识产权信用评价结果通知被评价对象，被评价对象如有异议可提出复审一次。最后，知识产权信用评价机构将评价结果或复审结果进行发布，对被评价对象状况进行定期或不定期跟踪，及时更新知识产权信用等级。

### 3. 知识产权信用担保标准的制定

知识产权信用担保标准，是对知识产权信用担保价值评估、额度划分、贷款发放等进行规范指导的标准，具体包括知识产权信用担保评价标准与知识产权信用担保授信额度划分标准。

该标准主要规定以第三人提供信用担保为前提，对知识产权所有企业出具的知识产权价值进行评价的基本原则、评价要素以及评价指标等内容，适用于第三方评价机构为知识产权所有企业进行担保评价的活动。以知识产权信用评价标准为基础，是知识产权信用评价标准在担保贷款领域的具体延伸，因其金融活动的特点而对具体评价指标提出不同的要求。知识产权信用担保评价的评价要素与评价指标应当以知识产权信用评价要素指标为基础，从守信意愿、守信能力、守信表现三个维度进行评价指标的细化，同时考虑知识产权所有企业从事金融活动的能力表现。知识产权信用担保授信额度划分标准，是通过授信额度对知识产权信用担保评价结果进行直观反映，可根据知识产权信用状况划分为优秀、良好、一般、较差、恶劣五个档次。各地域行业可根据经济水平与实际发展情况确定不同档次对应的具体授信额度，为知识产权所有企业发放知识产权信用担保贷款。

**4. 知识产权信用监管标准的制定**

知识产权信用监管标准，是对与知识产权信用有关的政府监督、行业自律、企业管理等活动进行规范指导，具体包括知识产权守信失信行为分类与激励惩戒适用标准、知识产权信用主体分级分类监管标准、知识产权信用管理标准等。

（1）知识产权守信失信行为分类与激励惩戒适用标准。该标准主要规定知识产权守信行为与失信行为划分，知识产权守信激励与失信惩戒的基本原则、手段等内容，适用于有关行政机关对知识产权信用主体的守信行为进行宣传推广、对失信行为进行认定追责。

知识产权失信行为的认定与划分是公权力对知识产权信用主体实行监督管理的基础，涉及对私主体权利的贬损。为了维护私主体权益不受公权力的过度损害，同时最大限度保障公共利益，应当坚持以法律法规的明文规定为依据。按照违反相关法律法规、背离知识产权立法宗旨或诚实信用原则、损害知识产权信用环境的轻重程度，可将知识产权失信行为划分为一般知识产权失信行为、违反知识产权相关法规规章行为、违反知识产权相关法律行为、知识产权严重失信行为。

一般知识产权失信行为是指违背了诚实信用原则，但尚未纳入法律法规调整范围的失信行为。违反知识产权相关法规规章行为是指由相关行政法规、部门规章明文规定但尚未纳入法律规制范围的失信行为。违反知识产权相关法律行为是指由相关法律明文规定的失信行为。知识产权严重失信行为是指相关主体在已有失信行为的基础之上重复实施失信行为，对知识产权信用制度造成严重损害。

知识产权失信惩戒手段的适用应当以知识产权失信行为的认定与划分为基础，联合多部门进行综合惩戒。对一般知识产权失信行为采取纳入知识产权信用主体失信信息、列入企业异常经营名单、由行政主管部门给予警告劝诫、取消进入各知识产权保护中心和快速维权中心的专利快速授权确权以及快速维权通道资格等惩戒手段。对违反知识产权相关法规规章行为除采取前述手段外，同时追究法规规章明文规定的民事责任与行政责任。对违反知识产权相关法律行为除采取前述手段外，同时追究法律明文规定的民事责任、行政责任甚至刑事责任。对严重知识产权失信行为，还应增加列入严重违法失信企业名单、限制取得认证机构资质或获得认证证书、一定期限内禁止严重失信主体从事相关行为、对严重知识产权失信行为进行曝光等手段。

知识产权信用主体在从事各类相关活动中对具体法律法规以及诚实信用原则的遵守均可被积极评价为知识产权守信行为，不同于知识产权失信行为，知识产权守信行为具备抽象性强、涵盖面广的特征。因此，相较于针对某一具体行为进行种类归纳从而适用不同惩戒手段的标准制定模式，将知识产权守信行为作为对知识产权信用主体开展分级分类监管的具体指标，从而适用不同的守信激励手段，更符合知识产权守信行为的特征。

（2）知识产权信用主体分级分类监管标准。知识产权信用主体分级分类监管标准主要规定行政主管部门从监管角度对企业、服务机构等知识产权信用主体进行分级分类以及所采取的不同监管手段等内容。

从监管角度对知识产权信用主体进行分级分类，以提高行政管理效率、便利知识产权信用主体进行市场活动为原则，通过知识产权信用监管指标对信用主体进行具体评估。知识产权信用监管指标具体包括知识产权基础权利状况、知识产权信用管理制度、知识产权守信行为信息、知识产权失信行为信息、知识产权信用修复信息等。行政主管部门可根据知识产权信用主体所属行业、地域具体确定各指标所占权重，通过类别或等级划分对知识产权信用主体评估结果进行直观反映，建议用A类代表守信主体，B类代表警示主体，C类代表失信主体，D类代表严重失信主体。基于知识产权信用主体分级分类结果，有关行政主管部门可采取不同的监管方式与监管手段。

（3）知识产权信用管理标准。知识产权信用管理标准主要规定企业、高校、科研院所等对知识产权信用活动进行管理的基本原则、具体制度、工作规范等内容，适用于有关组织开展内部知识产权信用建设。

知识产权信用管理属于知识产权管理体系的组成部分，与知识产权信用管理、基础管理以及实施运行管理等内容相互配合。目前，知识产权信用管理制度已经形成《企业知识产权管理规范》（GB/T 29490—2013）、《科研组织知识产权管理规范》（GB/T 33250—2016）、《高等学校知识产权管理规范》（GB/T 33251—2016）等一系列标准，可在此基础之上对已有标准进行相应的更新，增加信用管理作为知识产权信用标准子类之一。

**5. 知识产权信用从业人员标准的制定**

知识产权信用从业人员标准，是对知识产权征信与信用信息共享、知识产权信用评估评级、知识产权信用担保、知识产权信用监管等领域的从业人员进行规范指导，具体包括知识产权信用从业人员准入与强制退出标准、知识产权信用从业人员职业等级标准、知识产权信用从业人员执业标准等。

知识产权信用从业人员准入与强制退出标准主要规定从事知识产权信用相关职业的学历要求、培训要求、申报条件、考核方式以及吊销或注销职业资格证书的具体条件等内容，适用于相关行政主管部门对知识产权信用从业人员的准入与退出进行监督管理。

知识产权信用从业人员职业等级标准主要规定各种具体职业等级的划分与认定、职业等级晋升方式与考核要求、各职业等级的工作要求与待遇条件等内容，适用于知识产权信用从业人员根据职业等级规划发展目标以及相关行政主管部门对知识产权信用从业人员进行职业等级评定。例如，信用管理师划分为助理信用管理师、信用管理师、高级信用管理师三个职业等级。

知识产权信用从业人员执业标准主要规定各种具体职业的执业原则、执业内容、执业范围以及执业流程等内容，适用于知识产权信用从业人员开展具体执业活动以及用人单位对知识产权信用从业人员进行业务考核评定。知识产权信用从业人员的执业原则应当符合具体职业的不同要求，如知识产权信用征信从业人员应当坚持安全保密性原则，知识产权信用评价从业人员应当坚持客观独立性原则等。

# 第七章 知识产权信用监管

## 第一节 知识产权信用监管相关理论

### 一、知识产权信用监管的概念

信用监管是指信用监督管理部门根据信用的法律法规，结合信用市场的发展状况对信用关系所做的一种调节、监督行为。[1] 政府监管部门通过对相对人的公共信用信息进行记录、归集、使用，并按照一定指标体系开展评价、评级、分类，进而分别采取激励或惩戒等措施，以实现信用监管的规制目的。作为一种新型的社会治理手段，信用监管重塑了政府治理过程，推动了社会共治的实现，回应了社会经济发展对创新社会治理的现实需求。

具体到知识产权信用领域，知识产权信用监管可以理解为，政府部门在对知识产权权利人和相关主体信用信息进行广泛收集、科学处理的基础上，对所有知识产权信用主体进行客观公正的信用评级，并将评级结果向社会公开。知识产权信用主体为争取更高的信用评级实施积极的自我约束，政府部门利用信用信息对各类主体实施精准监管，社会大众通过查询相关主体的信用评级作出理性的经济决策，并且同时借助信息公开对知识产权信用主体和政府部门实施监督等。知识产权信用监管以行政机关为监管主体。2018 年，国家市场监督管理总局正式组建，其整合了多个监管部门职责，在知识产权信用监管领域，主要是由国家知识产权局作为牵头单位。

---

[1] 中国工商行政管理学会：《企业信用监管理论与实务》，中国工商出版社，2003 年版，第 71 页。

## 二、知识产权信用监管的内容及范围

整个知识产权信用监管法律系统的内容包括信息征集、信用评级、信息公示、守信激励和失信惩戒等配套制度。

首先，征集知识产权领域的资格信息与行为信息。知识产权信用信息的记录、归集是知识产权信用监管的前提和基础，主要包括知识产权权利人、知识产权代理机构、知识产权侵权被执行人的基本信息和信用信息。其次，对征集所得信息进行知识产权信用评级。信用评级结论是监管主体采取后续激励或惩戒措施的直接依据，对信用评级后的信用信息按信用程度分为不同等级，进而分别采取不同的监管措施。再次，利用信息公开的方式依法曝光知识产权失信行为。知识产权信用信息公开披露是监管主体实施知识产权信用监管的重要环节，监管主体将信用信息记入信用档案并向社会公众、其他市场主体及相关政府部门公开披露。最后，信用激励或失信惩戒制度是知识产权信用监管体系的核心，通过综合运用经济、司法、伦理等手段鼓励知识产权守信行为或打击知识产权失信行为。

知识产权信用监管体系的关键在于推进信用信息共享共用，强化信用对市场主体的约束作用。前述信用监管手段是一个完整的链条，只有落实好每一步内容，才能使知识产权信用监管制度在行政执法之外，为打击侵权假冒等知识产权保护工作提供新的有力措施，从而更加有效地保护知识产权权利人利益，成为引导知识产权信用主体诚实守信、依法经营，推动社会共治的有效手段。

## 三、知识产权信用监管制度建设的意义

### 1. 促进知识产权信用主体间的信息对称

理想的知识产权运营信用监管环境下，在许可、转让、使用等每一层法律关系中，双方当事人所获取的信息应该是对称的，知识产权权利人与知识产权相关主体在达成合作前可以通过权威的平台获得对方的信用信息，从而选择合适的相对方进行知识产权合作。信息不对称理论是指因信息平台不完善或信用信息不公开，造成市场双方中的一方掌握比另一方更多的信用信息。在信息不对称的情形下，掌握信用信息多的一方往往比另一方具有更大的优

势，更有可能失信而使相对方遭受损失。[①] 知识产权信用监管体系的构建，通过建立信息查询平台，实现信息的公开和便捷化查询，进而促成知识产权信用主体间的信息对称，降低达成合作交易时产生的风险，使得绝大多数知识产权信用主体都能遵守规定，部分不守信的单位或者自然人也将受到严厉的惩罚。

**2. 遏制知识产权失信行为的泛滥**

在知识产权司法保护领域，权利人向来面临着"知识产权侵权成本低、维权成本高"的矛盾。为解决权利人维权困境，加强知识产权信用监管体系建设是一条有效路径。单单依靠权利人被动维权，不仅难以发现知识产权侵权行为，高昂的知识产权维权成本也会令权利人望而却步，由此反而会放任侵权假冒行为的发生。因此，通过加强知识产权信用监管，引导和威慑知识产权利用主体恪守社会公德，树立自律经营、诚信实施的知识产权信用意识，进而从源头上遏制知识产权失信行为。即使发生知识产权侵权行为，知识产权信用监管体系通过信用信息也可以更方便快捷地锁定侵权主体，在收集侵权证据时，基于国家公权力的介入以及各行政执法单位的配合，面临的阻碍也更少。

**3. 营造良好的营商环境和诚信守法的社会氛围**

积极推进知识产权系统信用体系建设，是营造公平竞争市场环境的必然要求。习近平主席在博鳌亚洲论坛主旨演讲中，将加强知识产权保护作为扩大开放的四个重大举措之一，强调要加强知识产权保护，依法严厉打击知识产权侵权行为，营造国际一流营商环境。[②] 知识产权信用监管制度的建立，一方面，可以减少人们对知识产权交易合作所产生风险的不确定性的恐惧，使准备进行交易的知识产权权利人和相对方形成稳定的预期，保持知识产权市场的活跃度；另一方面，也是对知识产权交易中的利益受损方的一种救济，知识产权信用监管制度可以让失信者受到相应的惩罚或者令失信者主动履行法定义务以补偿受损方。由此，知识产权信用监管体系的构建，有利于营造良好的营商环境和诚信守法的社会氛围，有利于市场主体遵守承诺、履行义

---

① 郑伟：《中小企业进入资本市场的监管尺度》，载《首席财务官》2016年第21期。

② 中华人民共和国中央人民政府网：《习近平在博鳌亚洲论坛2018年年会开幕式上的主旨演讲（全文）》，http://www.gov.cn/xinwen/2018-04/10/content_5281303.htm，最后访问时间：2020年7月7日。

务，进而稳定市场的交易秩序。

### 4. 促进我国知识产权创新发展

从 2019 年的政府工作报告可以看出，国家大力鼓励各类型社会主体进行创新创业。[①] 创新创业离不开知识产权的保驾护航，任何创新型企业想要长久发展必须将知识产权作为核心竞争力。当前，国家正致力于知识产权信用监管的环境建设。一方面，加强知识产权信用监管是激励企业创新的"利益之油"。在现代社会，科技创新需要大量的资金和智力投入，知识产权是"浇在智慧火花上的利益之油"，有效保护知识产权，有力打击侵权仿冒，能更好地激发创新热情，更优集聚创新资源，让企业家放心投入、安心创新。另一方面，加强知识产权信用监管是增强投资信心的"定海神针"。继续加大知识产权侵权赔偿力度，通过大案要案、名案难案的办理，通过高额赔偿、巨额赔偿的判决，扭转侵权成本低、维权成本高、"与其维权不如侵权"的现状，彰显知识产权信用监管的成就和力度，让企业家对知识产权保护充满信心，增强自信。加强知识产权信用监管，从而形成敢于投资、敢于创新、敢于维权的知识产权强保护环境和知识产权严保护氛围，更好地释放各类创新主体的创新活力。

# 第二节  知识产权信用监管制度的国际比较

## 一、域外主要国家的信用监管制度建设模式

由于各国在经济、政治、文化方面的不同，决定各国形成了不同的信用监管模式。西方主要发达国家的社会信用监管制度主要有三种模式，即政府驱动型模式、市场驱动型模式和行业协会驱动型模式。[②] 尽管国外形成了较为成熟完善的信用监管系统，但专门针对知识产权信用监管制度的研究成果比较少，较多的文献也都体现在社会信用体系建设实践操作方面。总体来说，

---

① 中华人民共和国中央人民政府网：《2019 年政府工作报告全文》，http://www.gov.cn/zhuanti/2019qglh/2019lhzfgzbg/，最后访问时间：2020 年 7 月 7 日。

② 李家勋、李功奎、高晓梅：《国外社会信用体系发展模式比较及启示》，载《现代管理科学》2008 年第 6 期。

知识产权信用监管属于社会信用监管体系的一方面，关于其监管方式及监管内容，可以从西方主要发达国家成熟的模式中加以比较借鉴。

### 1. 市场驱动型

市场驱动型模式又称自由经营模式，信用信息收集、评定、管理等相关信用业务完全通过市场化运作，政府不直接参与管理监督，而是通过立法手段制定企业信用监管法律以及监督信用法律的执行情况。在市场驱动型模式下，征信机构作为介于企业与政府之间的第三方中介存在，主要是收集企业、个人信用信息，并整理成信用评定报告。征信机构是信用市场上营利性质的中介性服务机构，具有非常重要的不可替代地位。

市场驱动型模式主要存在于普通法体系国家，其中以美国、英国、加拿大等为主要代表，是纯市场化运行的模式。这种纯市场化运行的信用业的特点主要是：

（1）信用信息源遍布各行业各主体，不仅包括银行、证券业等金融市场，还包括普通的财务公司、社会团体、调查机构、中介机构、各类信用卡发卡公司、一般的商业公司、学校的培训机构等。

（2）信用信息内容涵盖各方面，不仅包括财务方面的信用资料甚至个人的经历和学历，还包括利用征集信息源综合而成的信用报告和一定的信用评级。

（3）信用服务注重在法律的规范下运行，在美国主要由《公平信用报告法》《平等信用机会法》《诚实租借法》等一系列法律法规对征信和信用进行约束，英国等其他市场化运作国家皆出台了类似的信用监管法律法规。

（4）信用服务的营利性，在客户提出信用需求后，信用服务机构按照市场化交易原则为其提供服务，通过信用服务的盈利进一步促进信用机构的发展。[①]

### 2. 政府驱动型

政府驱动型模式是政府组建征信机构且直接参与经营监管，通过立法要求企业、个人提供相关信用信息，并保障其信息收集、评定与监管。政府驱动的优势在于大范围提升企业信用信息数据库的高效性，通过政府或者中央银行强制要求企业公示并提供信用信息，政府直接参与构建登记系统以及监管体系，从而有效提高征信效率。然而，政府驱动型模式也存在不足之处，

---

① ［美］查尔斯·沃尔夫：《市场或政府：权衡两种不完善的选择》，谢旭译，中国发展出版社，1994年版，第87页。

信用监管体系中，政府是规则的制定者又是企业信用监管者，很容易产生权力寻租，最终破坏信用经济市场的秩序稳定。政府驱动型模式主要有以德国为代表的多种形式混合发展和以法国为代表的政府主导发展两种模式。①

德国的信用业包括以中央银行为主体的公共信用、以商业信用机构为主体的市场化信用和以行业协会为主体的会员制信用。其中，公共信用不以营利为目的，主要是面向商业银行的德国央行德意志银行的信贷信用体系和面向公众公开的司法机关的信用信息；市场化信用就是商业信用机构以营利为目的的商业信用服务行业；会员制信用则是对前两种信用服务的补充，主要针对行业协会内部成员，不面向协会会员以外的主体。德国的信用监管主要有两类，即法律监管和政府监管。德国信用法律以《联邦数据保护法》为主，辅以《信贷法》《商法典》及《破产条例》等多部信用相关法律，其规定任何信用监管机构必须配有专人从事数据保护工作，数据保护人员必须有一定的独立性，且能和公众保持不间断的联系。政府监管主要是中央政府层面的中央银行和联邦金融服务监管局，还有中央地方两级政府的个人数据保护监管局。

法国的信用业是典型的政府主导发展，其公共信用系统分为企业信用和个人信用两类，区别在于个人信用系统只征集个人的负面信用信息，而企业信用系统征集的信用信息则较为全面。法国于 20 世纪 70 年代出台了《信息、档案和个人权立法》，在进行信用信息登记的同时注重对隐私的保护，个人有向信用信息登记机构询问的权利，机构需要事先告知被调查者本人，还要在发布信用报告之前获得本人的书面同意，隶属于法兰西银行的公共信用登记系统有以借款人的名义进行交易的记录，需要告知借款人保护信用信息管理过程中的隐私问题。主要的法律有《数据处理、数据文件及个人自由法》，该部法律侧重于数据的保护。法国国家信息技术和自由委员会是主要的监管机构，其成员由来自议会和最高法院的 17 名成员组成，并直接向最高立法机构负责，具有高度的独立性。

### 3. 行业协会驱动型

行业协会驱动型，即行业驱动模式，以日本为代表。日本的信用业实际

---

① 河南省市场主体信用评价体系构建及应用研究课题组、雷生云、邹丽等：《国内外市场主体信用监管的主要模式研究》，载《中国市场监管研究》2016 年第 1 期。

上是以各类行业协会为主体，个人信用信息市场和企业信用信息市场分别被各协会共同开发，其服务对象也是面向协会会员，仅提供内部的信用信息共享，协会的信用运作不以营利为目的，但仍会收取费用用于信用体系基础维护。其中，规模比较大的个人信用服务中心就是由日本银行家协会掌控的全国银行个人信用信息中心、日本消费信贷协会控制的日本信用信息中心和日本信用产业协会掌控的信用信息中心，帝国数据银行和东京商工所则是主要的企业信用服务中心。

日本的信用监管主要分为政府监管和协会监管两类。其中，政府监管在信用业发展前期着力较多，在数据保护方面出台了几部法律，包括极为重要的《个人信息保护法》以及要求政府公开信用信息的《政府信息公开法》等。但政府监管模式发展至今，其影响力已经远远不如行业协会自身管理的模式。当前，协会监管在日本信用监管中起主要作用，各行业协会都会制定会员的信用信息标准规范，并根据各行业协会的会员章程，给予会员平等的使用权，从而形成机制来约束会员随意使用信用信息的行为。与此同时，各个行业协会之间遵守协商好的信用信息标准规范，任意一个行业协会会员的信用信息都能得到其他行业协会成员的认可，从而大幅降低信用业的交易成本。[①]

## 二、域外主要国家信用监管制度的特征分析

### 1. 信用监管立法较为完备

从横向看，政府、金融机构、市场的中介机构等每一类主体收集信息都有相关的法律规定；从纵向看，企业信用信息的收集到使用以及可能造成公民隐私权被侵犯、企业商业秘密保护方面都有相当完备的立法。完备的法律制度、统一的法律规范有利于应对市场中的各种突发问题，解决市场中的矛盾冲突。

以美国为例，美国直接规定信用管理的现行法律共有16部。首先，以1971年的《公平信用报告法》为核心，美国的信用管理法律不仅效力层级高，而且规定十分全面。[②] 其次，有专门针对个人隐私保护的法律，如《隐

① 河南省市场主体信用评价体系构建及应用研究课题组雷生云、邹丽等：《国内外市场主体信用监管的主要模式研究》，载《中国市场监管研究》2016年第1期。

② ［美］康芒斯：《制度经济学》（下卷），于树生译，商务印书馆，1997年版，第34-67页。

私法案》《家庭教育权利和隐私法案》等。这些法律都规定在某些特殊环境中不能公布或者限制公布个人或者企业的相关信息，以此来保护他们的隐私权益。最后，有专门针对政府如何收集、公开信息的法律，如《联邦咨询委员会法》《信息自由法》《阳光下的联邦政府法》。与此同时，发达国家的法律体系总是处于不断的修订完善过程中，法律的修订并不是一劳永逸的。因此，我们也更应该结合市场经济不断变化的形势，完善信用监管的立法体系。

**2. 信用惩罚的社会联防机制比较健全**

美国的失信惩罚机制主要由三个方面组成：一是将交易双方之间的失信行为扩大为失信者与全社会的矛盾；二是对失信者进行经济处罚和劳动处罚；三是司法配合。例如，2001 年暴发的美国经济危机，安然、世通等公司因为造假行为被法院判处妨碍司法罪，并被结束了多年的审计业务。严厉的惩罚措施对监管市场的失信行为大有裨益，尤其是在发达国家，信用信息充分流通，企业造假机会大，只有通过严厉的信用惩罚措施，提高企业的失信成本，甚至威胁到其生存发展，才能遏制企业投机主义心理及失信行为的发生，使国家的企业信用监管更加成熟。

**3. 信用监管主体多元化**

从前述各国信用监管制度可以看出，在信用管理过程中，不仅有政府的引领作用，民间信用管理组织的作用也不可小觑。例如，美国信用机构的行业协会可以向政府提出修改行业相关规则的建议，而政府的主要作用是制定、执行相关的法律政策，监督企业是否依法经营；在欧洲国家虽然主要是由中央银行承担监管的职能，信用信息的收集和管理也是由中央银行所执行，但是同时还存在许多私人征信机构，如市场化的信息共享平台的成立；在采取会员制模式的日本，信用信息的搜集和使用都是由行业协会自身决定的。

综上所述，西方国家较为完善可行的信用监管体系，对我国知识产权信用监管有一个重要启示，即有相关知识产权失信行为发生时，在知识产权信用信息公示系统上应很快得到反映，对相关知识产权权利人或知识产权相关行为主体的失信问题予以曝光，并通过法律途径进行制裁。知识产权信用监管体系的建设应借鉴国外的成功经验，同时结合我国的实际情况，研究适合我国的知识产权信用监管的发展模式。

# 第三节　知识产权信用监管制度现状

## 一、我国现有的知识产权信用监管制度

### 1. 知识产权系统社会信用体系建设制度

知识产权信用监管制度具有综合性，其涉及知识产权信息征集、信用评级、信息公示、守信激励及失信惩戒等不同环节，因此与整个知识产权系统的社会信用体系建设密切相关。2016 年 1 月，国家知识产权局印发《关于开展知识产权系统社会信用体系建设工作若干事项的通知》，提出统筹加快推进知识产权领域社会信用建设工作，切实做好信息记录基础工作、建立健全工作机制、加强信息系统建设、努力营造良好氛围四项主要任务。[①] 其中，与知识产权信用监管制度密切相关的工作计划主要有以下四个方面。

一是完善信用信息目录。2016 年，国家知识产权局就将专利违法、专利代理监管等八项信息纳入知识产权系统信用信息目录。2017 年年底，国家知识产权局又根据实际工作情况，将非正常专利申请、提供虚假文件等三项行为信息纳入目录，实现从专利申请、授权到维权全流程的信用监管。

二是实现数据平台对接。根据社会信用体系建设部际联席会议[②] 安排，国家知识产权局及时整理目录中的有关信息，将其上传至全国信用信息共享平台，通过"信用中国"网站依法向社会公开，并根据成员单位需求实现部门间按需交换；同时，推进各级地方知识产权局建立健全信用信息的公开和共享机制，建立共享数据库并及时与同级有关部门信用信息平台和综合性平台协商对接。

三是实现信用信息共享。国家知识产权局整理各地已公示的部分假冒专利行政处罚信息，以及已公开的专利代理机构及人员基础信息和受惩戒信息

---

① 国家知识产权局：《国家知识产权局积极推进全系统社会信用体系建设工作》，http://www.cnipa.gov.cn/zscqgz/1101019.htm，最后访问时间：2020 年 7 月 8 日。

② 2007 年国家设立的社会信用体系建设部际联席会议制度，起初的牵头机构为国务院办公厅，2008 年改为人民银行，2012 年又调整为国家发展改革委、中央人民银行双牵头，现有 46 个成员单位。

等信用信息，作为知识产权系统信用信息数据上传至全国统一的信用信息共享交换平台，实现与各部门之间的共享。

四是重点监管专利代理行业。2018年，国家发展改革委、人民银行、国家知识产权局等38个部门和单位联合签署了《关于对知识产权（专利）领域严重失信主体开展联合惩戒的合作备忘录》，其中列举了专利代理严重违法行为、专利代理师资格证书挂靠行为、非正常申请专利行为、提供虚假文件行为等专利代理领域严重失信行为，强调需对专利代理机构进行重点监管。

**2. 优化营商环境背景下的知识产权信用监管制度**

党中央、国务院高度重视优化营商环境工作。各地区、各部门按照党中央、国务院部署，顺应社会期盼，持续推进"放管服"等改革，我国营商环境明显改善。由于知识产权涉及领域众多，与企业和群众密切相关，因此其是"放管服"改革的重要方面。我国"放管服"改革的重要目的是营造良好的营商环境，知识产权工作应在其中充分展现作为。[①]

2019年，国务院总理李克强在全国深化"放管服"改革优化营商环境电视电话会议上发表重要讲话。国务院办公厅也印发了《全国深化"放管服"改革优化营商环境电视电话会议重点任务分工方案》，在加强公正监管、优化政府服务等方面对知识产权"放管服"改革工作作出进一步部署。[②] 其中，知识产权信用监管相关工作部署要求可见于第二部分"加强公正监管，切实管出公平"第（十四）项，即"加强社会信用体系建设，大力推进信用监管，推行承诺制，让市场主体和公民讲诚信，自主承诺。对违背承诺、搞虚假承诺甚至坑蒙拐骗的，一经发现要严厉惩罚"。该项第6点提出："推进知识产权领域信用体系建设，研究制定知识产权（专利）领域严重失信联合惩戒对象名单管理办法。加强对商标抢注和恶意注册、非正常专利申请等行为的信用监管。研究制定规范商标注册申请行为的有关规定。（知识产权局负责）"

为了持续优化营商环境，2019年，国务院发布了专门行政法规《优化营商环境条例》，从制度层面为优化营商环境提供更为有力的保障和支撑。在知

---

① 国家知识产权局：《深化"放管服"改革 展现知识产权作为》，http://www.sipo.gov.cn/mtsd/1141399.htm，最后访问时间：2020年7月8日。

② 中华人民共和国中央人民政府网：国务院办公厅《全国深化"放管服"改革优化营商环境电视电话会议重点任务分工方案》，http://www.gov.cn/zhengce/content/2019-08/12/content_5420694.htm，最后访问时间：2020年7月8日。

识产权信用监管方面，应全面加强知识产权保护，推行信用监管，打造充满活力又公平有序的市场。[1] 其中，《优化营商环境条例》第 15 条提出："国家建立知识产权侵权惩罚性赔偿制度，推动建立知识产权快速协同保护机制，健全知识产权纠纷多元化解决机制和知识产权维权援助机制，加大对知识产权的保护力度。"第五章则对规范和创新监管执法提出新要求，对健全监管规则和标准，推行信用监管、"双随机、一公开"监管、包容审慎监管、"互联网＋监管"，落实行政执法公示、行政执法全过程记录和重大行政执法决定法制审核制度等作了规定。[2]

### 3. 知识产权服务行业的信用监管制度

由于各种长期"有照无证"的经营行为、商标恶意抢注的代理行为、以不正当手段招揽业务、代理非正常专利申请行为等严重破坏了知识产权服务业的健康发展，知识产权服务行业成为知识产权信用监管的重点对象。为此，国家知识产权局加强统筹协调，在推进各地延续专项整治有效做法的基础上，进一步提升知识产权代理领域治理能力和治理水平，切实加强行业自律，保持打击违法、违规代理行为的高压态势。

首先，为全面加强专利代理监管工作，国家知识产权局于 2018 年年底分别对《专利代理条例》和《专利代理管理办法》加以修订，并印发《关于加强专利代理监管的工作方案》。坚持依法监管、主动监管、协同监管、智慧监管的原则，转变监管理念，创新监管方式，推进对专利代理行业的监管从注重事前审批转向注重事中事后监管，从被动监管转向主动监管，从主要运用传统手段监管转向注重运用信息技术手段监管，积极推进"双随机、一公开"监管，着力构建公正高效的事中事后监管机制，以监管促发展，为全面提升知识产权治理能力提供有力支撑。

其次，为贯彻落实《国务院关于在自由贸易试验区开展"证照分离"改革全覆盖试点的通知》（国发〔2019〕25 号）的要求，国家知识产权局决定在自由贸易试验区开展专利代理机构执业许可审批告知承诺改革试点工作，并印发《在自由贸易试验区开展专利代理机构执业许可审批告知承诺改革试

---

① 国家知识产权局：《国务院常务会议：全面加强知识产权保护，推行信用监管》，https://www.cnipa.gov.cn/art/2019/3/29/art_53_118031.html，最后访问时间：2021 年 10 月 28 日。

② 中华人民共和国中央人民政府网：《优化营商环境条例》，http://www.gov.cn/zhengce/content/2019−10/23/content_5443963.htm，最后访问时间：2020 年 7 月 8 日。

点实施方案》。其中，监督管理需要从以下四个方面协调进行：第一，加强事中事后监管。各地应当做好审批和监管的有效衔接，开展"双随机、一公开"监管，避免出现监管真空。第二，加强信用监管。对以告知承诺方式取得执业许可证的专利代理机构，应加强对其承诺真实性的核查，向社会公布专利代理机构的信用状况。对于失信专利代理机构，开展联合惩戒。第三，严格法律责任。发现专利代理机构虚假承诺或者承诺不实的，按照《行政许可法》《专利代理条例》的有关规定，依法撤销其专利代理资质。第四，加强信息建设。要及时推进信息系统建设，畅通信息共享渠道，为改革试点举措落地提供基础保障。

### 4. 以信用为基础的分级分类监管制度

为深入贯彻落实《关于强化知识产权保护的意见》（中办发〔2019〕56号）、《关于加快推进社会信用体系建设 构建以信用为基础的新型监管机制的指导意见》（国办发〔2019〕35号），按照关于强化知识产权保护的意见推进计划工作部署，国家知识产权局办公室于2020年就地方开展知识产权领域以信用为基础的分级分类监管试点申报工作发布通知（国知办发保字〔2020〕23号）①，吸引了各地知识产权局的积极参与。

知识产权信用分级分类监管的工作目标在于，推动试点地区加强知识产权信用体系建设，设立科学合理的分级分类指标，做好知识产权领域信用信息记录，完善分级分类信用监管机制。其工作任务主要包括以下三项内容：

（1）建立工作基础。形成知识产权领域信用信息采集目录和管理规范，完善信用信息记录。建立知识产权领域以信用为基础的分级分类指标和信用评价模型。研究制定知识产权领域信用分级分类监管有关文件和推进信用承诺制度有关的工作办法及相关文书。制定规范严重失信行为认定、联合惩戒、公开公示、异议、信用修复等有关政策文件。形成失信主体行为清单、惩戒措施清单并对行为、措施分级分类。规范信用报告管理和使用，开展知识产权领域以信用为基础的分级分类监管。

（2）健全工作机制。建立健全地方信用体系建设工作推进机制，强化部门协同和地市推进。建立健全知识产权领域信用信息报送、公开和共享、修

---

① 国家知识产权局：《国家知识产权局办公室关于开展以信用为基础的分级分类监管试点申报工作的通知》，http://www.cnipa.gov.cn/art/2020/12/11/art_2431_155579.html，最后访问时间：2021年8月19日。

复机制。建立健全分级分类监管运行机制，实现事前承诺、事中监管、事后惩戒工作的有效衔接。建立健全激励守信、惩戒失信工作机制，搞好部门协调。加强对地方知识产权服务机构信用监管，支持行业协会协助开展信用建设和信用监督。

（3）加强工作支撑。强化知识产权领域信用体系建设工作的调查和研究。多渠道、多形式宣传知识产权领域信用分级分类监管工作，营造守信激励、失信惩戒的良好社会氛围。加强对知识产权领域信用监管工作人员的指导和培训。研究建设知识产权信用信息管理平台，实现知识产权领域信用信息的统一归集、分级分类和共享使用，探索与全国信用信息共享平台知识产权局子平台的互联互通。

## 二、我国知识产权信用监管制度面临的问题

知识产权信用监管工作，为打击知识产权侵权假冒，加强知识产权保护工作提供了有力支撑。在知识产权信用监管制度下，通过创新执法机制，深化专项治理，提升办案效率，使打击侵权假冒力度不断增强，有效遏制了群体侵权、反复侵权等恶意侵权行为的发生，创新主体、市场主体对知识产权保护的满意度不断提升。但是，知识产权信用监管制度仍然面临新问题、新需求。

### 1. 知识产权信用监管立法分散

完备的立法体系是信用监管体系良性运转的根本保障，从内容上看，包括信用基本元素制度（个人信用、企业信用、银行信用及政府信用）与信用运行制度（如信用信息形成、公开及利用，信用监管与失信惩戒，信用主体权益保护，信用修复等）两大系统 [1] 。在依法治国的大背景下，信用信息的归集、共享、深度加工和使用，信用联合奖惩，信用主体权益保护等内容都必须要有充足的法律依据。

然而，我国目前知识产权信用监管相关法律、法规和政策较为分散，不够系统。第一，我国无规范和调整信用相关行为的统一准则，有关信用监管的规定大多散见于《民法典》《消费者权益保护法》等法律中，未对知识产权信用监管制度加以强调，因此只能起到原则性的指导作用，不足以应对各种

---

[1]　李晓安：《我国社会信用法律体系结构缺陷及演进路径》，载《法学》2012年第3期。

知识产权失信行为。此外，即便是我国知识产权三大部门法《商标法》《专利法》以及《著作权法》也并未提及信用监管制度，更难以有效调整知识产权失信行为。第二，知识产权信用监管的相关政策依据仅是在相关文件中有所提及，有的仅仅采用原则性表述加以概括，并未对体系庞大的知识产权信用监管系统进行具体化规定。这导致各地对于知识产权信用监管程序、依据的理解并不统一，对于失信行为的部分联合惩戒措施也缺乏判断标准，极易产生信用行为与惩戒措施之间的不当关联，造成泛信用化与泛惩戒化的后果，侵害市场主体与公民个人的正当权益。第三，即便是前述有关知识产权服务行业的信用监管规定，其监管范围也仅限于专利代理机构、商标代理机构的失信行为监管，相关判断标准、惩戒措施并不当然适用于所有的知识产权权利人、知识产权利用单位或自然人等主体的信用监管。

现阶段我国知识产权信用监管相关政策及规定频出，然而其相较于法律的强制约束力较弱，难以发挥法律强有力的约束作用，不足以为我国知识产权信用环境的建设保驾护航。知识产权在我国社会经济发展中的地位不断提高，而信用监管法律法规及政策相对而言有所滞后，导致知识产权信用监管制度的设计往往难以达到预期效果。

**2. 知识产权信用信息管理不统一**

信息化系统的建设是开展信用监管工作的基础和抓手，没有高效便捷的信息化技术支撑，信用监管工作将无从下手，其重要性不言而喻。原工商总局依托国家法人单位基础信息库建设了国家企业信用信息公示系统，用于涉企信息归集、共享和公示，开展协同监管①，该系统于 2017 年年底全面建成。在知识产权信用领域，建设了全国信用信息共享平台、专利行政执法案件报送平台和专利代理诚信信息平台。应整合信用监管各信息化系统，统一标准、统一运行规则，避免多头归集、多头公示等问题。

在知识产权信用监管制度中，知识产权信用信息管理可以分为信用信息的征集、共享、评估和公示等方面。值得强调的是，知识产权信用信息的征集和共享是整个知识产权信用监管制度得以建设的基础和前提，而知识产权信用评估评级制度则是知识产权信用监管得以有效开展的依据，两者对知识

---

① 国家发展改革委网站：《工商总局办公厅关于全面建成国家企业信用信息公示系统有关工作的通知》（工商企监字〔2017〕44 号）。

产权信用监管具有重要意义。

在信息公示方面，一方面，我国信用信息公示平台主要有"信用中国"网、"国家企业信用信息系统"网、"企业质量信用记录"网、"国家产品质量信用信息平台"网等，同时，各政府部门网站也散落着各种类型的信用信息。在知识产权信用信息领域有专利代理诚信信息平台等。然而，这就导致各地方知识产权局上报的侵权假冒案件行政处罚信息、商标代理机构和商标代理人执业过程中的不良行为记录、专利代理行业惩戒决定和专利代理师协会的行业自律处分信息分散于各个公示平台，且内容可能存在不一致性。另一方面，信息公示与商业秘密保护可能会发生冲突。商业秘密的公示主体完全在于企业，而信息公示的主体是企业和政府，主体不同，利益的立场则不同，对信息是否属于商业秘密的认知也不同。信息公示制度的初衷是企业信息的公开越全面越好，商业秘密则是企业不公开该信息的"防护盾"，两者设定的目的之间是相矛盾的。当前在"互联网+"的形势下，商业秘密一旦错误地被公开，其产生的损失是难以估计的，对企业的生存也是致命一击。因此，如何保持两者之间的平衡，也是在信息公示中亟待解决的问题。

### 3. 知识产权守信激励、失信惩戒措施不完善

（1）缺少知识产权相关守信激励措施。守信激励机制作为社会信用体系建设的核心环节，是信用体系良好运行的重要支撑，与失信惩戒机制相比，它更加积极、有效且更具良性引导作用[①]。在《信用纲要》与《国务院关于建立完善守信联合激励和失信联合惩戒制度　加快推进社会诚信建设的指导意见》的双重推动下，中央相关部门联合发布系列对守信企业进行联合激励所达成的一致意见。

然而截至2021年8月，已签署的信用惩戒备忘录多达51个，但涉及守信激励的只有8项，地方省区市的联合激励规定推进也相对缓慢。奖惩合作备忘录的规划安排反映出我国信用体系建设"重惩戒，轻激励"的特点，在知识产权领域亦是如此。当前知识产权守信激励制度大多只在知识产权信用监管制度中与失信惩戒一并被提及，信用监管制度更注重失信惩戒机制的构建。尽管已经颁布的《关于对知识产权（专利）领域严重失信主体开展联合惩戒的合作备忘录》《专利领域严重失信联合惩戒对象名单管理办法（试行）》

---

① 辜明安：《法治视角的社会信用之构建刍议》，载《河北法学》2006年第4期。

等，但在守信激励措施上，尚缺少相关专门规定明确守信激励如何得以践行，忽视了可以通过直接肯定守信行为从而动态地增加社会主体的信用度的重要作用。长此以往，这种立法观念会冲击我国正处于建设期的信用体系架构，导致守信激励机制萎缩。

（2）知识产权失信惩戒范围狭窄。根据我国现有知识产权信用监管制度可知，监管的对象主要集中在知识产权服务业，尤其是对专利代理机构及其工作人员的失信行为加以监管。然而，知识产权失信主体还包括知识产权权利人、知识产权利用单位或自然人等，专利侵权假冒行为以及驰名商标、涉外商标和老字号商标等知名商标品牌的侵权假冒行为占知识产权失信行为比例非常高。此外，地理标志、植物新品种、版权软件领域也存在诸多知识产权失信行为。由于我国并未就自然人与企业单位的知识产权失信行为加以区别设立失信惩戒措施，自然人或企业单位的知识产权失信行为与其他失信行为所受行政处罚统一归于个人或企业的失信档案中。因此，知识产权失信惩戒范围狭窄，知识产权信用监管对自然人与企业单位的威慑作用并不显著。

（3）失信惩戒措施缺少必要的法律管控。国家发展改革委会同有关部门就保险金融、资源交易、贸易流通等众多治理领域密集出台了三十多部失信联合惩戒备忘录，信用监管的辐射范围及影响逐渐扩大。在知识产权信用监管领域，全方位归集共享信用信息，高标准建设信用监管信息化系统，多举措强化信用约束和联合惩戒，可以将失信主体列入"黑名单"，真正实现"一处失信、处处受限"，进而提升信用监管效能，为我国知识产权平稳健康发展创造更加有利的条件。然而实践表明，我国信用监管仍存在制度漏洞。因此，知识产权信用监管若缺乏基本法律规范支撑、缺少必要法律管控、过度楔入私权领域等制度缺陷，将背离信用监管制度设立的初衷。

### 4. 知识产权信用修复机制尚未完全建立

《市场监督管理信用修复管理办法》规定："申请信用修复的，市场监督管理部门应当自受理之日起十五个工作日内作出决定。市场监督管理部门应当自移出……严重违法失信名单，或者停止公示行政处罚等相关信息后三个工作日内，将相关信息推送至其他部门。"[①] 可见，这只是移除失信名单的程

---

① 2021年7月30日，《市场监管总局关于印发〈市场监督管理信用修复管理办法〉的通知》（国市监信规〔2021〕3号）。

序，并未规定失信主体如何按要求纠正失信行为、消除不良影响；况且不是仅针对知识产权失信行为建立的信用修复机制。

# 第四节　知识产权信用监管制度建设与完善

## 一、知识产权信用监管制度建设的目标与原则

### 1. 知识产权信用监管制度建设的目标

党的十九大对知识产权事业发展提出了明确要求，要大力倡导创新文化，强化知识产权创造、保护、运用 [1]。强化知识产权创造、保护、运用，对促进我国经济社会发展具有重大现实意义，也是知识产权信用监管制度的建设目标。知识产权信用监管是行政执法和司法保护的有效补充，加大信用监管力度，对严重失信行为实行联合惩戒，让守信者一路畅通，让失信者处处受限，从而将知识产权的法律威慑作用充分发挥出来，进而提升知识产权的保护水平、激发知识产权的创造热情、推动知识产权的运营效率。

### 2. 知识产权信用监管制度建设的原则

（1）合法原则。为避免行政滥权侵害私益，知识产权信用监管必须遵循合法原则。行政机关在对知识产权信用进行监管的各个环节，必须在法定权限范围内审慎进行。一方面，知识产权信用信息的归集与使用必须遵守法律法规。另一方面，知识产权失信行为的联合惩戒、信用激励与约束，直接涉及相对人权益，务必审慎进行，权限必须合法，特别要注重与《立法法》衔接。

（2）比例原则。为给民众保留一定的容错空间，构成知识产权失信进而被记入信用记录的违法违约行为时必须具备一定的条件。在确定这些条件时，必须考虑比例原则。比例原则是行政法的重要原则，是指行政主体实施行政行为时，应兼顾行政目标的实现和保护相对人的权益。如果行政目标的实现可能对相对人的权益造成不利影响，这种不利影响应被限制在尽可能小的范

---

[1]　中华人民共和国中央人民政府网：《习近平：决胜全面建成小康社会 夺取新时代中国特色社会主义伟大胜利——在中国共产党第十九次全国代表大会上的报告》，http://www.gov.cn/zhuanti/2017-10/27/content_5234876.htm，最后访问时间：2020 年 7 月 9 日。

围和限度之内，二者应有适当的比例。比例原则在信用监管制度中具体表现为：首先，体现"适当性原则"，信用监管能够实现监管目的，即所采取的措施具有妥当性；其次，符合"必要性原则"，采取信用监管是实现监管目的所必需的，即以最小妨害的方式实现；最后，遵循"狭义比例原则"，即所采取的监管手段与欲求实现的监管目的之间是相称的。

（3）契约原则。信用监管中的契约原则，是指监管者与被监管者平等地以契约的形式约定监管的范围及内容，并按照约定的时间和范围进行相应的信用监管。契约式监管淡化了传统行政监管中较强的公权力属性，激发了被监管者的自主性，同时监管内容也更为具体、恰当。契约式的信用监管也使得信用监管在追责程序上更加完善，追责手段更加多元化。除了通过公法上的行政权对被监管者进行约束之外，也可以通过违约责任的形式对被监管者进行约束。基于契约原则，分级分类监管也能落到实处，监管者可以与不同信用状况的被监管主体约定监管的内容与方式，在保证"让守信者获益，让失信者负责"的同时，降低监管成本与行政成本。

## 二、知识产权信用监管制度的完善路径

### 1. 加快信用立法进程

解决我国信用监管实践问题的第一步，即为完善其法律法规体系。无论是美国、欧盟还是日本都制定了多项法律法规，涵盖信用业的各方面，包括数据征集、数据的开放和使用、隐私的保护、信用服务规范等。应结合我国国情、法律体系、市场发展状况等多种因素，在构建信用监管的法律制度过程中，因地制宜借鉴他国的先进模式，不可一味照搬。

对于知识产权信用监管，为了实行大范围地区乃至全国性知识产权信用信息收集、评定、监管的标准化，做到全国监管有统一、明确、可操作的规范，有必要"从整体上构建国家的信用法治体系，重点规制个体、社会和国家三个层面的信用关系，并形成不同层面的信用法律"①，即出台相关的信用基本法，对信用管理的基本原则、信用管理部门和企业的基本权利义务、信用征集方式和信用奖惩机制等进行明确，作为知识产权信用法规规章制度的

① 王伟：《制定社会信用法刻不容缓》载《领导科学》2016年第10期。

依据，系统全面地调整知识产权信用监管中的各种利益关系。

在具体内容上，首先，应当通过法律层面明确知识产权信用监管的主体、客体和内容之间的法律关系。采取一定的结构形式，具体规定相关主体的法律权利、法律义务以及相应的法律后果。其次，应当明确信用监管部门，如知识产权信用监管主要由国家知识产权局作为牵头单位，其下针对商标、专利、版权的信用信息监管部门仍需进一步细化，且部门职能、权力、义务和责任都应当予以明确。再次，应当厘清信用监管的事项清单，明确监管机关的监查工作范围。例如涉及食品、药品、工程质量等领域的商标假冒行为，拒不履行知识产权相关义务等都应纳入在内。最后，应当明确失信惩戒措施的执行机关权限，在采取相应惩戒措施时应当把握失信行为与后果之间的关联关系等。

### 2. 完善信用监管相关制度

法律的功效既不是靠哪个部分、哪个环节所能单独完成的，也不是各个部分、各个环节平行作业所能实现的，而是整个系统协调作用的结果。[①] 监管作为信用法律规制系统的核心组成，与信用征信、信用信息公示、评级、失信惩戒等系统分支部分相互联系、相互衔接，有机组成统一的信用法律规制系统。因此，在构建知识产权信用监管制度时要注重与其他系统分支部分之间的联系，征信、评级、公示、失信惩戒等每一部分都尽可能补充完善，只有这样才能构成完整的信用监管法律法规体系。

（1）知识产权信用征信及评级。对于征信及知识产权信用评级方面，需要继续完善信用信息目录、加快信用评级标准建设工作，从而实现全流程信用监管。

（2）知识产权信用信息公示。信息公示是信用监管的重要手段之一，也是社会各界了解市场监管对象信用情况的重要渠道之一。为处理好多个信用信息公示平台之间的关系，应建立一个全面、权威、高效的信用信息公示平台，不再出现各信息平台公示的信息事项不同或相同事项但内容矛盾冲突的情况，真正实现让群众"只查一次"就能了解市场监管对象信用状况的目标。此外，建议升级信用信息公示系统，使公示信息更全面，公示方式更多样，公示时间更及时，并尝试更有针对性的信用信息公示方式。例如，由基层工商所开设信用信息 App、信用信息微信公众号等，让辖区内的消费者和其他

---

① 强昌文：《论利益的法律调整机制》，载《安徽大学学报（哲学社会科学版）》2004 年第 4 期。

市场主体能及时接收到个体工商户的侵权信息。

至于企业信息公示与商业秘密保护制度的平衡问题，我国现阶段关于企业信息公示的法律文件对于信息公示的范围都是一视同仁的，并不会有层级的差异，符合"严管"政策。但是其对所有不同规模的企业信息公示的统一标准也会有弊端，它忽视了我国企业类型的差异性。例如，某种经营信息对于大型企业不是商业秘密，但其对于中小企业却是生存的必要支柱。所以，从不同类型、规模的企业出发，构建多层级的信息公示制度，确定不同标准的信息公示范围是合理的、必要的。例如，针对大型企业应当扩大其企业信息公示的范围，由于大型企业的财力雄厚，商业秘密保护制度也比较健全，大型企业尽可能扩大这些信息的公示范围是合理的。而对于小微型企业，考虑到小微型企业是我国市场经济的新生力量，其自身经济实力较弱，对其进行轻微的倾向性保护是合理的，也符合我国政府部门对市场宏观调控的方针。

（3）知识产权信用激励机制。营造整个社会的诚信局面，推动我国社会信用体系健康发展需要的是失信惩戒和守信激励"两条腿"的共同支撑[1]，知识产权守信激励机制亟待完善。在知识产权领域，尽管国务院及其相关部门并未就知识产权守信激励机制的具体内容加以明确，但各省市知识产权局、监督管理局已经有相关规定。例如，广东省韶关市分别从"获评知识产权示范、优势企业""获评专利相关奖项""获评地理标志商标、驰名商标"等方面给予知识产权企业财产性奖励[2]。

若要发挥知识产权守信激励机制对知识产权权利人及其相关主体的引导作用，必须通过完善的知识产权守信激励措施，使该机制的实践应用落到实处。为此，可开辟行政审批"绿色通道"、优先提供公共服务便利、优化诚信企业行政监管安排、降低市场交易成本、推介诚信市场主体等，增加守信收益，做到"该奖必奖""激励到位"。至于知识产权守信激励的具体措施，可以从优先、优惠、优待三方面展开。首先，给予知识产权守信主体优先的方便是信用激励的主要措施，如优先提供公共服务、优先行政管理安排、优先

---

① 陈海盛、白小虎、郭文波等：《大数据背景下信用监管机制构建研究》，载《征信》2019年第5期。

② 韶关市市场监督管理局：《韶关建立守信激励失信惩戒制度推进知识产权领域信用体系建设》，https://www.sg.gov.cn/sgjdglj/gkmlpt/content/1/1809/post_1809255.html#6648，最后访问时间：2020年9月8日。

取得支持服务资格等；其次，在知识产权以及其他经济社会活动中向守信主体施予特定费率的降低或特定费用的减免；最后，政府对守信主体施行的政治、经济或物质"特权"，如针对不同的知识产权守信主体实行不同的优待制度、针对同一类守信主体的不同信用等级实行有差别的优待制度等。

（4）知识产权失信联合惩戒机制。首先，关于知识产权失信惩戒措施范围狭窄问题。知识产权联合惩戒备忘录不应当仅对重复专利侵权行为、不依法执行行为、专利代理严重违法行为、非正常申请专利行为等实施联合惩戒，应将版权、商标、地理标志等领域的严重失信行为也纳入知识产权信用信息目录，从而进一步扩大知识产权信用监管覆盖面，完善知识产权领域信用体系建设。例如，深圳推进知识产权守信激励和联合惩戒制度，将知识产权侵权违法案件信息纳入社会信用监管体系，进而完善失信惩戒清单，加大对其他知识产权失信行为的惩戒力度，着力解决知识产权失信惩戒措施范围狭窄问题。其次，关于加大知识产权失信惩戒力度与管控惩戒措施的平衡问题。一方面，应当进一步加大对群体侵权、反复侵权等恶意侵权行为实施主体的限制和惩戒力度。按照《国务院关于"先照后证"改革后加强事中事后监管的意见》和《失信企业协同监管和联合惩戒合作备忘录》的要求，对失信的市场主体应严格其市场准入限制、资格限制、市场行为限制、政府荣誉限制、政府补贴限制、企业法人行为限制等，真正形成齐抓共管、协同共治的信用监管格局。应当肯定的是，通过失信联合惩戒机制，强化知识产权保护，是加强事中、事后监管的有效方式，也是提升国家治理能力与治理水平的重要手段。另一方面，知识产权信用监管在实际运作中若不加以必要的管控，则会被泛化滥用，不利于保障相对人的合法权益，应从严把握知识产权信用监管的标准和依据，将必要且紧密关联的信息作为信用惩戒的依据，按程序将涉及性质恶劣、情节严重、社会危害较大的知识产权失信行为的市场主体纳入失信联合惩戒对象名单，将有关部门依据在事前、事中监管环节获取并认定的失信记录直接作为惩戒的生效条件。失信惩戒既要明确列出惩戒的手段和方式，也要保留必要的救济途径；既要给予失信者必要的惩罚，又要为其保留改过自新的机会。[①]

---

① 徐嫣、王博：《论失信联合惩戒视野下社会组织信用监管制度的构建》，载《法律适用》2017年第5期。

### 3. 创新知识产权信用监管模式

（1）深入推进"双随机、一公开"监管。"双随机、一公开"监管是贯彻落实党中央、国务院关于深化行政体制改革，加快转变政府职能，进一步推进简政放权、放管结合、优化服务的部署和要求的重要举措，对于规范市场监管执法、加强信用监管具有重要意义。在知识产权信用监管领域，应着力做好以下工作。

一是明确"双随机、一公开"的适用范围。知识产权信用监管领域涉及面较广，包括版权、商标、专利、商业秘密、地理标志、植物新品种等，监管对象种类丰富，风险类型多样，法律规定不尽相同。在这种情况下，必须明确随机抽查事项，清晰界定"双随机、一公开"的适用范围，充分调动监管人员实施"双随机、一公开"监管的积极性，提升监管效能。二是建设统一执法检查人员名录库。知识产权各类客体具有极强的专业性，执法检查人员名录库应详细记载执法检查人员基本信息及业务专长等情况，充分考虑检查领域的专业性特点，根据需要培育专业领域监管人才，确保在定向或不定向抽查中有充足的执法检查人员对随机抽查事项进行检查。三是制定统一的随机抽查工作细则。各部门多年来已形成自己的监管方式方法，随机抽查工作在实践中存在诸多不同。应着力整合各业务领域年度重点抽查任务，避免多头布置、重复检查，对各类抽查事项的检查要点、方法、标准、流程进行明确规定，提高"双随机、一公开"监管规范化、标准化水平。

（2）大力推进信用分级分类监管。所谓知识产权信用分级分类监管，是指在充分掌握知识产权信用信息、综合研判知识产权信用状况的基础上，以知识产权信用综合评价结果、行业知识产权信用评价结果等为依据，对监管对象进行分级分类，根据知识产权信用等级高低采取差异化的监管措施。以风险管理原则、知识产权信用分级分类管理标准，构建信用等级评价机制，运用差别化监管及"双随机"抽查等工作机制，不断提升科学监管水平，如对信用较好、风险较低的市场主体，可合理降低监管力度和抽查频次，减少对正常生产经营的影响；对信用风险一般的市场主体，按常规监管力度和频次抽查；对违法失信、风险较高的市场主体，适当提高监管力度和抽查频次，依法依规实行严管和惩戒。

《关于强化知识产权保护的意见》强调，要建立完善市场主体诚信档案"黑名单"制度，实施市场主体信用分类监管，建立重复侵权、故意侵权企业名录社会公布制度，健全失信联合惩戒机制。国家知识产权局办公室于 2020 年开展了以信用为基础的分级分类监管试点申报工作，鼓励各个地方研究制定知识产权领域信用分级分类监管有关文件和推进信用承诺制度有关工作办法及相关文书。

（3）系统对接"互联网＋监管"。2019 年，政府工作报告中强调，要推行信用监管和"互联网＋监管"改革[①]。尽管二者并不等同，但是毫无疑问，信用制度与互联网技术在监管领域的"联姻"，对于提高监管效率、推进社会诚信体系建设具有重要意义。知识产权信用监管通过引入海量数据算力平台，多渠道、多角度地采集市场主体的知识产权信用信息，重点包括知识产权质押、商标质押、行政许可、行政处罚、经营异常名录、"黑名单"信息、"双随机"抽查信息和部门之间的互动信息等，为市场主体构建多维全景画像。运用大数据技术对知识产权信用主体进行分析，用大数据说话、大数据决策、大数据管理、大数据创新，使监管效率更加快捷，监管对象更加准确，监管效力更加突出。

在数字网络空间知识产权保护方面，浙江早已开始探索实行"互联网＋监管"模式。杭州互联网法院作为我国第一个互联网法院，自 2017 年 8 月成立以来，知识产权案件的平均庭审时间不超过 27 分钟；年人均办案量达到传统基层法院的 3 倍左右。展望未来，5G 等新技术为"互联网＋监管"带来更多想象空间。我们相信，只要不断推进知识产权信用监管和"互联网＋监管"改革，让知识产权信用与互联网越来越多地赋能监管，完善以知识产权信用为核心的新型知识产权市场监管机制，就一定能够全面增强知识产权信用监管能力，增进各类主体诚信意识，提升全社会诚信水平。

---

① 中华人民共和国中央人民政府网：《国务院总理李克强代表国务院向十三届全国人大二次会议作政府工作报告》，http://www.gov.cn/guowuyuan/2019-03/05/content_5370609.htm，最后访问时间：2020 年 7 月 9 日。

# 第八章　知识产权信用人才培养

## 第一节　知识产权信用人才培养相关理论

### 一、知识产权信用人才培养概述

#### 1. 知识产权信用人才的范围界定

狭义上讲，知识产权信用人才的范围为知识产权领域的学者与研究人员，因与科研、教学的联系更为紧密，其受科研诚信的规制更多。但除此之外，在知识产权运营体系信用建设中，知识产权信用人才的范围更加宽泛，还应当包括企事业单位的知识产权管理人员、知识产权服务机构的专业服务人员、知识产权行政部门的审查、管理和执法人员等知识产权领域的相关从业人员。

将知识产权信用人才的范围扩大解释，有利于提升对知识产权失信行为的规制力度，从而稳步推进社会知识产权信用体系的建设与发展。

#### 2. 知识产权信用人才培养的概念

知识产权信用人才，是知识产权信用运行过程中涉及征信、信用评估评级、信用监管、信用标准、信用保护以及信用文化教育等多个环节的具备专业知识与技能，能够创造社会价值的人员[①]。这些专业人员共同构成知识产权信用运行的基础。

人才培养，是对相关领域的人才进行教育与培训的过程，其目的在于使其最终具备本领域从业人员所需要的专业素养。进而言之，知识产权信用人才培养，是将信用建设纳入知识产权运行体系之中的产物，是在我国经济建设已由高速增长阶段转向高质量发展阶段，社会信用体系建设日益重要的新时代下，为不断推进知识产权强国建设，采取各种手段和形式，对知识产权信用运行过

---

① 刘瑛：《电商平台的知识产权信用责任初探》，载《中国信用》2020年第2期。

程中所涉及的相关人员同时进行专业技能与道德素养培育强化的过程。

### 3. 知识产权信用人才的类型划分

按信用人才的工作性质不同，可将知识产权信用人才划分为以下四类。

（1）知识产权信用自律人才，即知识产权领域教学与科研机构中对自身科研行为负责，贯彻行业诚信意识、恪守科研诚信准则、杜绝科研不端行为的学者与研究人员。

（2）知识产权信用服务人才，即从事经营性活动的知识产权中介服务机构中从事信用评估、信用咨询、信用调查、信用报告、信用风控等相关信用服务工作的专业人员。

（3）知识产权信用管理人才，即企业内部运用现代信用经济、信用管理及知识产权相关学科的专业知识，遵循市场经济的基本原则，使用信用管理技术与方法，从事企业信用风险管理工作的专业人员。

（4）知识产权信用监督人才，即政府相关部门、专业机构或国际组织中专门针对知识产权信用市场中的参与人行为与市场运营关系进行监管、规范、评级、控制和调节的专业工作人员。

### 4. 知识产权信用人才培养的特征

（1）迫切性。知识产权信用缺失达到一定程度，将会出现全社会范围内的知识产权失信现象，即出现规模化的知识产权信用危机。就我国目前的知识产权运营体系而言，严格规制知识产权失信行为，形成知识产权诚信运营体系，从人才源头抓起才是最根本的解决方案。因此，知识产权信用人才的培养迫在眉睫。

（2）专业性。知识产权信用人才培养与其他人才培养的不同之处在于，知识产权因其自身的无形性、覆盖范围广泛性、客体之间的差异性等特点，决定了对知识产权从业人才应施以更为精细化、专业化的培养培育。

（3）持久性。知识产权信用人才是知识产权事业发展最根本、最基础、最核心的要素。知识产权信用人才培养需要投入大量的人力与物力，总体来看是一个缓慢而长久的过程，需要持续地努力乃至每一代人之间的接力。

## 二、知识产权信用人才培养制度建设的意义

### 1. 有利于提高全民知识产权保护意识

知识产权失信行为屡禁不止，究其根本原因在于全社会知识产权保护意

识水平不高，甚至有部分社会公众不知知识产权为何物。推进知识产权信用人才培养，能够在一定程度上从源头规制知识产权失信行为。培养知识产权信用人才，加强知识产权运营管理，普及知识产权保护教育，扩大知识产权信用教育的受众范围，能够深化社会公共对知识产权的认识，提升社会公众保护知识产权的意识。

### 2. 有利于完善我国社会信用体系建设

我国信用建设的脚步从未停止，信用管理已经成为我国国家经济体制改革与社会治理发展急需的新兴、重点学科，部分高校也率先设置了信用管理专业或者开设相关课程，以开展信用理论、信用管理、信用技术、信用标准、信用政策等方面的研究。可以发现，当前我国的信用体系建设，较多停留在经济领域，相关政策也在不断完善。但知识产权领域的信用建设仍然存在大面积空白的状况。在当前信用制度体系下，加快培养知识产权信用人才，形成专业化的知识产权信用人才队伍，不仅能为我国社会信用体系建设提供人力资源支撑，还能够补充完善我国社会信用体系建设总体框架。

### 3. 有利于推动我国社会经济发展

知识产权作为一种无形资产，已成为国家竞争力核心要素，也是社会资产的重要组成部分。建设完善知识产权信用人才培养体系，培养诚实守信的卓越法律人才，不仅能够促进各行业企业提升创新意识，通过知识产权运营获取经济利益，实现知识产权回报的可视化，不断提升自身知识产权资本综合实力，还能够为新时代中国社会经济发展提供优质的人力资源要素供给，从而在源头上保障我国社会经济持续、稳定、健康地发展 [①]。

### 4. 有利于提升国家综合竞争力

知识产权信用人才的培养，将在很大程度上规范我国知识产权创造、运用、管理、保护体系，知识产权"全链条"体系的健全与成熟又将给知识产权产业以高质量的回报。这种互补机制将不断激发社会各界对科技创新、产业改革的热情，提高我国知识产权整体水平，推动我国由"知识产权大国"向"知识产权强国"转变，稳步提升我国的综合竞争力，在国际知识产权舞台上更好地发挥作用。

---

① 周德军：《卓越金融法律人才培养过程中的诚信教育问题研究》，载《征信》2018 年第 36 期。

# 第二节 知识产权信用人才培养的国际经验借鉴

尽管国外未就知识产权信用人才专门出台相应的规则制度，但我们还是可以从其现有的知识产权行业发展状况与信用人才培养方式中归纳出相应的经验，为我国知识产权信用人才培养提供借鉴。

## 一、域外主要国家知识产权人才培养状况

### 1. 美国模式：知识产权人才培养采用"产学研用一体化"机制

美国知识产权人才培养的目标十分明确，即人才培养必须具备社会产业针对性。在知识产权人才培养伊始，相关的职业部门便进行介入与引导，从而使人才在接受培养时已经能够明确自身的职业规划与职业取向，以最大化地满足个人需求，适应产业发展需要[①]。此外，美国知识产权信用人才的培养资源配置多样，其理论培养资源涵盖了版权、娱乐、传统知识保护、电子商务、网络法等多个类别，实务资源主要来自美国司法实践中的知识产权案例，最大限度地丰富人才培养资源库。

### 2. 德国模式：严格规范知识产权人才准入机制，拓宽学用结合渠道

德国的知识产权人才培养范围十分广泛。德国企业大多十分注重对员工进行知识产权培训，除了定期对员工进行法律、技术等知识的培训外，部分企业还不定期选派员工前往各大高校、知识产权相关事务所进行学习，并且鼓励有专业背景的员工参加专利律师资格考试等。德国专利律师的职业教育培训很有特色，要想成为专利律师必须经过至少 34 个月的学徒期。预备律师至少要在专利律师事务所或企业专利部门跟随一名导师工作 26 个月，同时定期接受欧盟和德国知识产权法远程教育并参加专利律师考试。此外，预备律师还需在德国专利商标局实习 2 个月，在德国联邦专利法院实习 6 个月，还可额外选择在地方法院进行 2 个月的专利侵权诉讼相关实习。[②] 高质量的专

---

① 朱力影：《知识产权人才培养的中美比较及其借鉴意义》，载《扬州大学学报（高教研究版）》2020 年第 3 期。

② 赵建国：《知识产权人才：赢得国际竞争的重要砝码》，载《河南科技》2018 年第 6 期。

利水平以及严格的知识产权保护离不开高素质的专业人才，但要让知识产权意识深入人心，则离不开大力宣传以及经济上的投入。因此，通过多种途径和渠道对知识产权人才进行知识产权信用意识与能力的培养，有利于做好知识产权信用人才储备。

### 3. 日本模式：鼓励、倡导、推进创造性知识产权人才培养

日本在知识产权人才培养方面十分注重引入"创造性"的概念。2018 年 6 月，日本内阁府在所发布的当年知识产权推进计划[①]中围绕培养适应未来社会的人才和企业、促进各项挑战和创造活动的开展、设计新的领域框架这三个方面，明确提出了"推进知识产权创造教育以及人才培养"的概念。在教学课程设置上，日本知识产权专业课程涉猎广泛，注重人才培养的产学结合。

### 4. 新加坡模式：知识产权人才培养采用政府主导型方式

新加坡政府十分注重知识产权教育和人才培养工作，知识产权信用人才培养计划的提出与落地均体现了政府主导的特点。新加坡政府就知识产权人才培养制定了总的培养框架与培育标准，对社会各界的人才培养工作起到了指导性的作用。此外，新加坡政府还不断完善、发展、推进政府的知识产权服务，不仅加强对知识产权信用人才培养相关项目的扶持开发，还针对社会培养需求特意开发了一系列知识产权教育项目与知识产权网络服务平台[②]。

### 5. 澳大利亚模式：应用型导向培养知识产权人才

澳大利亚以培养应用型的知识产权人才为导向，提出了"边干边学"的行业教学机制[③]，即在工作中学习、在学习中工作的一种实践培养机制，接受教育与参与工作同为培养计划的一部分。此外，充分利用社会力量培养人才，培养机构往往与社会各界建立起立体化的合作伙伴关系，以最大化地利用社会资源。目前，主要的合作方法包括经费合作伙伴、实践教学合作伙伴、学术合作伙伴、商业化合作伙伴、职业合作伙伴以及后续教育合作伙伴等多种形式[④]。

---

① 知的财产战略：《知的财产战略本部会合議事次第》，https://www.kantei.go.jp/jp/singi/titeki2/190621/gijisidai.html，日本首相官邸网，最后访问日期：2020 年 7 月 6 日。

② 张惠彬、吴运时：《国外如何培养应用型知识产权人才》，载《中国人才》2018 年第 9 期。

③ 姚王信、江亮：《澳大利亚高层次知识产权人才培养的理念、模式与方法：经验与启示》，载《成都师范学院学报》2018 年第 10 期。

④ 刘瑛：《企业信用法律规制研究》，中国政法大学出版社，2011 年版，第 24-31 页。

## 二、域外主要国家信用人才培养状况

### 1. 美国信用人才培养

美国信用人才的培养包括常规教育、在职培训、远程教育等多种模式。

常规教育主要由美国国家信用管理协会（National Association of Credit Management，NACM）提供。为推动国家信用人才的常规教育，NACM 设立了达特茅斯学院的信用和财务管理研究院，主要以市场需求为导向，为信用行业从业人员提供专业知识培训与考核帮助。在专业设置上，信用从业人员需要系统学习信用对策、市场调查、资信评估、企业信用评价等课程，以深入了解、掌握信用管理技能，培养行业预测、信用监管、信用分析、信用调查、信用评估等专业技能[①]。除此之外，NACM 也会对学界的信用课题进行资金支持，每季度还会召开大型会议，向企业提供市场信用的学术知识与实践经验。

在职培训的形式更为广泛，如专业信用从业人员培训由国际信用协会（International Credit Association，ICA）提供[②]，企业内部信用人员培训由穆迪、邓白氏等知名公司提供。

远程教育主要表现形式为将信用课程上传至专门的教育网站，供信用行业从业人员自行下载学习。

### 2. 英国信用人才培养

英国的信用人才培养主要存在常规教育与职业培训两种途径。

在常规教育方面，国际资本市场协会（International Capital Market Association，ICMA）与英国雷丁大学开展合作办学，为信用专业领域提供全方位的培养方案与培训计划。在课程设置上，ICMA 为学员提供信用风险管理、信用技术、信用评分等专业课程，以帮助学员掌握信用管理的专业知识。除此之外，ICMA 还资助信用人才进行相关的课题研究，如 2010 年的课题 "Stress Testing Credit Risk：The Great Depression Scenario"，2012 年的课题

---

① 参见美国国家信用管理协会官方网站"EDUCATION"单元，https://nacm.org/education.html，最后访问日期：2020 年 7 月 25 日。

② 窦梦茹：《英美信用管理专业教育综述》，载《天津电大学报》2007 年 6 月第 2 期。

"Corporate Social Responsibility and Credit Costs"等①。

在职业培训方面，信用管理学院（Institute of Credit Management，ICM）为信用行业从业者提供基础知识与专业知识的培训，并对其进行认证考试。

**3. 新加坡信用人才培养**

新加坡将人才作为国家的第一资源，其采取的是"国家资本主义"模式，普遍强调政府在经济社会运行中的调控和主导作用。因此其信用人才培养模式也充分体现了政府主导的鲜明特色。在国家培养框架与培育标准的指导下，政府、社会机构、企业三者相互配合，形成了信用人才培养的联合化体系②。

## 三、域外主要国家信用人才培养特征分析

### 1. 域外主要国家信用人才培养的个性分析

域外主要国家的信用人才培养在总体上均以"学校培育＋职业培训"为基本培养模式，即以社会需求为导向，采取产学研相结合的一体化培养模式。但因各国国情存在差别，因此在具体的信用人才培养方式上仍然会存在一些不同之处。

（1）美国信用人才多由协会进行培养支持，其培养覆盖面宽、普及度广，更加注重改善生源结构，推进信用人才培养的多元性、层次性与广泛性，在人才培养伊始便注重招收来自各个专业领域的学员③。

（2）英国信用人才多由高等专业院校进行联合培养，培育模式更显专业化，开设课程更显精细化，在信用人才培养的过程中进行全方位的学术支持与引导。

（3）新加坡信用人才的培养充分体现了"政府主导"的鲜明特色，与英美国家行业协会或高等院校主导的模式不同，其信用人才培养基本由政府牵头，也一并由政府主导实施。

### 2. 域外主要国家信用人才培养的共性分析

（1）信用教育普及度高，推动提高社会诚信水平。域外主要国家普遍重视社会信用普及教育。美国、英国、新加坡等多个国家均将信用教育普及纳入对公民的日常教育中。例如新加坡的社会诚信教育无处不在，从小学教育

---

① 参见 ICMA CENTRE 官方网站，https://www.icmacentre.ac.uk/research/icma-centre，最后访问日期：2020 年 7 月 24 日。

② 张惠彬、吴运时：《国外如何培养应用型知识产权人才》，载《中国人才》2018 年第 9 期。

③ 肖海、左荣昌：《知识产权人才培养模式研究》，载《长春师范大学学报》2016 年第 11 期。

起，便将信用意识普及到日常课程与道德培育中，也推进了相关的课程设置与教材编写工作，从而在根本上植入信用理念与诚信思想，提升社会的信用维护与管理意识。

（2）信用人才培养行业覆盖度广，推动提升企业信用运营。域外主要国家的信用人才培养并非仅仅着眼于高校与科研机构，还十分重视社会其他行业的信用职业培训工作。各行业企业作为市场运营主体，是各国信用制度或战略部署落地的重点对象。在良好的市场运营体系中，信用建设既是前提条件，也是贯穿全过程的主导线。因此，提升市场主体的信用意识，是各个国家市场运营秩序井然、社会信用良好增长、综合实力稳步提升必不可少的一环。

（3）回应市场需求，构建信用人才培养"产学研一体化"机制。域外主要国家对信用人才的培养主要以市场需求为导向，更偏向于采用职业教育的培养模式。企业与高等院校联合办学，信用专业学员多练实操，理论与实践密切结合，由富有市场信用服务、管理、监管等实战经验的专业人员进行多方位联合教学，实现知识在课堂学习与行业实践之间转化，不断提升行业技能与服务水平，确保所选拔的人才能够迅速投身于实务之中，真正实现产学研一体化。

## 四、域外主要国家信用人才培养经验借鉴

通过对域外主要国家知识产权人才与信用人才培养方式的归纳学习，结合我国知识产权信用人才培养的实际情况，可以得出以下经验要点：根据发展需求，因地制宜在高等学校开设信用专业课程，加快信用专业人才培养步伐；加强信用文化教育，将信用培育纳入国民基础教育，提高全社会信用意识水平；全方位进行信用人才培养建设，以市场需求为导向，促进社会各界支持协作，培育职业化人才。

# 第三节　知识产权信用人才培养现状

信用是市场经济良好运行的前提和保障，也是商业运营的道德底线。对于知识产权而言，运营体系的信用建设是知识产权保护的关键一环。近年来我国采取了一系列措施，不断推进知识产权信用人才培养体系的建设发展。

## 一、我国现有的知识产权信用人才培养制度

与发达国家相比，我国全面培养知识产权信用人才的体系建设起步较晚，相关培养制度分散在各个规范性文件与部门规章层面，尚未出现专门的法律对其进行统一规定，总体上仍然存在不足之处。

### 1. 知识产权信用人才培养的政策依据

（1）中央层面。《国务院关于推动创新创业高质量发展　打造"双创"升级版的意见》（国发〔2018〕32号）、《国务院关于印发国家技术转移体系建设方案的通知》（国发〔2017〕44号）、《国务院办公厅关于印发知识产权综合管理改革试点总体方案的通知》（国办发〔2016〕106号）、《国务院关于印发"十三五"国家知识产权保护和运用规划的通知》（国发〔2016〕86号）、《国务院办公厅关于转发知识产权局等单位深入实施国家知识产权战略行动计划（2014—2020年）的通知》（国办发〔2014〕64号）等多个文件表明，我国需探索有效可行的知识产权管理体制机制，建立完善知识产权管理服务体系，将知识产权管理纳入国家重大专项进行管理。

《国务院关于印发"十三五"国家知识产权保护和运用规划的通知》（国发〔2016〕86号）提出，完善科研开发与管理机构的知识产权管理制度，探索建立知识产权专员派驻机制，建立健全知识产权服务标准，完善知识产权服务体系。《信用纲要》强调，加强企业诚信管理制度建设，开展各行业企业诚信承诺活动，建立科学的企业信用管理流程，防范信用风险，提升企业综合竞争力，鼓励和支持有条件的企业设立信用管理师。

《关于深化知识产权领域"放管服"改革　营造良好营商环境的实施意见》《关于新形势下加快建设知识产权信息公共服务体系的若干意见》等文件提出，加大知识产权信息公共服务人才培养力度，鼓励研究制定知识产权服务业人才能力素质相关标准规范，积极支持知识产权服务机构向高端化、国际化发展。

综上可见，统筹推进知识产权信用人才培养工作，是解决我国目前知识产权信用人才缺失问题的当务之急，是贯彻落实党中央、国务院重大决策部署的具体举措。知识产权信用人才培养体现出广泛性、全面性的特点，不仅需要强化监管部门行政人员在知识产权信用运行中的业务能力，还要鼓励企业与个人投身知识产权信用培养研究与实践，从而加强社会各主体协同发展，

促进优势互补，形成多层次、高水平、相呼应的良性培养格局。

（2）地方层面。在中央倡导下，各地方政府根据本地区的情况，也纷纷出台了一系列促进知识产权信用人才培养的计划或者方案。

《北京市人民政府关于加快知识产权首善之区建设的实施意见》等对知识产权专业人才的信用培养作出指示，提出需创新高等院校、科研院所知识产权管理机制，并计划将知识产权内容纳入学校教育课程体系，建立一批知识产权宣传教育示范学校，提升全社会知识产权意识。

《天津市人民政府办公厅关于加快推进知识产权强市建设的实施意见》等对知识产权中介机构人员的信用规制作出指示，表明应当加强对知识产权中介机构人员的监管力度，建立知识产权中介机构的信息管理、信用评价和失信惩戒等诚信管理体系，完善执业信息披露制度，及时公开知识产权代理机构和从业人员信用评价等相关信息。

中共上海市委办公厅、上海市人民政府办公厅印发的《关于强化知识产权保护的实施方案》（2020 年 4 月 28 日），以及《广东省人民政府办公厅关于印发广东省促进中小企业知识产权保护和利用若干政策措施的通知》（粤办函〔2019〕79 号）、《南京市政府办公厅关于印发南京市知识产权运营服务体系建设实施方案的通知》（宁政办发〔2018〕83 号）对企业知识产权的信用评价作出了指示，加强知识产权社会信用体系建设，在辖区内依法公示建立知识产权违法侵权企业档案，强化知识产权服务行业信用监管，以推进企业尊重他人知识产权，切实保护自身知识产权。

对相关文件进行研读，不难发现，地方政府对知识产权信用人才的培养已经基本做到了信用领域全覆盖。从企业的知识产权信用管理人才到社会机构的知识产权信用服务人才，都得到了政策的指引与规制，从而构建以政府为主导、企业为主体、科研机构与服务组织共同参与的信用人才培养全联动机制，最终形成一支善管理、会保护、懂运营的知识产权信用人才队伍。

**2. 知识产权信用人才培养模式**

虽然我国知识产权事业的发展仅有三十余年的时间，但国家与社会各界一直积极探索知识产权信用人才培养的新模式、新方法，因此我国知识产权人才的培养模式较为丰富。

（1）高校教育模式。高校教育是培养知识产权信用自律人才的首要途径，也是最主要的培养模式。由高等院校组织对学生进行教育引导，严肃查处科研不端行为，坚持预防与惩治并举，坚持自律与监督并重，坚持无禁区、全覆盖、零容忍，严肃查处违背科研诚信要求的行为，着力打造共建共享共治的科研诚信建设新格局，营造诚实守信、追求真理、崇尚创新、鼓励探索、勇攀高峰的良好氛围[①]。截至 2020 年 4 月 26 日，我国设立知识产权学院的高校已达 45 所，知识产权（法学）本科专业已达 93 个，国家知识产权培训基地已有 26 家[②]。此外，值得关注的是，深圳大学合规研究院于 2020 年开设了首席合规官法律硕士项目，为信用人才培养探索出了一条"法律+信用""金融+信用"的新型高校教育培养途径[③]。

高校教育模式的优势在于，院校内部拥有良好的学术钻研与科研诚信氛围，培训者能够全身心投入学习中，在接受学校教育阶段即能将科研诚信的理念深深扎根。高等院校培养模式作为最基础的一种培养方式，对知识产权信用自律人才的培育起到了至关重要的作用。

（2）专业机构培训模式。专业机构培训模式是培养知识产权信用服务人才的主要途径，是知识产权信用市场运营不可或缺的一部分，也是常见的信用人才培养方式之一。知识产权服务机构集科技、法律服务于一体，活跃于知识产权的创造、运用、保护等各个环节。知识产权信用服务人才的培育质量和速度在很大程度上决定着一个公司乃至整个行业的发展水平与速度，甚至影响我国知识产权战略实施的进度[④]。对知识产权服务机构的人员进行信用专业知识培训，能够提升企业知识产权诚信运营意识，为市场中知识产权主体的运营规范性与信用稳定性保驾护航。

（3）企业培训模式。企业培训是培养知识产权信用管理人才的重要途径，是知识产权信用体系建设中必不可少的一环。创新驱动发展，重视知识产权管理运营的企业，不仅其内部知识产权从业人员水平高、多元化，其无形资

---

[①] 参见中华人民共和国中央人民政府网：中共中央办公厅、国务院办公厅印发《关于进一步加强科研诚信建设的若干意见》，http://www.gov.cn/xinwen/2018-05/30/content_5294938.htm，最后访问日期：2020 年 7 月 24 日。

[②] 数据源于公众号：知识产权界，2020 年 7 月 23 日发布的《全国高校内知识产权学院、国家知识产权培训基地与知识产权本科专业》一文，最后访问日期：2020 年 7 月 23 日。

[③] 深圳大学硕士生招生网：https://yz.szu.edu.cn/info/1006/11569.htm，最后访问日期：2021 年 8 月 20 日。

[④] 尉伟敏：《探索知识产权中介服务机构的人才培养》，载《中国知识产权报》2014 年 8 月 15 日第 8 版。

产的规模也不容小觑。该类企业往往定期开展内部学习交流，总结企业在知识产权管理与运营方面遇到的问题，引导内部信用人才学习、掌握知识产权信用评估标准、信用担保规则与最新监督政策动向等，不断推进内部从业人员汲取问题经验，调整企业知识产权运营对策，以实现企业知识产权最优化。

（4）定向培育模式。定向培育模式是培养知识产权信用监督人才的基本模式，是内部知识产权信用人才成长的优化路径。通过对知识产权信用监督人才进行定向培育，使其了解、掌握、开展知识产权领域以信用为基础的分级分类监管，以加强知识产权运营规制，推动知识产权信用信息公示公开。此外，该类人员往往也参与制定发布知识产权信用工作指引、评价标准、运营规范等工作中，对其进行专项定向培育，不但能够使其对知识产权信用体系有更深的了解，还能够推动制定合情合理合规的知识产权信用监督政策与方案。

## 二、我国知识产权信用人才培养面临的问题

### 1. 人才培养内容无法满足社会需求

企业需要的知识产权信用人才主要分布在知识产权运营与管理岗位上，而且企业知识产权运营与管理工作带有很强的专业性、综合性。因此，对于企业而言，最迫切需要的是具有技术、经济、法律、管理等复合型知识背景的知识产权信用人才。而大部分高等院校知识产权人才培养的课程设置和教学内容不尽合理，这样培养出来的知识产权人才往往因为缺乏实践经验而无法顺利完成从课堂到实践的转变。

此外，师资结构良莠不齐也是导致知识产权信用人才培养与社会需求脱节的一个重要原因。确实存在部分高校教师自身水平不足或者教师本人对维护知识产权信用的意识不强，甚至自身存在知识产权失信的情况，对于学生的知识产权信用意识培养也就无从谈起了。

### 2. 人才培养模式存在弊端

我国知识产权信用人才的培养仍处于起步阶段，培养模式上存在着分工不够精细、方案不够细致的问题。当前大多数企事业单位或社会组织对知识产权信用人才的培养往往直接采用全覆盖的培育方式，没有根据各领域人员的工作实质进行划分，因此会导致信用从业人员"学得广而不精"的现象发生。这样的培养模式不能适应完整系统的知识产权信用体系，难以对口培养

专业技能，无法满足社会对知识产权信用服务人才的迫切需求。

### 3. 知识产权信用人才培养法律法规体系不健全

为适应新时代知识产权强国的需要，我国从中央层面至地方层面，均已逐步出台了相应规划与方案，为知识产权信用人才的培养保驾护航。但我国知识产权信用人才的培养制度仍然不够健全，所有明显的培养制度均散落在各种文件中，无法形成一套独立完善的规范制度。因此，期待颁布综合性法律，对知识产权信用所涉领域进行统一规范。

### 4. 知识产权信用意识普及范围较窄

我国知识产权信用人才培养未成规模化的现状，导致相当一部分社会从业者对知识产权失信、知识产权诚信毫无具象化认知。

知识产权作为一种无形资产，对于企业的发展运营起到了强大的推动作用。例如知名商标所带来的品牌效应能够使消费群体集群化，销售渠道扩大化，也就在无形中提升了企业的利益规模。知识产权失信行为的出现往往以经济获益为诱因，因此，这种利益驱动效应会使部分经营者试图借助他人商标的品牌效应来加快自身商品占领市场的速度，且有相当大一部分企业经营者对知识产权失信行为认识度不高，甚至不觉得自身行为具有不正当性，从而作出知识产权侵权行为。

### 5. 知识产权信用人才国际转化率低

如今全球进入新兴产业加速发展，知识产权国际规则趋同、保护标准提高、创新驱动加速的飞跃式发展，给我国的知识产权保护带来了巨大压力和挑战，国际化知识产权人才的需求也极为迫切。实际上，我国涉外知识产权信用人才缺口仍然较大，远不能满足我国高质量发展和扩大开放的需要。

高水平、高层次知识产权信用人才的匮乏，成为制约我国知识产权事业运营发展的一大"瓶颈"。

# 第四节　知识产权信用人才培养制度建设与完善

## 一、知识产权信用人才培养制度建设的目标与原则

### 1. 知识产权信用人才培养制度建设的目标

知识产权信用人才培养制度的建设目标应当符合我国知识产权的实际发

展状况，回应社会实际需求。在知识产权强国建设的背景下，应当实现以下基本目标。

（1）夯实知识产权信用人才工作基础建设。我国建立知识产权制度只有短短三十多年，客观上面临着人才积累少和需求总量大的现实突出矛盾。而基础建设作为"地基"，其建设得好与不好直接关系到我国知识产权的全局和长远发展。因此，必须始终将基础建设摆在重要位置抓紧抓好。只有夯实知识产权信用人才工作基础建设，才能真正培养出符合我国知识产权强国计划的信用专业人才。

（2）构建知识产权实务型信用人才一站式培育机制。知识产权信用人才培养必将服务于知识产权产业，人才培养的最终"答卷"是经过培养的信用人才能够与实务操作进行"无缝式衔接"。因此，人才培养机制应当合理分布，理论研究与实践操作"一站式"完成，必要时培养机制可向实践操作方面合理倾斜。

（3）提升社会知识产权保护和运用能力。知识产权信用人才最终将服务于知识产权运营体系的建设，人才培养的最终目的在于培育社会知识产权诚信意识，规范国内知识产权运营现状。因此，培养知识产权信用人才应以提升全社会知识产权保护和运用能力为目标。

**2. 知识产权信用人才培养制度建设的原则**

原则与目的不同，目的具有明确的切实性与指向性，而原则更多地体现为抽象性与指导性，对整个知识产权信用人才培养制度的建设起到统领作用。我国知识产权信用人才培养制度的建设应当遵循以下原则。

（1）坚持统筹规划、分类指导。知识产权信用人才培养需要树立大局观念，以实现最终培养目标为根本出发点，类型化分析社会发展现状，提炼社会需求，从而突出培养重心，重点培养、分类培养当前经济社会发展急需的知识产权信用高层次人才和实务人才。

（2）坚持面向应用、学用结合。我国社会大量需要同时具备知识产权法律知识、管理知识、经济知识等的复合型人才，知识产权信用人才作为一种实务需求度高的人才种类，其最终目的在于服务社会、弥补现今信用人才的缺位。因此，知识产权信用人才培养制度必须体现这种专业人才的实际需求，面向实践应用，多元培养途径并行，以真正实现学以致用、学用结合。

（3）坚持着眼长远、创新机制。知识产权信用人才的培养并非易事，培养道路"漫漫其修远兮",这就需要制度建设放眼长远,综合考虑社会发展水平与发展动向,围绕经济社会发展的重点目标,研究建立知识产权信用人才培养的长效机制。

## 二、知识产权信用人才培养制度的完善路径

知识产权信用运行过程涉及征信、信用评估评级、信用监管、信用标准、信用保护以及信用文化教育等多个环节[①]。因此,知识产权信用人才培养制度的完善路径也应当从多个层面入手,层层递进。

### 1. 推进知识产权信用文化教育

诚信修养培育的是人们内心的秩序,它具有硬约束培育所不具备的反思、自律、慎独调节方式,使市场主体自觉遵守正义、责任等道德的要求,自觉践行诚信价值观[②]。我国当前缺乏大量的知识产权信用人才,有必要扩大知识产权信用教育的普及范围。

除知识产权专业的科研院所之外,知识产权信用的培育范围还应当扩大至本领域直接从业人员与相关领域人员,乃至与本领域无直接联系的社会人士,该部分社会公众的知识产权信用观念也亟须加强。探索开展经营者准入前诚信教育。充分利用各级各类政务服务窗口,广泛开展市场主体守法诚信教育。为市场主体办理注册、审批、备案等相关业务时,适时开展标准化、规范化、便捷化的法律知识和信用知识教育,提高经营者依法诚信经营意识。开展诚信教育不得收费,也不得作为市场准入的必要条件。

### 2. 优化高校知识产权信用自律教育

高等院校作为与知识产权运营管理密切相关的科研单位,其在知识产权信用自律人才培养中的地位与重要性不言而喻,应充分利用社会资源,回应市场需求,引进知识产权运营管理的实践教学。

具体而言,应合理设置专业培养计划与培养目标,有针对性地培养学生的实践能力和应用能力,打造理论与实务并重的教育教学模式,注重多学科体系结合,合理化提高实践教学比重,引入多元化专业教育的社会资源,如

---

① 刘瑛:《企业信用法律规制研究》,中国政法大学出版社,2011年版,第115—116页。

② 赵建波、余玉花:《诚信:市场经济信用问题治理的伦理基石》,载《大连理工大学学报(社会科学版)》2020年第41卷第2期。

与社会单位共建实习基地，开展深度培养合作，聘请知识产权司法系统、执法系统、行政部门、专业机构和实务界经验丰富的从业人员进行经验分享、讲座以及课堂授课等。为知识产权信用人才构建信息化、智能化的信用人才培养环境，促使我国知识产权信用人才培养与时俱进。

### 3. 鼓励企业进行知识产权信用管理人才培育

完善企业知识产权资本化激励机制，激发员工对知识产权信用的热情，对企业知识产权信用管理人才进行评级评价，提高职工培训费用计入企业成本的比例，以此鼓励各行各业加大职工培训投入力度，鼓励企业加强知识产权信用管理人才的引进和使用。

建立以政府为主导、企业为主体、培训机构与行业协会共同参与的知识产权信用管理人才培训机制。建立企业知识产权信用管理人才数据库，培养具有高知识产权信用素养的从业人才，不断提升企业市场适应能力。

### 4. 完善知识产权信用人才培养的法律法规建设

当前，需要补充、完善培养和管理知识产权信用人才的相关制度，探索将知识产权信用人才培养提升到立法层面的可行化路径。制定、颁布、实施具有全面性、综合性、精确性的法律法规，细化立法分支，不断优化知识产权信用人才结构，促进人才合理流动。同时，还要结合相关规范性文件和部门规章的精神，建立知识产权信用人才的专业评价体系，完善知识产权信用人才管理制度。

### 5. 加强国际化合作交流，提升知识产权信用人才国际化水平

各知识产权信用人才培养单位应当进一步加强知识产权信用领域的对外交流合作，学习、借鉴国外先进经验，弥补自身在国际化知识产权信用人才培养体制、机制方面的不足。建立和完善知识产权对外信息沟通交流机制，加强国际和区域知识产权信息资源及基础设施建设与利用的交流合作。鼓励开展知识产权信用人才培养的对外合作。积极参与国际知识产权秩序的构建，有效参与国际组织有关议程 [1]。

---

[1]　中华人民共和国中央人民政府网：《国务院关于印发国家知识产权战略纲要的通知》，http: //www.gov.cn/zhengce/content/2008-06/11/content_5559.htm，最后访问日期：2020 年 7 月 22 日。

# 第九章　科研诚信法治化建设

2018 年，中共中央办公厅、国务院办公厅印发《关于进一步加强科研诚信建设的若干意见》，提出以优化科技创新环境为目标，以推进科研诚信建设制度化为重点，以健全完善科研诚信工作机制为保障，坚持预防与惩治并举，坚持自律与监督并重，坚持无禁区、全覆盖、零容忍，严肃查处违背科研诚信要求的行为，着力打造共建共享共治的科研诚信建设新格局。这实质上为科研诚信法治化建设提出了指导思想。

2019 年，中共中央办公厅、国务院办公厅印发《关于进一步弘扬科学家精神加强作风和学风建设的意见》指出，科研诚信是科技工作者的生命，对违背科研诚信要求的行为，要实行零容忍，并按程序记入科研诚信严重失信行为数据库，在晋升使用、表彰奖励、参与项目等方面一票否决。

## 第一节　科研诚信法治化的必要性

科研诚信是保证科学发现和发明创造的基础，直接影响科技成果的推广应用，也是科研活动遵循的基本准则。进一步加强科研诚信法治化建设，是在互联网时代、大数据背景下加快建设创新型国家的重要条件，也是我国科学文化发展的重要保障。

### 一、科研领域的信用危机是科研诚信法治化的动因

"信用危机"一词往往指代在金融领域，因信用过度扩张，资本货币流通和信用领域中出现的剧烈震荡和混乱。而科研领域的信用危机，便是指科研领域的主体诚信普遍缺失，背弃了科学研究中求真求实的行为准则、突破公

众道德与国家法律底线，各种学术不端行为不因此受到惩罚，反而获得丰厚利益。科研领域的信用危机已经并将长期成为科学研究中无法回避和亟待解决的一大问题，急切呼吁推进科研诚信法治化建设。

**1. 科研领域信用危机的消极后果**

（1）科研领域的信用危机将破坏正常的科研秩序。所谓秩序，是指人们通过遵守一定的行为规则和规章制度而建立起来的社会成员相互关系的一种有次序的、稳定的状态。[①] 具体到科研领域，科研秩序即研究主体遵循一定的科研制度规范、坚持正确的科研导向，有序进行科研活动的一种稳定状态。科研诚信是培养良好的科学道德、建立良好的科研秩序的基础。而科研领域的信用危机将导致整个社会科研方向出现偏离、科研评价体系出现混乱、科研制度规范无法得到有效实施、科研创新失去活力，无法形成健康良好的科研竞争环境，正常的科研秩序被破坏。

（2）科研领域的信用危机将阻碍科技强国目标实现。纵观人类发展历史，创新始终是一个国家、一个民族发展的重要力量，也始终是推动人类社会进步的重要力量。2016 年，中共中央、国务院印发《国家创新驱动发展战略纲要》，明确我国科技事业发展的目标是：到 2020 年时使我国进入创新型国家行列，到 2030 年时使我国进入创新型国家前列，到中华人民共和国成立 100 年时使我国成为世界科技强国。而当前，我国科技基础仍然略显薄弱，科技创新能力特别是原创能力还有很大不足。毫无疑问，科研领域的信用危机会"扑灭"科研人员科技创新的信心"之火"，同时，充满活力的科技管理和运行机制将无法形成，势必会阻碍我国科技强国目标的实现。

（3）科研领域的信用危机将造成负面国际影响。习近平总书记强调："科学技术是世界性的、时代性的，发展科学技术必须具有全球视野。不拒众流，方为江海。自主创新是开放环境下的创新，绝不能关起门来搞，而是要聚四海之气、借八方之力。"新时代，我国加快建设创新型国家和世界科技强国，需要以全球视野谋划和推动创新，全方位加强国际科技创新合作，其中合作的基础便是诚信。然而，一国科研领域的信用危机将会令他国伙伴"望而却步"，信息无法得到交流与传播，将导致我国无法打破国际技术壁垒，无法参

---

① 青维富：《社会学视野下的法律价值与功能：作为社会控制的法律》，载《社会科学研究》2011 年第 4 期。

与到前沿基础研究和全球关键科技的国际大科学计划和大科学工程中去，无法破解创新发展科技难题。

**2. 科研诚信法治化是预防信用危机的有效机制**

法治是与人治相对立的一种治国方略。法治强调依法治国、法律至上，法律具有最高的地位。科研诚信法治化作为依法治国在科研领域的具体体现，是完善现代科研制度和实现科研创新的内在需要和客观要求，也是预防信用危机的有效机制。

法治强调科学立法、严格执法、公正司法、全民守法。科研诚信法治化意味着，我国将建立起一套科学的、民主的科研诚信法律制度；掌握国家权力的科研机关坚持依法行政，尊重、维护和保护公民的科研权利与自由；司法机关依照法定职权和程序，对科研不端行为进行认定、正确适用法律、处理纠纷、解决争议、惩罚犯罪；任何组织或者个人必须在法律的范围内活动，坚持法律地位上的至上性和适用上的平等性，整个科研领域形成自觉遵守法律的意识和氛围。

**3. 科研诚信法治化是遏制信用危机的有力手段**

在科研诚信法治化体系中，法律是整个社会关系调节器的中心，在构建科研诚信社会的进程中居于支配地位，起着关键作用。科研诚信法治化的立法、执法、司法、守法的各个阶段都围绕法律展开。法律是社会秩序和正义的最后一道防线，依靠国家强制力守护着社会生活的底线，是一种强制性的解决问题的手段。诚信的立法原意不外乎筛选和确认正当权利和利益，并赋予合法性身份；建立惩戒机制，使违背规则的人承担相应的法律后果。诚信法律体系的强力威慑及利益刺激，会促使公民形成遵守法律的惯性。

（1）法律具有指引作用。科研诚信领域的法律规范作为一种行为规范，为人们提供某种行为模式，从而对行为者本人产生影响，避免科研不端行为的发生。

（2）法律具有评价作用。科研诚信领域的法律规范作为一种社会规范具有判断、衡量他人科研行为是否合法或有效的作用，这就从根源上避免了科研评价体系错位。

（3）法律具有教育作用。通过科研诚信相关法律规范的实施，对人们今后的行为产生直接或间接的诱导影响，从而助益于诚信共识培育，提升社会主体的科研诚信觉悟。

（4）法律具有预测作用。人们可以根据科研诚信相关法律规范的规定，事先估计到科研合作中的当事人双方将作出何种行为及行为的法律后果，从而对自己的行为作出合理的安排。

（5）法律具有强制作用。科研诚信相关法律制度为保障自己得以充分实现，运用国家强制力制裁、惩罚违法行为。科研诚信法律的强制作用是法的其他作用的保证。

科研诚信法治化中法律的指引作用、评价作用、教育作用、预测作用及强制作用相结合，同时，全面推进严格执法和公正司法，借助国家执法、司法的强制性制度机制，保证科研诚信治理制度的有效贯彻实施，增强科研诚信法律制度的执行力，是遏制科研信用危机的有力手段。

## 二、互联网技术的发展是科研诚信问题日趋凸显的助力

伴随信息技术的飞速发展，大数据技术作为现代社会发展的产物，以其海量、高速、多样和复杂的时代特征，给科研不端行为的识别和治理提供了强大的技术支撑；与此同时，大数据时代的科研不端行为表现出"形式多样、手段诡异、体系庞大、以假乱真"的新形式和新特点，增加了科研诚信建设的难度。互联网与大数据技术一方面推动了科技进步，另一方面也给科研不端问题带来了生存空间。在这个过程中，科研诚信的制约机制被冲淡，论文抄袭、侵占他人学术成果、科研数据造假、低水平重复发表等科研不端行为变得更加容易，科研诚信治理制度很难建立完善。

### 1. 互联网技术的发展给科研信用生态带来的剧烈变化

（1）网络运行机制对科研信用生态的影响。网络运行机制的具体内容就是指主机在网络协议的规范下通过通信子网的节点交换机与其他通信设备连接，实现与其他主机和子网计算机用户的资源共享、数据通信、远程传输、集中管理等功能。这一网络运行机制对加强科研诚信存在两方面的作用，正面作用是建立了完整的大型信息知识资源数据库，在科研和学术界最大限度地达到对信息资源的利用和共享；同时大型数据库还可对信息进行分类，便于用户搜索和查看。负面作用是存在网络代写，影响科研风气，造成科研浮躁，严重阻碍科研诚信体系的建设。

科技创新的网络机制能够实现科学求真与求善价值的有机整合。创新只

有被纳入开放的系统中才能激发创新活力，并能及时实现科技成果的现实转化，促进产业升级，开拓新的市场，找到新的产业生长点。创新网络机制强调创新与生产的无缝衔接，重视信息技术和智能生产在创新与生产转化和商品化中的作用，强调在各种"缝隙"中寻找新的科技创新点和产业生长点，形成规模经济和价值链体系。创新网络机制更便于获得及时的情报咨询、先进的技术，降低成本、规避风险，提高整个产业链的技术水准，推动国家创新体系的形成。企业必须不断提高自主创新能力和新技术吸纳能力，科研院所和大学要加强与生产的联系，同时要加强科学普及。①

（2）网络平台开放性对科研信用生态的影响。网络平台的开放性促进了社交网络化，社交网络化的结果也对科学研究产生了影响。其正面影响可分为三方面，一是学术资源网络化，互联网汇聚了全球信息，学术资源是其重要的组成部分，越来越多的学术期刊选择通过网络发行，这不仅降低了成本，而且加速了学术成果的传播；二是在线学术交流平台兴起，使得学术交流突破了时间和空间上的限制，不同科研机构的科研人员之间的交流不再仅限于定期、高成本的学术会议；三是个人学术网站如雨后春笋，可以满足不同学科研究学者对于学术交流的特殊要求，具有内容独特、灵活多变等特点，是繁荣学术思想的重要形式。当然，网络平台也具有它不利的一面，如资源的权威性不能确定，科研作品的质量良莠不齐。

（3）网络信息传播模式对科研信用生态的影响。网络信息传播是以互联网作为媒介和渠道而进行的信息传播。在网络信息传播中，信息通过互联网在传播者与受众之间交互流动，信息交流由点对点、点对面的单向传播模式转变为点对点、点对面和面对面的多向互动传播模式。网络信息传播形式多样，传播速度快，传播范围广，对受众影响大。网络信息传播的效果具有三大特征：显现的迅速性与即时性；内容的扩展性与宽泛性；影响的双向性与深远性。其对科研生态的影响主要有：一是提高知识创新的效益，互联网的信息传播使信息处理周期大大加快，检索更加方便，再加上互联网传播的快速化、即时化和远程化，大大提高了知识创新的速度和效益；二是减少了科研活动中的不确定性，因为科研活动的不确定性和风险主要来自信息的缺乏，尤其是能满足科研需求的有用信息，而网络信息传播可以弥补这一不足；三

---

① 王玉秋：《科技创新的网络机制：从理念到行动》，载《科学与管理》2015 年第 2 期。

是聚集科研知识的其他资源，在当今的科学研究和工作中，信息是桥梁和媒介，要了解一项科研项目是否成功、它的科学价值或社会价值如何、它的技术指标是否合理、应用范围是否广泛等，只有依据信息才能与国内外研究工作进行类比，从学科的发展和社会需要的角度来正确评价科研成果的价值，克服鉴定时的盲目性和片面性。

（4）网络监督技术对科研信用生态的影响。随着互联网的不断发展，网络成为继报纸、广播、电视之后的第四媒体，互联网的出现打破了传统的信息传播格局，在网络上人们可以自由地发表自己的观点、意见和建议，网络监督因此而产生。网络已经成为新型的监督平台，除此之外网络的时效性强、开放性高等特点也为网络监督创造了良好的条件。网络监督技术也在科研诚信方面得到了广泛的应用，如网络查重数据库的建立、网络对学术腐败的曝光等。同时，网络监督技术还具有广泛性、及时性、全时性等特点。因此，应充分发挥网络监督技术的政策、技术、舆论等作用，对严重的学术腐败行为和个体曝光，营造一个良好的科研环境和学术氛围。

### 2. 互联网技术的发展给科研诚信体系建设带来的危机

大数据时代，信息量呈急剧增长的态势。根据互联网数据中心（IDC）的监测结果，人类产生的数据量正在呈指数级增长，大约每两年翻一番，2020 年全球数据总量达到了 40ZB。而科研信息量的增长同样令人瞩目。在科研论文方面，以收集过刊论文的科研数据库 JSTOR（Journal Storage）为例，在 1995 年刚创立时，其数据化的科研论文数量仅为 75 万页，而在 2012 年，这一数量已经超过 4600 万页。科研信息量的激增在为科研人员及高校大学生提供丰富科研资源的同时，也为那些试图通过实行科研不端行为而获取个人利益的人提供了便捷，使得科研不端行为的发生率呈现上升趋势。

同时，科研不端行为也更加隐蔽。例如科研不端检测软件，其在阻止明显的文字、数据抄袭的同时，也被那些意图实施科研不端行为的人用于对其科研成果中涉嫌科研不端的部分进行修正，从而逃过检测，增加了检测的难度。

## 三、科研诚信法治化是解决科研失信与学术不端的保障

与"人治"的恣意性、政策的不稳定性相比，法治乃理性之治、长效之治、普遍之治。显然，将科研失信行为的规制与治理纳入法治化轨道，已经

成为我国科研诚信体系建设的重要内涵和基本要求。

### 1. 科研诚信法治是制度之治

在法治化国家，法治体现为制度之治，凡事力求有法可依，执法必严。这种制度是以法律为基础的。法律是治国之重器，是调整社会关系的行为规范。马克思说过："法律不是压制自由的手段，正如重力定律不是阻止运动的手段一样。恰恰相反，法律是肯定的、明确的、普遍的规范……法典就是人民自由的圣经。"规范性是法治的基本特征，它通过允许性规范、授权性规范、禁止性规范等形式，要求法律关系主体应当做什么、不应当做什么和应当怎样做，达到调整社会关系、规范社会行为、维护社会秩序的目的。

在全面推进依法治国的背景下，中国特色社会主义法律体系是以宪法为统帅，以法律为主干，以行政法规、地方性法规为重要组成部分，由宪法相关法、民商法、行政法、经济法、社会法、刑法、诉讼与非诉讼程序法等多个法律部门组成的有机统一整体。

在科研诚信的建设中，法治的制度功能从以下方面发挥作用。一是通过合宪性、合法性科研诚信程序和科研诚信制度的实施，保证科研诚信体系建设和科研失信与学术不端治理能力提升，在宪法框架下、中国特色社会主体法律体系轨道上进行，防止违宪违法科研不端行为和科研信用危机现象发生；二是通过规定科研活动中科研主体的权利与义务、科研机构的权力与责任、科研主体的行为模式与行为后果以及科研诚信实体法规范和科研诚信程序法规范等形式，将科研失信与学术不端治理的制度要素和制度创新确认固定下来，使之逻辑更加严谨、内容更加科学、形式更加完备、体系更加协调；三是通过严格执法、公正司法、全民守法和依法办事、依法治理、综合治理等多种途径和形式，推进科研诚信法律制度全面实施，不断提升科研失信与学术不端治理制度体系的权威性和执行力。

### 2. 科研诚信法治是长效之治

首先，科研诚信法治符合我国国情。学术不端行为一般被认为是社会环境的影响、利益的驱动、管理的松懈、制度的缺失、学术道德规范规约的无力等问题而致，原因既有社会方面的、制度方面的，又有管理方面的。这种对造成"学术不端"原因的追溯，总是把目光放在学术研究的外围即外在环境影响上。这种典型的分析思路具有合理性，符合社会存在决定社会意识的理论。

但是，我们应从中国国情和实际出发，学习借鉴人类政治文明和法治文明的一切有益成果，逐步实现科学技术和科研诚信治理的现代化。其中与科研诚信相关的法律制度的肯定性或禁止性的要求，明确规定了科研诚信治理的性质，指明了科研诚信治理的正确方向和发展道路。

其次，科研诚信法治化符合人民的根本利益。法治崇尚民主自由、公平正义、平等诚信、人权尊严、秩序安全、幸福和平等基本价值，遵循人民主权、宪法法律至上、保障人权、制约权力、依法执政、依法行政、公正司法、全民守法等基本原则。人类社会发展的历史证明，民主是增强公民责任、和平解决冲突、协调处理社会利益矛盾的机制。没有民主就没有法治，民主是法治的基础。因此，科研诚信法治化就是要坚持和完善科研主体共建共治共享的治理制度，要调动各方积极性，做到法治、德治与自治的结合。人民的深度参与、主张和表达，恰恰是保证涉及学术不端的法规制度得到有效落实的前提。

最后，科研诚信法治化恪守普遍性、明确性、规范性、统一性、稳定性、可预期性、可诉性等基本规律。将科研诚信案件的调查与处理纳入法治轨道，是恪守学术自由的内在与外在界限、促进学术繁荣的重要保障。传统上，学术不端行为的规制较多被视为学术机构的自治权限。科研诚信是学者从事学术研究的基本义务。研究自由所保护的自由空间应指在知识的发现、阐明及其传达时，以"学术的自我规律性"为基础，所包含的过程、行为方式与决定。值得指出的是，研究有其特定的法律内涵。增强学术不端的法律规制，促进国家监督与学术自治的合作，是保障学术自由的内在要求。

### 3. 科研诚信法治是普遍之治

历史与事实表明，世界上大多数国家普遍用法治理科研领域的问题。由前文论述可知，美国作为最早针对科技评估活动颁布相关政策与制度的国家，早在 1988 年发布的《联邦登记手册》(*Federal Register*)，首次对科研不端行为作出成文界定，从此开始了科研诚信制度化建设的进程。

在英国，研究理事总会于 1998 年发表了《关于捍卫良好科学行为》的声明，2009 年又发布了《良好科研行为管理的行为准则和政策诚信、清晰、管理恰当》；英国医学研究理事会 1997 年就制定和发布了《关于科研不端行为指控调查的政策和程序》，并于 2009 年对其进行了修订，从实体和程序方面已形成了独特且完善的行为指南。

而处于欧洲的德国，1997 年，德国科学职业自律国际委员会提交了《关于保障良好科学实践的建议》的报告；德国著名的马普学会也制定了《良好学术实践规则》和《可疑学术不端行为案件处理规定》，对德国科学研究中出现的道德规范、出版署名等问题进行了详细的阐述，并为处理学术不端行为提供了指导方向；2014年，德国杜塞尔多夫大学修订了原有的《确保良好的科学实践准则条例》，并着重加大了执行力度，建立起一个较为完善的科研诚信制度体系。

日本在政府、高等院校、科研机构以及学术团体等不同层面都出台了应对科研不端、加强科研诚信建设的相应规章制度，并初步形成了一套完备的科研诚信建设和防止科研不端行为的制度体系。例如，2005年发表了《科学研究中不端行为的现状与对策报告》；针对捏造论文数据等学术界存在的不端行为，日本成立了"科研不端行为特别委员会"，该委员会除了来自自然科学领域的科研人员外，还包括法律专家和社会学家，其主要任务就是研究如何改革文部科学省的研究基金，以减少学术不端行为；同时，该委员会还制定了《关于处理科研不端行为的指南》，并以部门规章的形式进行发布。2006年，公布了"科学工作者行为规范"，要求广大科学研究人员在学术科研活动中做到"正直、诚实、自律、不造假"，并要求各高等院校以及学会等组织机构重视学术科研活动中出现的学术不端行为。

以美国、英国、德国和日本在科研诚信领域的治理经验为例，各国普遍通过建立并完善与之相关的规章制度来推进科研诚信法治化的建设，以解决科研失信与学术不端的问题，只有这样才能不断创新科研领域治理体制机制，最大限度实现良好的科研秩序。

这就意味着，科研诚信法治是普遍之治。我国应强化科研领域法治的力量，更多地运用法治思维构建科研领域治理规则体系，更好地运用法治方式解决科研领域中的突出问题，把法治的引领、规范和保障作用充分发挥出来，把科研领域各项治理活动纳入法治的轨道。

# 第二节　科研诚信体系法治化的原则

## 一、尊重科研伦理原则

科研伦理作为科研主体之间一种合理的、应然的内在秩序，要求主体自觉遵守科研领域各个方面关系规则。在多元文化的状况下，各种价值观念并存，科研领域出现大量的科研不端行为，冲击着科研伦理的内在秩序。科研伦理之规制的目标则是整饬科研领域的伦理精神，把存在于伦理关系中的规范、原则、要求内化为科研领域各个主体的德性、修为，使各方科研主体遵守学术伦理秩序、践行学术伦理的秩序要求，从认识层面走向践行层面，从规范他律走向自律。

### 1. 科研伦理原则的内涵

伦理规制虽属于社会规制的一种，但并不等同于社会规制，其独特性在于规制主体来社会各阶层、各领域，并且是通过有形或无形、自律或他律的力量使社会成员、组织、机构内化各自相应的道德规范、履行伦理道德义务，违反伦理道德时受到惩罚。此外，对于伦理主体而言，伦理规制的实现更是要以伦理理念和精神为基础通过多种形式迫使相关人履行伦理义务、内化道德价值规范、提升道德境界，从而彰显道德自律，最终在二者统一的基础上实现对行为主体进行规制的目的。

具体到科研领域，科研伦理原则是社会伦理理论中的一种，科研伦理规制是科研领域实施的一种规制形式，从伦理层面对与科研活动相关的主体的行为进行规制。科研伦理规制是对科研领域某种程度上的伦理失范而进行的"规制"，是科研伦理在学术活动中的制度化和程序化，是科研伦理规范内化到科研活动相关的主体，并通过科研伦理的制度化对相关主体的科研活动进行限制和矫正，从而实现对科研活动管理的一种措施。

### 2. 科研伦理原则的意义

科研伦理规制是提升学术研究相关主体的伦理水平以及内化伦理规范的行为机制。伦理规制也与一定社会制度关联紧密，实为一定社会运作的基本底线机理，是法律、政治等规制效力的内生层面的保证，从某种意义上而言，伦理规制的强制力更大，有来自内外两方面的约束力量。

科研伦理规制的对象是学术领域的伦理失范行为。从各自企图达到的目标出发，伦理规制在总的目标指导下具体的内容要求略有不同，一方面表现为外在的规则、规范；另一方面表现为内在的科研伦理意识、伦理价值观的形成，两者为相辅相成不可分割的统一体。于科研伦理规制而言，首先要确立符合学术伦理的规范、规则，通过科研活动主体对这些规范、规则进行内化，形成一定的科研伦理意识，从而外化为相应的符合科研伦理的道德行为，提高自身对非道德行为的免疫力，从而提升科研主体的创新精神。

一方面，科研伦理规制首先是一种价值内化性规制。科研失范的实质是科研伦理的失范，是对科研学术立足之根本的背叛，是科研不诚信者对科学研究价值和追求的背叛，其行为偏离了科研主体应有的品质和道义。而科研伦理规制则是以内化学术价值观、矫正学术道德失范为特征的价值性规制，价值观在提升科研伦理水平、形成伦理意识、维护伦理秩序方面有着重要作用。坚持科研伦理原则，使研究主体通过内化形成共识的、顺应研究伦理关系的科研伦理价值观。

另一方面，学术伦理规制契合学术活动的内在特点。对于科学研究者而言，精神的匮乏是走向失控、异化和产生科研不端的源头。没有科研学术信仰、学术精神的支撑就不会有创造和坚持正义的激情以及坚持科研对错是非的严谨，从而违反科研道义。所以对科学研究这一特殊的事项，这种内在的担当和德行的修为显然无法仅靠外在的法律、制度等管理来实现，需要科学研究主体自身的自觉与自律。仅靠法律、制度等规制调动不了科研主体的创作热情，反而会出现其利用专业性进行反弹的情况。伦理规制作为一种价值性内化规制更符合科研活动的管理方式。

综上所述，通过科研伦理规制，各个道德主体的道德发展走向一个新的生长点，形成道德自主开发能力的内在机制，推动健康、合理、有序的科研伦理建构。这对于增强科研领域自我调节功能，促进科研领域良性有效运作，推动科技创新和发展有重要意义。

## 二、鼓励科技创新原则

进入 21 世纪以来，全球科技创新进入空前密集活跃时期，新一轮科技革命和产业变革正在重构全球创新版图、重塑全球经济结构。我们必须充分认识到科技创新的重要性，全面理解其在新时代对于国家、企业和人民的深远意义。在科研诚信法治化建设中，鼓励科技创新作为一项重要原则贯穿于立法、执法、司法、守法全过程。

### 1. 科技创新原则的内涵

科技创新是原创性科学研究和技术创新的总称，是指创造和应用新知识、新技术、新工艺，采用新的生产方式和经营管理模式，开发新产品，提高产品质量，提供新服务的过程。科技创新可分成三种类型：知识创新、技术创新和现代科技引领的管理创新。

科技创新原则就是将科技创新摆在科研诚信法治化建设的核心位置，一切制度设计与程序安排都紧紧围绕促进科技创新展开，在科研诚信法治化进程中所构建的大科研、宽领域、全流程的科研失信违规处理程序体系与基本的行政处理实体规则也以促进科技创新为出发点。

### 2. 科技创新原则的意义

纵观历史，科技创新推动着人类的每一次跨越式发展。蒸汽机和电力的广泛应用，推动了第一次和第二次工业革命；仅仅几十年的信息技术发展，已经将人类迅速带入了信息时代；当下，世界正在迎来以智能技术为代表的第四次工业革命，将我们身处的社会加速带入万物感知、万物互联与万物智能的新时代。

习近平总书记曾明确指出，"科技创新作为提高社会生产力、提升国际竞争力、增强综合国力、保障国家安全的战略支撑，必须摆在国家发展全局的核心位置"，"科技创新是核心，抓住了科技创新就抓住了牵动我国发展全局的'牛鼻子'"。这一论断和要求，从科技创新在经济社会发展中的重要作用出发，强调了把科技创新置于国家发展全局的核心位置的重要性和必然性，蕴含着深刻的理论逻辑、历史逻辑和实践逻辑。

一方面，新时代我国经济社会发展对科技创新的需要比以往更加迫切。改革开放四十多年来，我国经济实力持续上升，创造了举世瞩目的"中国速度"。基于经济发展客观规律要求和国内外经济发展趋势新变化，我国经济进入由"速度增长型"向"质量发展型"转变的新阶段。当前，我国经济正处于转换动力、调整结构的关键节点。通过科技创新推动制造强国、质量强国建设，有助于深化供给侧结构性改革，不断满足人民对高质量产品的物质需求；农业科技创新能够为农业农村现代化、农民生活水平改善提供强大支撑，有利于乡村振兴；绿色科技创新能帮助人们建设更加美丽的环境，有利于实现人与自然和谐共生。科技创新因此成为中国转变经济发展方式的关键环节，而转变经济发展方式的需要也为科技创新提供了重要的历史机遇。正如恩格斯所指出的，"社会一旦有技术上的需要，则这种需要就会比十所大学更能把科学推向前进"。

另一方面，当今世界新一轮科技革命和产业革命正在孕育成长。实现中华民族伟大复兴，建设社会主义现代化强国，更需抓住新一轮科技革命的历史机遇。习近平总书记强调，"中国要强盛、要复兴，就一定要大力发展科学技术，努力成为世界主要科学中心和创新高地"。古今中外科技创新之于民族盛衰、大国沉浮的历史充分诠释了"科技兴则民族兴，科技强则国家强"这一科学论断。当今世界新一轮科技革命浪潮涌动，对于历史上曾与世界科技革命失之交臂的中国来说弥足珍贵。机遇往往稍纵即逝，我们必须以史为鉴，增强机遇意识和紧迫感，"不能等待、不能观望、不能懈怠"，而应主动参与、提前谋划、抢占先机。

## 三、科技资源善用原则

建设创新型国家必须持续开展科技创新或科技自主创新，为实现这一目的，一般都应对科技资源的整合、善用予以保障及强调。确保科技资源善用必须明确使用科技资源应追求的目标和原则。善用科技资源不仅应包括对科技人力资源、科技财力资源和科技物力资源进行整合的配置性结构目标，而且应该还包括创新性成果目标。

### 1. 科技资源善用原则的内涵

科技资源善用，主要指有关科研主体为实现一定积极的科技活动目的而对相应科技资源构成要素及其功能性结构关系所进行的合理调整和配置，以实现资源转化效力的最大化。善用科技资源，最重要的是对科技人力资源、科技财力资源和科技物力资源的整合及合理利用。这种对三大科技资源的合理利用，不仅有可能贯穿于对单一高新技术需求所进行的技术创新过程中，而且还有可能贯穿于诸多领域的科技创新过程中。

科技人力资源是不可或缺、极具能动性的支撑性科技资源，多指直接参加科技创新或科研自主创新活动，且能承担或正在承担科学技术研究任务的人才。善用科技人力资源的目标应包括：最大限度激发科技人员的创新热情；促进科技人员年龄结构与职称结构更为合理；确保具有科研能力的人都能有机会或有科研岗位从事科研活动；确保科研人员的有序流动；有良好的对科研人员进行培养或训练的机制等。

科技财力资源是多用途的支撑性科技资源，多指能直接投入或正在被应用于科技创新或科技自主创新活动的资金。资金投入对科技创新的重要性不言而喻。2013 年，习近平总书记在中共中央政治局第九次集体学习时就强调，"要加大政府科技投入力度，引导企业和社会增加研发投入"。2015—2019 年，我国研究与试验发展经费支出分别比上年增长 8.9%、10.6%、12.3%、11.8%、10.5%，连续多年增速保持世界领先。国家统计局发布的《中华人民共和国 2020 年国民经济和社会发展统计公报》显示，2020 年中国研究与试验发展经费 ① 支出为 24426 亿元，同比增长 10.3%，已接近创新型国家研发投入的水平。善用科技财力资源的目标应包括：确保科技创新投入稳定增加；确保科技创新或科技自主创新预算更加合理；确保创新投入都足额应用于科技创新或科技自主创新活动等。

科技物力资源是属于物质支撑性的科技资源，多指能直接被应用或正在被应用于科技创新或科技自主创新的厂房、设备或仪器等。善用科技物力资源的目标应包括合理配置应有的物力资源、应增加的物力资源、应更新的物力资源以及应配套的物力资源。

**2. 科技资源善用原则的意义**

科技资源善用原则的目的不仅在于确保诸多具有紧密关系的科技资源处于结构优化和可被充分、有效利用的状态，而且在于必须努力确保所有能被利用的科技资源产生良好的或有效的创新成果。因此，科技资源善用原则作为科研诚信法治化的一项基本原则，可确保各种科研计划按期完成、科研自主创新能力不断增强、促进经济发展方式的转变，以及促进高水平科技自主创新活动的持续开展。

为了实现科技资源善用的目标，任何对科技资源进行利用的主体都应该坚持从实际出发，这是根本原则。善用科技资源最重要的是应从科技资源利用主体可控或可利用的科技资源现状，包括科技人力资源、科技财力资源和科技物力资源总量、结构、规模，特别是从可利用的现状、结果及存在的问题、原因与影响出发，有时还应从未来发展需求的实际出发。坚持从实际出发原则要求对科技资源开展活动的主体深入实际进行调查研究，并形成有理有据的对实际情况的科学分析与认识，以此作为利用科技资源的基础。

科技资源善用原则意味着，科研的好坏不是以拥有资源的数量或规模来

---

① 研究与试验发展经费支出指统计年度内全社会实际用于基础研究、应用研究和试验发展的经费支出，包括实际用于研究与试验发展活动的人员劳务费、原材料费、固定资产购建费、管理费及其他费用支出。

评价的，而是以对现有资源的利用效率来衡量的。重组有限的人力、物力、财力，努力做到科研岗位匹配最优化、分工设置最合理、资源配置最高效，这便是科研资源善用原则的应有之义。

## 四、严格科研评价原则

国家出台了多项法规文件，对科研领域的科研评价现状进行整改。2019年7月，中共中央办公厅、国务院办公厅先后印发《关于深化项目评审、人才评价、机构评估改革的意见》及《关于优化科研管理 提升科研绩效若干措施的通知》，提出改进科技人才评价方式，突出品德、能力、业绩导向，克服唯论文、唯职称、唯学历、唯奖项倾向，推行代表作评价制度，注重标志性成果的质量、贡献、影响；切实精简人才"帽子"，开展"唯论文、唯职称、唯学历"问题集中清理。2021年，《国务院办公厅关于完善科技成果评价机制的指导意见》提出，充分发挥科技成果评价的"指挥棒"作用，全面准确反映成果创新水平、转化应用绩效和对经济社会发展的实际贡献，着力强化成果高质量供给与转化应用。

当前我国科研评价的难点是如何建立科学有效的评价体系，主要需要解决三个问题：一是成果的真实性该由谁保证和负责；二是成果的价值和水平该由谁评价；三是成果的评价实行什么方式和标准才更合理。

严格科研评价原则，就是建立健全并严格执行科技评价制度，建立以科技创新质量、贡献、绩效为导向的分类评价体系，正确评价创新成果的科学价值、技术价值、经济价值、社会价值、文化价值，其深刻内涵就是强调科技评价要回归科学研究和技术创新的本源，要把科技人员从不合理的评价体制中解放出来。

### 1. 严格科研评价原则的内涵

科技部印发的《关于在国家科技计划管理中建立信用管理制度的决定》中，对科技信用的定义是：科技信用作为社会信用的重要组成部分，是指从事科技活动人员或机构的职业信用，是对个人或机构在从事科技活动时遵守正式承诺、履行约定义务、遵守科技界公认行为准则的能力和表现的一种评价。信用评价是由专业机构或部门，根据规范的评价指标体系和科学的评价方法，以客观公正的立场，对相关主体在社会活动中的履约能力和表现进行综合评价，并以一定的符号表示其信用等级的管理活动。

科技信用评价的对象应是从事科技活动的人员和机构，包括科技活动的执行者、评价者和管理者。科技活动的执行者主要是指科技活动的执行单位和主持人等，评价者主要是指评审（估）人员和评估机构，管理者主要是指主管部门或接受委托履行管理职能的机构及其管理人员。

科技信用评价的内容是相关主体在从事科技活动时的履约能力和表现。其中涉及的科技活动，从宏观方面看应包括科技规划和计划的制定和执行、科技规章制度的制定和实施、科技资源的分配和组织协调等；从微观方面看应包括具体科技项目的申请、评审、立项、预算、实施、结题、验收、成果产出和评价、成果推广与示范等各个环节。其中涉及的履约能力和表现，对科技活动机构而言应包括科技活动实力（科技资源的拥有情况和发展竞争力状况等）、管理能力（管理队伍的素质和管理制度的建立与执行状况等）、科技活动中的业绩（承接科技活动的情况和从事科技活动取得的成绩等），以及一些关联信用状况（金融、税务等活动中的信用状况等）；对科技活动人员而言应包括科技活动经历（职称、任职、承接科技活动的情况等）、从事科技活动取得的成绩，以及一些社会活动中的关联信用状况（借贷、纳税、行政行为记录等）。

严格科研信用评价原则是指科技信用评价应遵循独立性、客观性、科学性、系统性和动态性等基本原则。其中，独立性原则是指科技信用评价应由具备合格资质的中介机构独立进行，评价过程不受被评主体及其他外来因素的干涉和影响；客观性原则是指科技信用评价坚持实事求是，要以事实为基本依据，做到客观和公正；科学性原则是指科技信用评价应充分尊重科技活动的自身规律，使用的评价方法、程序、指标体系、标准必须符合被评主体的特点；系统性原则是指科技信用评价要立足整体，全面辩证地看问题，专题研究与综合分析相结合，使评价结果达到最优；动态性原则是指科技信用评价结论具有时效性，应定期跟踪被评主体的信用变化情况，并根据时间、地点和条件的变化及时更正其信用等级。

**2. 严格科研评价原则的意义**

（1）严格科研评价原则有利于全面准确评价科技成果的价值。根据科技成果的不同特点和评价目的，有针对性地评价科技成果的科学、技术、经济、社会、文化等多元价值。其中，科学价值重点评价在新发现、新原理、新方法方面的独创性贡献；技术价值重点评价重大技术发明，突出在解决产业关键共性技术问题、企业重大技术创新难题，特别是关键核心技术问题方面的成效；经济价值重点评价推广前景、预期效益、潜在风险等对经济和产业发展的影响；社会价值重点评价在解决人民健康问题、国防与公共安全问题、生态环境问题等重大"瓶颈"问题方面的成效；文化价值重点评价在倡导科学家精神、营造创新文化、弘扬社会主义核心价值观等方面的影响和贡献。

（2）严格科研评价原则有利于健全完善科技成果分类评价体系。基础研究成果以同行评议为主，鼓励国际"小同行"评议，推行代表作制度，实行定量评价与定性评价相结合。应用研究成果以行业用户和社会评价为主，注重高质量知识产权产出，把新技术、新材料、新工艺、新产品、新设备样机性能等作为主要评价指标。不涉及军工、国防等敏感领域的技术开发和产业化成果，以用户评价、市场检验和第三方评价为主，把技术交易合同金额、市场估值、市场占有率、重大工程或重点企业应用情况等作为主要评价指标。探索建立重大成果研发过程回溯和阶段性评估机制，加强成果真实性和可靠性验证，合理评价成果研发过程性贡献。

（3）严格科研评价原则有利于加快推进国家科技项目成果评价改革。按照"四个面向"要求深入推进科研管理改革试点，抓紧建立科技计划成果评估制度。改革国防科技成果评价制度，探索多主体参与评价的办法。建立健全重大项目知识产权管理流程，建立专利申请前评估制度，加大高质量专利转化应用绩效的评价权重，把企业专利战略布局纳入评价范围，杜绝简单地以申请量、授权量为评价指标。

（4）严格科研评价原则有利于引导规范科技成果第三方评价。发挥行业协会、学会、研究会、专业化评估机构等在科技成果评价中的作用，强化自律管理，健全利益关联回避制度，促进市场评价活动规范开展。制定科技成果评价通用准则，细化具体领域评价技术标准和规范。建立健全科技成果第三方评价机构行业标准，明确资质、专业水平等要求，完善相关管理制度、标准规范及质量控制体系。形成并推广科技成果创新性、成熟度评价指标和方法。鼓励部门、地方、行业建立科技成果评价信息服务平台，发布成果评价政策、标准规范、方法工具和机构人员等信息，提高评价活动的公开透明度。推进评价诚信体系和制度建设，将科技成果评价失信行为纳入科研诚信管理信息系统，对在评价中弄虚作假、协助他人骗取评价、搞利益输送等违法违规行为"零容忍"、从严惩处，依法依规追究责任，优化科技成果评价行业生态。

# 第三节　科研诚信法治化建设面临的问题

近年来，在职称晋升、绩效考核和论文奖励等因素的共同影响下，我国科研人员发表的论文数量呈爆发式增长。根据中国科学技术信息研究所的报告，目前中国发表的 SCI 论文数量已经居于世界第二位。此外，我国发表在各学科最具影响力国际期刊上的论文数量以及国际论文被引用次数也连续保持在世界第二位。但是，学术产出"表面繁荣"的背后，可能隐藏着潜在的深层危机，科研不端行为已经影响到了我国学术产出的质量以及我国学术界的国际声誉。

科研不端不是一种孤立现象，除去科研工作者个人主观道德方面的原因，更是科技长期发展中面临的各种问题的集中表征，是多种矛盾的交集体现。

## 一、量化指标评价模式导致科学共同体随意让渡权力

当前对科研人员学术能力的考核，过于倚重基于各类硬性的、量化的学术成果考核评价体系。学术论文是科研成果的最直接体现，一看论文发表的数量，二看论文发表的等级。科研人员个人工作能力的鉴定、职称的评定晋升、评优评奖等个人利益也与这些直接挂钩。在这样与利益紧密相连的巨大压力面前，科研工作者以"达标"为第一要务，定量评价的负面作用就会在人们良好的初衷和不经意的追求中被不断扩大，催生学术泡沫并导致学术不端行为的发生，给科学发展带来十分不利的影响。

科学共同体对科研人员的认可机制造成科研人员身上背负的压力巨大。科研工作者以科研为生，就要获得学界的认可，而要想获得认可，就要在各种量化的指标中努力使自己的数据变得"漂亮"。例如我国高校教师的职称评定与发文数量等直接挂钩，而职称的高低与获得的资源密切相关。因此，许多科研工作者为了获得更多的资源，不得不在学术刊物上发表一定数量的文章。另外，科研管理压力也加剧了这一竞争。因此，越来越多的人急功近利，

导致不端行为发生。

## 二、行政监督系统存在利益输送影响公正评价

科学评价是科学自我管制的重要手段，一般科学评价主要通过同行审查评议与重复实验的方式进行，而在同行评议中有些评议人自身目光短浅，或是在过多的行政干预下，不懂行的行政人员进入评议群体，由于他们的不认同而否定了事实上具有巨大价值的优秀项目，造成科学的损失；还有的利用个人职权，否定竞争者的科研成果，甚至发生"学术剽窃"。这些同行评议机制的弊端使竞争具有了不公平性，久而久之，就很可能造成科研工作者心态失衡，引发学术不端行为。

## 三、第三方信用评级机构缺位阻碍信息获取

企业的信用评级只能由具有第三方身份的信用评价机构来完成。因为以第三方身份出现的信用评价机构，可以站在一个客观的立场，极力维护评级的公正性。十六届三中全会通过的《中共中央关于完善社会主义市场经济体制若干问题的决定》特别提出，要"积极发展独立公正、规范运作的专业化市场中介服务机构"。

然而，当下我国的第三方中介机构工作略显尴尬和缺憾。现有信用信息资源分散、透明度低、获取信息的难度大、成本高，构成第三方信用评级业务发展的资源约束已成为不争的事实。我国目前信用信息资源主要由三部分构成：一是分散在政府各相关部门内的信用信息资源；二是中国人民银行于1998年开始建设的银行信贷登记咨询系统；三是工商登记年检系统。由于这三大信息源来自三个不同的系统，并且是建立在自身业务范围基础之上的，缺乏统一标准，具有局限性，因此导致了第三方信用评级机构缺位阻碍信息获取。

## 四、科研不端行为责任约束力度低难执行

在我国，针对科研不端行为，虽然责任追究和问责制度并不缺乏，但往

往追究无力，或因推诿责任而无实际效果。此外，对科研不端行为，缺少必要的群众监督，缺少一定的监控机制，没有相关的制度来保障，完全依靠人的自律意识是很难持久的。因此，要加强社会监督机制的建立，加大对科研机构内部的道德教育。除此之外，关于科研不端的纠错机制也不够完善，单靠行政体系内的上级对下级权力的纠偏，有时远远不够，尤其是在涉及公共利益的制度执行方面，需要以更开放的姿态吸纳民智和接受公众的纠错。科研不端的治理需要人们的深度参与，需要以制度的形式规范。只有配套建立、实施相应的纠错机制和惩处机制，有关科研诚信法规制度才能得到有力执行。

# 第四节　科研诚信法治化建设的基本路径

《关于进一步加强科研诚信建设的若干意见》强调，"要推进科研诚信建设制度化、法治化，严肃查处违背科研诚信要求的行为"。因此，如何将科研失信行为的规制与治理纳入法治化轨道，需要依循我国科研诚信体系建设法治化的基本路径来实现。

## 一、科研诚信制度区别化

我国政府大力推进科研诚信制度建设，相关政策措施的出台为科研诚信工作指明了方向。然而，从方针政策到系统化、科学化、可操作的科研诚信制度建设，仍然任重而道远。因此，应当借鉴国际经验，针对我国不同领域、不同主体存在的问题，实行科研诚信制度区别化建设，从而促进科研诚信的可持续发展。

### 1. 不同领域的科研诚信制度

以"零容忍"的态度严肃查处科研不端行为，使科研不端行为人付出应有的代价，是遏制科研不端行为、净化科研环境的有效手段。

科技部牵头建立学术期刊预警制度，中国社科院联合科技部等多部门印发《哲学社会科学科研诚信建设实施办法》。2019 年，科技部会同相关部门制定发布《科研诚信案件调查处理规则（试行）》，严肃查处严重科研不端行为，并将相关责任主体记入科研诚信严重失信行为数据库，对存在严重失信行为的责任主体，取消其承担计划项目、获得荣誉称号等的资格，产生了极大的震慑作用。

2016年，科技部等15个部门联合发布《国家科技计划（专项、基金等）严重失信行为记录暂行规定》，明确界定了严重失信行为的范围，对记录的内容、程序、信息的使用等都作出明确规定，为开展失信行为记录和信息共享，开展联合惩戒提供了制度依据。

2018年，科技部会同40余个部门联合发布了《关于对科研领域相关失信责任主体实施联合惩戒的合作备忘录》，明确联合惩戒对象为在科研领域存在严重失信行为，列入科研诚信严重失信行为记录名单的相关责任主体。该备忘录出台以来，科技部作为牵头部门积极推动文件落实，加强与相关部门的信息共享，及时向社会传递对严重失信行为坚持"零容忍"信号。

（1）医学领域科研诚信制度。2014年，国家卫计委网站发布《医学科研诚信和相关行为规范》，不仅对"医学科研人员诚信行为规范"和"医学科研机构诚信规范"提出具体要求，还对"实施和监督"进行规定。

首先，从医学科研方案设计、立项申请、开展研究、论文发表、奖励申报等各环节提出诚信行为规范要求，强调医学科研人员须遵守科研伦理原则，保护受试者，尊重实验动物福利要求，并进一步从医学研究样本采集、过程记录、不良事件处理等方面提出诚信行为规范。

其次，针对医学科研机构，提出了一系列的要求：科研机构要加强对科研诚信建设的领导、组织和管理，加强对科研人员培训，建立健全机构内部科研诚信监管制度，如诚信信用管理制度、举报人保护制度、不端行为调查处理制度等。

最后，对医学科研诚信和相关行为的实施和监管进行论述，提出："地方各级卫生计生行政部门要建立并实行医学科研诚信信用记录制度，作为评估、评审科研项目及成果等工作的重要依据。"此外还明确提出："凡科研不端行为涉嫌违纪、违法的，由有关部门进行处理；构成犯罪的，依法移送司法机关处理。"

（2）生物医学领域科研诚信制度。科研诚信是科学精神与科学道德的基本要义，科研诚信建设是建设创新型国家和世界科技强国的必然要求。生物医学研究领域科研诚信事关科学道德与价值，事关生命健康与尊严。

造成生物医学研究领域违背科研诚信要求和学术不端行为这些问题的主

要原因有：①生物医学研究快速发展，前沿领域众多，学科交叉普遍，创新技术不断应用，但一些尚未得到充分验证的新技术立即应用于科研中，造成实验结果重复性差，或因新技术缺乏操作规范，科研人员对实验数据随意选择。②我国科研管理体制机制尚不够健全，现行科研评价制度和评价体系不够完善，甚至是僵化。③科研诚信教育与宣传严重不足或缺失。④对科研诚信失信人监管和惩处力度比较薄弱。⑤科技人员急功近利的浮躁心态和侥幸心理等。

加强科研诚信建设，制度规范是基础，宣传教育是关键，监督惩处是保障。为此，针对生物医学研究领域，《医学科研诚信和相关行为规范》明确了医学科研机构和医学科研人员诚信行为规范。生物医学研究不仅要遵守科学共同体公认的科研诚信规范，还要恪守医学科研伦理规范等。同时，还要结合现实需求与时俱进地完善生物医学研究领域的科学道德、科研诚信、医学伦理等相关规范和制度。

（3）基础研究领域科研诚信制度。基础研究是科学技术发展的根基，是国家原始创新能力的根本反映，也是我国创新型国家建设的重要环节。只有基础研究实现突破，才能为产业带来真正创新性发展。历史上的几次工业革命，均得益于基础研究工作者的理论成就：牛顿在力学领域研究方面的贡献和奥斯特发现的电流磁效应，让蒸汽机和电力的应用成为可能；莱布尼茨发明的二进制和布尔代数，奠定了计算机与信息科学的理论基础；麦卡洛克和皮茨提出的神经元数学模型，使得人工智能成为可能。

当前，我国基础研究的开展主要由政府提供经费支持——通过科技项目立项的形式，基础研究的成果主要为发表学术论文、申请专利、申报科技奖、人才培养等。因此，可以把基础研究活动划分成两个部分，即科技项目部分和科研成果部分。其中，科技项目部分主要是指科技项目的申请、科技项目所含研究内容的实施（包括科学实验、调查考证、学术交流等）；科研成果部分包括实验数据整理、发表学术论文、申请专利、申报科技奖等。

科技项目中的科研诚信问题主要包括：①为了能够增加项目获得资助的概率，人为伪造、篡改项目申请书的相关内容，如在项目申请材料中对项目申请人的年龄、学位学历、工作经历、所发表学术论文及在研科技项目等信息造假；②为了能使科技项目获得资助而进行"攻关"活动，由此引发学术腐败行为；③违规使用科研经费。

科研成果中的科研诚信问题主要包括：①实验失败或者实验达不到预期结果时，随意编造、篡改数据；②为了能够顺利发表学术论文，剽窃、抄袭他人的学术成果，或者对自己的研究成果一稿多投；③科研成果署名时，未按实际的贡献大小进行署名；④以单纯提高论文引用率为主要目的而人为地进行论文的自引和互引。

（4）哲学领域科研诚信制度。中国社会科学院牵头，会同中宣部、科技部、教育部、中央党校、国务院发展研究中心等部门和单位，召开了哲学社会科学科研诚信建设联席会议，初步建立了哲学社会科学领域科研诚信建设工作机制。

**2. 不同主体的科研诚信制度**

国家科研诚信治理体系是以促进科技创新为导向，以培育科研诚信和遏制科研失信为目标，以规则和价值观为基础，以高制度化水平为特征，由政府、科学共同体、科技服务机构、科研人员等多方共同参与，贯穿科研成果、科研人员、科研组织和科研系统等多个层面的国家科研诚信建设系统。

（1）科研人员的科研诚信制度。在科研人员层面，科研诚信治理强调研究人员遵守学术规范，树立正确的学术价值观，弘扬科学精神，提升科学素养，加强科研诚信教育，具有良好的社会责任感和使命感。

2019年印发的《关于进一步弘扬科学家精神　加强作风和学风建设的意见》指出：力争1年内转变作风改进学风的各项治理措施得到全面实施，3年内取得作风学风实质性改观，科技创新生态不断优化，学术道德建设得到显著加强，新时代科学家精神得到大力弘扬，在全社会形成尊重知识、崇尚创新、尊重人才、热爱科学、献身科学的浓厚氛围，为建设世界科技强国汇聚磅礴力量。

科技部联合自然科学基金委发布的《关于进一步压实国家科技计划（专项、基金等）任务承担单位科研作风学风和科研诚信主体责任的通知》指出，为贯彻落实习近平总书记关于科研作风学风建设的重要指示精神，全面加强科研作风学风建设，根据中共中央办公厅、国务院办公厅《关于进一步弘扬科学家精神加强作风和学风建设的意见》《关于进一步加强科研诚信建设的若干意见》的部署要求，进一步压实国家科技计划（专项、基金等）任务承担单位的主体责任，提出了十条要求。

（2）科研管理机构的科研诚信制度。在科研组织层面，要求高校及研究机构为科研人员创造风清气正的良好科研环境，培养科研诚信文化氛围，履行科研不端行为第一调查主体责任。

2018年，中共中央办公厅、国务院办公厅印发《关于进一步加强科研诚信建设的若干意见》，就完善科研诚信管理工作机制和责任体系、加强科研活动全流程诚信管理等提出了明确要求。

从事科研活动及参与科技管理服务的各类机构要切实履行科研诚信建设的主体责任，各类人员要坚守底线、严格自律。学会、协会、研究会等社会团体要发挥自律自净功能。当前，科研机构和专业学会主体责任的弱化和主导作用的缺失已经成为科研诚信规范管理的主要障碍，进而会导致专业化管理缺位，也难以对科研领域的新动向作出快速反应。

从事科研活动的各类企业、事业单位、社会组织等是科研诚信建设的第一责任主体，要对加强科研诚信建设作出具体安排，将科研诚信工作纳入常态化管理。通过单位章程、员工行为规范、岗位说明书等内部规章制度及聘用合同，对本单位员工遵守科研诚信要求及责任追究作出明确规定或约定。

此外，科研机构和高等院校作为科研工作者的直接管理机构，应结合实际制定相关办法，加强对科研工作者的科研诚信道德教育，坚持自律和他律相结合，让广大科研工作者形成恪守科研诚信的观念和习惯，自觉抵制学术不端行为，共同营造诚实守信、公平竞争的良好科研环境。

（3）科研评价机构的科研诚信制度。鉴于我国现有评价和激励机制存在的问题，以及其对科学事业带来的负面影响，改革势在必行。关于如何改革的问题，可参考两个宣言式的文本提出的概念性框架与思路。

一是2012年美国科学促进会等75家科研机构和150多位科学家共同签署的《关于科研评价的旧金山宣言》。该宣言直指当前科研评价弊端，指出尽管经过同行评议的研究论文是评价科研成效的主要产出成果，但科研产出不仅是研究论文，还包括"报道新知识、新数据、新的反应产物、新软件的研究论文，也可以是知识产权"，以及"受到良好训练的青年科学家"。关于科研质量的评价，该宣言明确提出"不使用影响因子等评价期刊的指标代替评价单篇研究论文质量的指标，不使用影响因子等评价期刊的指标作为评价某位科学家实际贡献的指标，也不作为决定是否聘用、升职和得到经费资助的指标"的总体建议。

二是2014年中国科学院学部主席团发布的《追求卓越科学》宣言。该宣言明确提出"树立卓越科学的价值理念""确立追求卓越的行为规范""建立促进卓越的评价体系"的主张。关于促进卓越的评价体系,从坚持和完善同行评议制度,塑造公开、公正、规范的评价机制和坚持激励创造,推进卓越的评价标准三个方面进行了阐述。

但是,要使这些理念及建议在我国科研评价中得以实现还需解决三大问题:①科研管理的体制结构问题。现代科技管理包括政府的绩效管理和科学共同体的内部管理。但在我国现行科技管理体制中,两种不同功能的管理失衡,表现在政府管理的强势与科学共同体管理的弱势,并且政府管理的强势并非表现在绩效管理方面,而是表现在替代科学共同体的管理方面。需要实现政府管理向绩效管理的"正位"和科学共同体的内部管理的"回位"。②科研组织的治理结构问题。与早期的以促进学术发展、维护学者利益的科研组织(如大学和学会)不同,现代科研组织形成了行政管理与学术管理并存的治理结构。但我国科研组织的治理结构突出地表现为行政权力的强势与学术权力的弱势,甚至以行政管理代替学术管理。由此,需要厘清行政管理与学术管理的制度内涵,改进和完善科研组织的治理结构。③学术价值的文化认知问题。这里包括两层含义,一是学术价值的文化认知从外在性向内在性转型问题。这是由于长期以来形成的数字化考评生态环境使我们习惯于对学术价值的数字化认同。二是学术价值的跨文化认知问题。这一方面导源于科研产出的多样性,另一方面导源于不同学科的文化差异性。总体来讲,我国学界存在的学术价值的文化认知问题对信任关系的建立具有直接影响。显然,它已成为我国科研评价难以摆脱数字依赖的重要原因之一。

众所周知,制度作为一套规则,通过法律、法规、政策、指令以及礼仪、约定俗成的道德规范等,激励或约束人的行为。我国科研诚信问题背后所凸显出的制度问题,绝不可能单一依靠法律或者规范就可以解决,而是需要从体制机制、治理结构和文化认知出发,系统地加以考虑,提供一整套的规则。需要指出的是,对于科研诚信问题,相关部门和机构的应对之快也是前所未有的并且受到了社会认可。但是,这只是对于问题后端的处理,而问题前端——触发——的治理则要复杂太多,相比之下实际的举措却远远滞后。如果说在"一整套的规则"中我们考虑的是治理手段的完整性,那么问题链条或者过程的完整性同样也是必须考虑的。除此以外,还有主体责任的问题。古斯顿研究了在确保科学研究的诚信与产出率上,美国科学和政治之间的博弈，形成了科研诚信办公室（Office of Research Integrity，ORI）这样一类最终为管理者和科学家所接受的科研诚信问题的管理正式机制。ORI是科学与政治之间边界组织的范例。解决科研诚信问题的主体不能是单方的。溯源而上，我国科技评价与激励也一直存在主体偏颇的问题，这也是导致当前科研诚信问题的根源之一。

## 二、科研诚信监管契约化

科研诚信文化除了在重塑科研工作者科学精神、促进科研工作者道德自律之外，更是一种具有鲜明"契约"特色的制度文化，这种制度文化得以建立的基础是从制度约束上不断完善现行的科研运行、管理、监督机制体制，将科研诚信定位为科研工作者必须强制、无条件执行的活动准则。将科研诚信"契约"化，是传统人伦诚信向契约诚信在现实背景下的转型。

### 1. 科研诚信契约化监管的理念

市场经济的一个重要特点就是法治精神，即"契约精神"。契约化监管是一种具有刚性约束力和较强激励作用的管理模式，依据《民法典》及相关法律法规、企业制度，采用书面契约的形式明确双方的责任、权利和义务，规范管理行为，实现有效监督。科研项目从立项开始到编制预算，直至成果鉴定、验收等各道环节，涉及的项目执行者、评价者和管理者等各方面人员，凡是需要形成正式书面承诺的，都应通过项目合同、计划任务书、项目预算书、委托协议书、代理协议书等形式，根据权利和义务相对称的原则，把发生信用关系各方需要承担的责任和义务明确地载入契约条款，对违约者作何处理也以条文形式明确规定下来。

科研诚信契约化监管，是依据《民法典》及相关法律法规，在科学确定、双方认同的基础上，以书面契约的形式约定管理者任期内的工作任务、管理目标、经济指标和奖罚措施，以及契约双方所应承担的权利、责任和义务，便于规范管理和监督，从而建立起具有刚性约束力和较强激励作用的科研诚信管理方式。这是一种以提高科研效率而提升科研主体整体效益的管理方式，是把原先行政命令式变为责权利平等的契约式机制。

### 2. 契约化监管中主体平等

契约是双方或多方当事人依法订立的有关权利义务的协议，对当事人具有约束力。私法上的契约即因相互对立的两个以上的意思表示的合意而成立的法律行为。公法上的契约即以发生公法效力为目的的契约。契约自由原则是私法上契约的基本原则，在公法上这一原则受到限制。近代以来，为了公共利益，法律上强制缔结的契约（强制契约）一直在增加。契约论其内涵的基本理念具有哲学方法论的意义，契约具有弘扬人格、保障安全、平衡利害、优化秩序的功能。

在科研领域中的契约化监管，是指科研主体与科研管理机构在科研领域形成的权利义务关系的协议。科研机构与科研人员签订的合同、科研机构与项目组签订的科研目标责任书、每个人的岗位职责等，都是契约的表现形式。对于科研主体来说，通过签订这些责任书，使每个单位和个人明确了相互的责任，实现了科研管理目标的层层分解和传递，进而实现科研战略目标。在此过程中，强调主体责任，监管者与被监管者之间具有平等性。

在实践层面，科研管理机构及相对人作为协议的双方当事人，只能通过平等协商才可达成关于权利、义务的合意，进而建立科研管理契约关系，这是市场交易环境下价值交换规律的必然结果。在理论层面，随着公法及行政法基础理论研究的深入，相对人的人格尊严逐步得到明确的承认与保护，科研管理机构及相对人在法律地位上也逐步平等，这为平等原则适用提供了可能。但在科研管理契约之下，双方法律地位的平等就不再必然表现为"一方不得将自己的意志强加给另一方"的训条，而需要具有更富包容性的内涵，即间或性地要求双方在权利、义务上的"对等"，以及双方在权力与权利上的结构性均衡。

### 3. 契约化监管核心在于"法"的精神

科研诚信契约化监管，核心是"法"的精神的确立与实现。法的最大特点就在于其明确规定了能做什么和不能做什么，带有普遍性的、强制性的法律法规是每一个科研不端行为者头上的"达摩克利斯之剑"，也是科研活动良性健康发展的制度保障。将法律引入科研诚信，就是让法律成为指引、预测和评价科研工作者的行为规范，同时在这样的社会管理过程中，使法律的契约精神内化为人们的精神观念，使其在意识形态领域成为思想的主流，最终在这样的思维方式下始终保持良好、诚信的行为。

科研诚信文化的"契约"主要体现在两大层面，首先是来自科学共同体内部的自我约束和监督，这是在科学共同体内部建立的本单位或学科的诚信规范，让共同体内的科研人员明确区分诚信与越轨行为的界限，明确自己的科研责任，通过教育和培训等手段使这些规范深入人心。此外，科学共同体内部对违反这些规范的不端行为应有明确的惩罚规定，如通过没收、追回科研经费强制取消其科研资格，对不端行为在科学共同体内进行全体通报等，这些科学共同体内部的明确规范及其严厉的惩戒措施，有助于科研人员在科研活动中默契地将"诚信"作为自己以及彼此间的约定俗成的规范，对所有科研人员起到十分有效的规范作用。其次是科研诚信的管理机构正式设立，这是契约诚信文化在具体操作上的重要实现。在政府部门专门成立科研诚信管理机构，通过在宏观层面制定一系列政策法规，并时刻监督这些法规的落实情况；科研资助方成立科研管理机构，作为科研经费的提供者，其有权对受助方进行监查和管理，在遵守国家法规政策的前提下，针对本单位自身特点和需要，制定一系列规范要求，对科研活动进行管理。

形成契约制度与道德伦理相结合的信用约束机制，创设科技人员信用安全保障号码制度，建立科技人员信用信息评价指标体系，改进科技人员信用评价方法，完善科技人员信用数据库和信用信息共享平台系统，构建科技成果承诺保证制度。[①]

## 三、科研诚信评价标准化

不同科研活动具有不同的特点与规律，对科研人员的考核评价不能"一刀切"。如果没有差异化分类评价的标准，而是"一刀切"地把不合理的考核要求和量化指标作为其职业发展的必要条件，就有可能诱使少数科研人员铤而走险，出现急功近利的行为甚至弄虚作假。2018年，《关于进一步加强科研诚信建设的若干意见》就进一步加强科研诚信建设、营造诚实守信的良好科研环境提出意见，明确提出坚持分类评价，突出品德、能力、业绩导向，注重标志性成果质量、贡献、影响，推行代表作评价制度，不把论文、专利、荣誉性头衔、承担项目、获奖等情况作为限制性条件，防止简单量化、重数量轻质量、"一刀切"等倾向。2021年，《关于完善科技成果评价机制的指导

---

① 张明龙、张琼妮、杨剑：《加强科技信用制度建设的思索》，载《浙江树人大学学报（人文社会科学版）》2007年第5期。

意见》提出："坚持科学分类、多维度评价。针对科技成果具有多元价值的特点，科学确定评价标准，开展多层次差别化评价，提高成果评价的标准化、规范化水平，解决分类评价体系不健全以及评价指标单一化、标准定量化、结果功利化的问题。"

### 1. 强化分类评价的基本原则

针对学科特点，不同学科建立不同的评价指标体系。基础前沿研究突出原创导向，以同行评议为主；社会公益性研究突出需求导向，以行业用户和社会评价为主；应用技术开发和成果转化评价突出企业主体、市场导向，以用户评价、第三方评价和市场绩效为主。

分类评价导向已经深入人心，根据不同特点对评价对象采用各有侧重的评价标准，是各高校进行科技评价过程的普遍遵循。在进行科研成果评价，特别是论文评价时，亦应遵循分类评价的基本原则。

（1）坚持不同学科采取不同的学术论文评价原则。明确自然科学、人文社科、医学、文化艺术等不同学科的不同特质，破除不同领域学术水平"一刀切"的弊端。"SCI至上"导致的泛SCI化也影响到了其他学科，以社会科学领域为例，出现了"唯SSCI""唯CSSCI"的不良倾向。盲目跟进、效仿西方研究方法和研究潮流，社科研究规律得不到必要的尊重，我国高水平期刊建设也受到一定影响。因此，不同学科应坚持不同的评价原则，通过分类分层明确自然科学、哲学社会科学、医疗卫生和文化艺术、工程技术应用示范等重点不同领域学术评价的核心要素，分类构建体现不同学科领域的学术评价机制。重视不同学科评价的差异化需求，使不同领域、不同形态的学术成果都能获得"最高的学术表达"。

（2）不同科研项目采取不同的学术论文评价方式。科研项目是科研创新活动的重要载体，其申报、实施、结题验收在一定程度上代表科研活动的选择。通过过往科研成果实现对申报团队的筛选，通过阶段性成果实现对此次科研活动的监督，通过最终科研成果实现对科研行为准确度和完成度的考核评价。然而，不同的科研团队拥有不同的优势领域，不同的项目有着不同的预设目标。例如，涉及国家安全、重大成果落地类科研项目，不应过分强调SCI论文数量，而应以构建国家安全战略体系、解决社会经济发展需求为落脚点进行考量；基础研究应科学运用SCI指标；文化传承、艺术创作等研究项目，以国内高水平期刊论文、行业建议为主，兼顾论著以外高价值研究成果评价。

（3）分类评价应体现可及性和区分度。不同领域的科研活动、人才培养应坚持分类的导向原则，具体操作时要本着长期性、一致性，同时兼顾公允度。在考核和奖励标准制定方面，不同学科间的可及性应基本一致；在人才评价和职称考核中，根据人才聘任岗位、实际工作需要，设置不同的论文指标，体现不同岗位、工作的区分度。

**2. 建立多元化评价体系**

科研活动的活跃性、复杂性和创造性决定了它不能仅靠简单的一个或几个量化指标"包打天下"。反对"唯论文""唯SCI"的重点不在于"论文"或"SCI"，而在于"唯"。即反对采用单一核心指标对科研成果、科研人才的评价模式，反对醉心发论文、投名刊而背离科研创新、追寻真理的科学精神，反对"摆资格""数篇数"等简单粗暴的科研管理手段。这就需要建立多元化评价体系，建立开放评价机制及长效评价机制。

（1）代表性成果评价。代表作评价是一种评价数量精简化、评价内容高质化的评价方式。推行代表作制度，鼓励潜心研究，发表高质量、有价值的学术论文，改变学术评价中的量化管理问题，向质量与内容管理过渡，是破除教育评价"五唯"问题和科技领域"四唯"问题，真正实现以质量与贡献为导向的根本解决之道。代表性成果不局限于论文、专著、决策报告、专利、国家标准、软件著作权等形式，将具有创新性和显示度的学术成果作为评价教师科研工作的重要依据，更加鼓励从事原创性和系统性的科研工作，更加注重学术思维、学术组织能力、学术影响力等。

科学的代表作评价改革是一项系统工程，选取代表作的标准、评价的方法、评价结果的使用，都应建立科学的标准和具体可操作的办法。同时代表作评价应以质量、创新和贡献为原则，使科研评价回归价值创造初心。

（2）多元与开放评价。多元评价主要包括同行评价、市场化评价、院系为主的评价改革等方式。这就需要从以下几个方面改革发力。

第一，推行第三方评价，实现管评分离。一方面，加大对第三方评价的引导、支持和推广力度，探索构建权威的官方认可的第三方评价机构；构建基于第三方主体的科学、公正、公平的科研评价体系，发挥第三方评价独立自主的设计优势。另一方面，推行院系为主体的考核评价改革，破除评价指标"一根尺子量到底"的单一性问题，满足学院个性化发展需求。将科技评价权利和责任主体回归学者和学术共同体。

第二，实行开放评价，实现评价的可追溯性。在评价流程控制上严格做到"管办分离、收评分开、物理隔离"。由科研管理部门制定评价机制并组织材料，评审部门负责组织力量开展评审活动。维护好国内外同行领域专家库，对评审专家名单进行严格保密，健全专家库遴选机制与责任制度。开放评审作为一种积极的评审方式已被一些学术期刊、出版集团、学术组织接受并采用，如 *Nature Communications* 等。开放评价能够促进评价人作出相对公平的个人判定，可追溯性评价有利于通过评价偏好、评价效率、评价稳定性等维度分析，对评价人进行跟踪和分析，为专家库筛选提供依据。

第三，建立健全科学诚信体系，打造同行评议专家库。同行评议制度的公信力依赖于良好的学术环境与公正的科学家，应加强科研诚信建设，塑造评估文化，完善社会信誉评价体系，将创新文化、科学精神引入评价体系之中。同时细化专家学术专长分类，建立科研诚信档案制度和评审专家承诺机制，将科研诚信记录与专家个人征信记录作为专家入库的条件。在选取专家时，通过实行专家间背靠背评审、评审名单严格保密等措施，破除人情因素、行政力量等非学术因素的干扰；在专家评审时，鼓励专家基于原创性工作本身的逻辑自洽性和初步证据的强壮性进行评价，在论文评价上不仅要保证从"1 到 N"的论文质量，也要关注并遴选有价值的"从 0 到 1"的论文，维护整体论文质量的同时，更加重视高价值原创工作。

第四，持续加强大学内部评价机制建设，发挥各级学术委员会监督职能。推进以各级学术委员会为主的科研评审体系建设，规范章程与甄选程序，严肃专家评审流程，贯彻会评、答辩、通讯评审及完善专家意见打分规则等。同时加强监督，确保同行评价的公信度和公允性，一方面适当降低评价过程中的定量指标，另一方面坚持必要的学术评价门槛，不能决然摒弃论文，错误理解，使科研评价沦为无序、失控状态。

《关于分类推进人才评价机制改革的指导意见》指出要"建立健全以科研诚信为基础，以创新能力、质量、贡献、绩效为导向的科技人才评价体系"，而从多源海量的科研人才数据中抽取生成多维尺度、丰富多样的科研人才画像标签，并引入大数据等技术方法，将这些标签进行重组，形成关心的主题，不仅能够在一定程度上为人才评价体系的优化提供新范式、新路径，亦可实现动态实时更新，继而为站在更大的时间尺度上了解人才成长、发展等提供支持。

## 四、科研不端行为的责任双重化

科研诚信建设是一项系统全面的大工程，必须综合治理，多管齐下。一方面要提高科研人员的自律性，以信用责任加以规制；另一方面要加强科学共同体内部自我管制与监督，建立并完善科研管理机构的行为规范，以法律责任推进科研诚信文化建设。信用责任与法律责任并行的科研失信惩戒制度是根治科学研究中的不端行为、净化科学研究风气、重建科研信用所必需的。

### 1.科研不端行为的信用责任

2016年，《国家科技计划（专项、基金等）严重失信行为记录暂行规定》明确界定了严重失信行为的范围，列举了九类科研信用不良行为，并以"其他违法、违反财经纪律、违反项目合同或任务书约定和科研不端行为等情况"作为补充。科研信用不良行为主要包括行贿受贿、造假、抄袭、捏造、篡改、设租寻租、管理严重失职等典型科研不端行为。

2018年，《关于对科研领域相关失信责任主体实施联合惩戒的合作备忘录》中列举了多达43项联合惩戒措施，目的是："加强科研诚信体系建设，建立健全科研领域失信联合惩戒机制，构筑诚实守信的科技创新环境"。根据该备忘录规定，联合惩戒对象为在科研领域存在严重失信行为、列入科研诚信严重失信行为记录名单的相关责任主体。

实施联合惩戒措施，将依据相关责任主体失信行为的严重程度，对其采取如下一项或多项惩戒措施：限制或取消一定期限申报或承担国家科技计划（专项、基金等）的资格；依法撤销国家科学技术奖奖励，追回奖金、证书；暂停或取消国家科学技术奖提名人资格；一定期限内或终身取消国家科学技术奖被提名资格；等等。《关于对科研领域相关失信责任主体实施联合惩戒的合作备忘录》第7条还规定："在科技计划（专项、基金等）项目立项、评审专家遴选、职称评定、职务晋升、项目管理专业机构选定、科技奖励评审、间接费用核定、结余资金留用及创新基地与人才遴选、考核评估等工作中，将失信信息作为重要参考依据。"

此外，科技部还对科研领域失信行为责任主体名单进行动态管理，通过全国信用信息共享平台定期更新科研领域严重失信行为信息，相关部门依据相关规则和程序实施或解除惩戒措施。解除惩戒措施后依程序移除科研领域严重失信行为信息，但相关记录在电子档案中将长期保存。

信用责任具有人格信用减损性、行为能力剥夺性、责任补强性、失信预防前瞻性、惩戒手段综合性、惩戒措施联动性、失信行为警示性、诚信文化教育性、公众心理慰藉性等特征。因此，建议将信用责任按类别区分，并保持惩戒措施的开放性。信用责任具有可诉性，要建立多元化争议解决机制，信用制裁要以有期为原则、以无期为例外。具体而言，可建立信用修复宣誓制度，制定信用基本法专门规定。①

随着科研诚信纠纷的具体化和复杂化，多元化纠纷解决机制逐渐发挥作用。法律责任并非是万能的，其局限为"信用责任"提供了作用空间。在科研诚信建设中，正如中国法学会的调研报告所言："诚信体系作为社会管理的重要组成部分，要重视公民自我管理、社会组织调动各方力量参与社会管理的特殊功能。要充分发挥社会团体、行业组织、中介机构、新闻媒体等在推进诚信体系建设中的作用。"为实现科研诚信法治化，应将信用责任纳入法律体系，使其作为与法律责任（民事责任、行政责任与刑事责任）并列的新型独立责任形式。

**2. 科研不端行为的法律责任**

在道德约束不能使人们完全遵守科研诚信的时候，法律就成为遏制科研失信行为的根本手段。我国目前关于科研诚信方面的法律也有很多，如《科学技术进步法》《促进科技成果转化法》《专利法》《著作权法》等。除此以外，也出台了一系列办法，在其中将实施不端行为所需承担的法律责任加以明确。正如前文所述，实施不端行为的科研主体是不同的，其所实施的具体行为内容也是不同的，目前国家根据这些不同的科研主体和行为类型，已规定了不同的法律责任，以保证司法公正的最优化。

《科学技术活动违规行为处理规定（征求意见稿）》第16条依据行为是否涉及核心科研任务，对责任进行了划分：如果违规行为未涉及科学技术活动核心关键任务、约束性目标或指标，但造成较大影响或损失的，对违规单位应取消其2年以内（含2年）相关资格，对违规个人应取消3年以内（含3年）相关资格；如果违规行为涉及科学技术活动的核心关键任务、约束性目标或指标，并导致相关科学技术活动偏离约定目标，或造成重大影响或损失

---

① 刘俊海：《信用责任应列为第四类新型法律责任》，载《检察日报》2019年11月27日。

的，对违规单位应取消其2～5年（含5年）相关资格，对违规个人应取消3～5年（含5年）相关资格；如果违规行为涉及科学技术活动的核心关键任务、约束性目标或指标，并导致相关科学技术活动停滞、严重偏离约定目标，或造成严重影响或损失的，对违规单位和个人应取消5年以上直至永久相关资格。

但这些法律在制约和惩治科研不端行为方面显得力度不足。因此，一方面，应该进一步细化各项法律的规定，尤其是科研不端的表现形式及处罚程序；另一方面，针对研究生这一群体的法律比较薄弱，应以各高校为依托，建立符合各高校实际情况的研究生科研诚信实施细则，明确科研失信行为的具体处罚标准。

### 3. 双重责任承担

加强责任承担是在实践中解决科研诚信问题的急需之策。杨卫院士曾一针见血地指出：治乱须用重典，（科研）诚信建设要有"牙齿"。[①] 这个"牙齿"主要就是指问责。

对于个体而言，道德层面的约束主要是通过谴责、疏远与蔑视来实现的，即一旦某人违背规范，他将遭受到来自共同体一致的对其声誉与认同打折的惩罚，这种惩罚只具有软约束力，不具有强制性，如果违规者心理强大，即其自身的道德基准线设置得足够低，那么，道德惩罚的作用就很有限。试想如果一个学术不端者，通过不诚信的方式获得巨额经费资助或者名号，仅凭道德谴责几乎形不成真正的威慑力，在时间的累积下，他的违规收益仍然远远高于其违规成本。在资源分配高度垄断的背景下，体制内的承认对个体而言至关重要，同理，体制内的惩罚也是最为致命的。在此境况下，体制外的承认仅具有安慰和补偿作用，而体制外的蔑视也仅具象征意义。

当前的科研诚信面临的困难和障碍，究其根源都是信用责任的缺失。确立信用责任不仅是科研诚信生存和发展的先决条件，而且还与我国科技创新都有着紧密的联系。因此，必须加快科研不端信用责任的确立，为科研的发展营造一个健康向善的环境。

科研不端行为实施者并不局限于承担项目的科研人员及其评估人员、评审专家，项目承担单位、项目管理专业机构及其科研管理者本身也可能实施

---

① 柏木钉：《学术诚信建设要有"牙齿"》，载《人民日报》2016年11月21日第18版。

科研不端行为。由此可见，单向的、仅指向科研人员及其评估人员、评审专家的法律责任有失公允，应当确立双向的法律责任制度，将失信责任主体的范围扩展到项目承担单位、项目管理专业机构及其科研管理者，即科研领域全覆盖。同时，通过信用责任与法律责任的"双重责任"制度推动相关责任主体积极履行科研诚信义务。

## 五、科研诚信教育的义务化

教育作为一种传授学生知识和培养学生品格存在的形式，主要的功能在于育人，是人类社会发展的重要活动之一。当前科研人员诚信缺失问题尤其是科研失信行为的频繁发生无一不向我们的教育敲响警钟。因此，健全科研诚信教育机制首先要从科研规范教育、榜样示范教育等外在的教育方式入手，加强科研主体对科研诚信的理解和认识，同时在外在教育的基础上，将科研诚信上升为内在的心理诉求，最终转化为外在的行为习惯。

### 1. 科研诚信教育的意义

建立高标准的科研诚信要求，不仅需要颁布和执行相关的政策和程序来予以保障，还需要研究生、工作人员、高校教师、博士后研究员更好地了解科学规范、研究的伦理责任和相关的政策法规，培养自律、自检的科研诚信意识和行为能力。

加强科研诚信教育是建立科研诚信制度体系的重要内容，对我国科学研究健康、有序发展具有重要意义。同时，科研诚信教育也是优化科研环境、促进科技创新的基础。科研行为规范教育也是科研诚信研究领域的重要内容。这种教育引导方式有利于科研人员追求真理、遵守学术规范，不断提高对科研失信的免疫力。目前，我国科研诚信教育相对不足，大部分高校并没有建立一套完整的科研诚信相关课程体系，对研究生的科研诚信教育培训方式仅局限于一些简单的讲座和报告，甚至常常因各种因素制约无法持续，这与我国相关领域师资力量短缺有很大关系。

因此，必须切实加强科研诚信教育，加大学风建设和学术道德宣讲力度，提高学术道德标准，弘扬科学伦理精神。将各类学术规范和原则引入课堂，给学生、高校教师、科研工作者，尤其是研究生以正确的引导，端正其学术认知，促使其从思想上真正认同各类学术规范并主动遵守。逐步加快科研诚信体系建设，并将各研究机构与科研主管部门纳入学术诚信体系建设范畴，形成联动机制，建立完善的科研制度，共同致力于净化学术环境。

**2. 科研诚信教育的义务**

针对我国科研诚信教育基础较为薄弱、科研诚信意识不足这一现实，培育学界的诚信文化自觉，诚信教育的开展就显得更为紧迫和必要。一方面，我国科研管理机构应尽快制定适合科研现实需要的科研规范，科研诚信研究部门应该充分汲取国外先进成果，推出系统、完善，比较有层次的科研诚信教材。另一方面，各个科研单位要将科研诚信教育作为一项基础性、长期性工作开展下去。通过基础教育，提高科研工作者科研行为意识，使科研工作者对科研诚信具有清晰明确的认识。在诚信教育中，应该注重科学共同体中学术带头人自身良好学术品格的言传身教效应，正所谓"见贤思齐"，一个具有高尚品格的学术领军人，往往能够以其自身独特人格魅力带动和感染身边一大批人。要在诚信教育宣传中，积极宣扬那些具有高尚情操和良好学术修养的杰出科学家的典型事迹，弘扬他们身上的高尚品格，激励和感染广大科研工作者坚定对科学求真求实、潜心研究的信仰。

科研诚信教育作为一项普遍性社会活动，需要科研机构的各个部门良好沟通，在政策支持、专项的资金投入、人才培养方面积极合作，只有这样，才能使这项基础事业真正发挥其对诚信文化自觉的形成的积极推动作用。

2021 年 7 月 30 日，中国科研诚信网改版完成、正式运行。中国科研诚信网是发布科研诚信和作风学风政务信息，褒扬诚信、惩戒失信、开展宣传教育的重要窗口，是服务科研一线的重要阵地。新版科研诚信网在旧版基础上，对网站整体风格、栏目布局等进行了改版，设置有"科技要闻""政策法规""部门动态""地方实践""宣传培训""他山之石""案件通报"7 个一级栏目框架，集政策服务、信息发布、专题学习、经验交流、警示教育等功能于一体。科技部科技经费监管服务中心将加强科研诚信网的建设、管理、运行和维护，主动服务科技界，及时发布科研诚信和作风学风建设有关政策制度、经验做法，通报相关案件等，努力营造风清气正的科研生态。

# 展望：知识产权信用体系与科研诚信法治化的构建格局

习近平总书记在主持中共中央政治局第二十五次集体学习时强调："创新是引领发展的第一动力，保护知识产权就是保护创新。"科研诚信是科技创新的基石，而知识产权信用与科研诚信存在多层关系。知识产权信用能够较好地反映相关主体的行为，知识产权信用制度在其中也能起到规制、保障、激励的作用。

除了自律，更需他律。当前，我国正在实施面向 2035 年的《知识产权强国建设战略纲要（2021—2035 年）》和《"十四五"国家知识产权保护和运用规划》，开始运用知识产权信用给相关行为"定价"，为科技创新"赋能"和"加码"。展望知识产权信用体系与科研诚信法治化的构建格局，以推动知识产权高质量发展。

## 一、以实现知识产权的高质量发展为最终目标

知识产权信用体系运行的落脚点即目标，是要鼓励建立知识产权保护自律机制，提升知识产权保护的效能，打造稳定公平透明可预期的营商环境，实现知识产权的高质量发展。

## 二、守信奖励与失信惩戒两个机制联合发力

守信奖励机制，对守信主体进行政策激励，通过信用运行的正反馈，促进主体守信意识；失信惩戒机制，对失信主体进行联合惩戒，通过信用惩戒与信用修复，实现信用运行的根本目的。

### 三、事前事中事后三个阶段形成良性循环

事前承诺，依托守信激励机制，促使各方主体承诺规范作为；事中监管，依托信息共享机制，动态实现对主体的监管与评价；事后联惩，依托信用惩戒机制，对知识产权失信行为人进行惩戒。

建设知识产权信用体系，要求把"事前承诺、事中监管、事后联惩"贯穿于知识产权创造、运用、保护、管理、服务全过程，三个阶段形成良性循环，以实现知识产权"全链条"保护。

### 四、科研诚信法治化建设的四个基本路径

将科研失信行为的规制与治理纳入法治化轨道，应当借鉴国际上已有的经验，针对我国科研领域存在的问题，选择科研诚信制度区别化、科研诚信监管契约化、科研不端行为责任双重化、科研诚信教育义务化等科研诚信法治化建设的基本路径。

### 五、以诚实信用原则为根本遵循，实现五个原则相互支撑

以《民法典》所确立的"诚实信用原则"为根本遵循，将"诚实信用"作为制度设计的价值取向。

以"诚实信用"的具体化实现制度设计。知识产权信用制度建设的具体过程中，以诚实信用原则为指引和基础，具体制度设计遵循以下四个配套原则：维护国家经济安全原则、维护市场公平竞争原则、保护科技成果创新原则、促进知识产权交易原则。这四个原则明确了具体规则的目的，促进了知识产权信用的具体化进程。

最终通过具体制度的设计，推进知识产权信用体系的建设和运行，五个原则相互支撑，进一步加强诚实信用原则的实效性。

## 六、以体系化为基本思路，明确六大系统及其相互关系

以体系化建设为基本思路，知识产权信用体系主要包括知识产权征信与信用信息共享体系、知识产权信用评估评级体系、知识产权信用担保体系、知识产权信用标准体系、知识产权信用监管体系以及知识产权信用人才培养体系六大系统。

六大系统的相互关系体现为：知识产权征信与信用信息共享体系是知识产权信用体系运行的基础，也是评估与担保的前提；知识产权信用评估评级体系是知识产权信用体系的量化手段，也是担保和监管的基础；知识产权信用担保体系是知识产权信用体系运行的重要环节；知识产权信用标准体系是知识产权信用体系建设的关键依据；知识产权信用监管体系为知识产权信用体系建设提供保障；知识产权信用人才培养体系是知识产权信用体系建设的内在支撑。它们之间相互促进、共同作用，形成有效的知识产权信用体系。

综上，知识产权信用体系与科研诚信法治化构建的基本格局总结为：

一个目标，建立知识产权保护自律机制，实现知识产权高质量发展；两个机制联合发力，实现全流程覆盖，保证信用流动的有效性；三个阶段形成循环，事前事中事后相互衔接，打造知识产权保护"全链条"；四条路径并行不悖，共同推进科研诚信法治化建设的进程；五个原则相互支撑，明确制度价值，引导市场秩序构建；六大系统相互作用，形成法治体系，合理规划要素流动。

# 附录　知识产权信用体系与科研诚信相关法律法规政策文件*

## 附录 A　知识产权信用体系相关法律法规政策文件

### 一、法律及行政法规

1. 2021. 6.10，全国人民代表大会常务委员会通过《海南自由贸易港法》（中华人民共和国主席令第 85 号）。

2. 2020. 5.28，全国人民代表大会通过《民法典》（中华人民共和国主席令第 45 号）。

3. 2020.10.17，全国人民代表大会常务委员会通过《专利法》（中华人民共和国主席令第 55 号）。

4. 2019.4.23，全国人民代表大会常务委员会通过《商标法》（中华人民共和国主席令第 29 号）。

5. 2019.4.23，全国人民代表大会常务委员会通过《反不正当竞争法》（中华人民共和国主席令第 29 号）。

6. 2018.8.31，全国人民代表大会常务委员会通过《电子商务法》（中华人民共和国主席令第 7 号）。

7. 2017.9.01，全国人民代表大会常务委员会通过《中小企业促进法》（中华人民共和国主席令第 74 号）。

8. 2013.10.25，全国人民代表大会常务委员会通过《消费者权益保护法》（中华人民共和国主席令第 7 号）。

---

＊ 为全面展示历年来的政策文件，附录中保留了部分已经废止的文件。

## 二、全国性政策

### （一）国务院规范性文件

9. 2021.10.9，国务院印发《"十四五"国家知识产权保护和运用规划》（国发〔2021〕20号）。

10. 2021.9.22，中共中央、国务院印发《知识产权强国建设纲要（2021—2035年）》。

11. 2021.8.2，国务院印发《关于推进自由贸易试验区贸易投资便利化改革创新若干措施的通知》（国发〔2021〕12号）。

12. 2021.7.11，国务院办公厅印发《全国深化"放管服"改革 着力培育和激发市场主体活力电视电话会议重点任务分工方案》（国办发〔2021〕25号）。

13. 2021.7.2，国务院办公厅印发《关于加快发展外贸新业态新模式的意见》（国办发〔2021〕24号）。

14. 2021.4.5，中共中央、国务院印发《关于加强社会主义法治文化建设的意见》。

15. 2020.12.7，国务院办公厅印发《关于进一步完善失信约束制度 构建诚信建设长效机制的指导意见》（国办发〔2020〕49号）。

16. 2020.11.1，国务院办公厅印发《全国深化"放管服"改革 优化营商环境电视电话会议重点任务分工方案》（国办发〔2020〕43号）。

17. 2020.10.11，中共中央、国务院印发《深圳建设中国特色社会主义先行示范区综合改革试点实施方案（2020—2025年）》。

18. 2020.8.30，国务院印发《关于印发北京、湖南、安徽自由贸易试验区总体方案及浙江自由贸易试验区扩展区域方案的通知》（国发〔2020〕10号）。

19. 2020.8.28，国务院印发《关于深化北京市新一轮服务业扩大开放综合试点 建设国家服务业扩大开放综合示范区工作方案的批复》（国函〔2020〕123号）。

20. 2020.7.23，国务院办公厅印发《关于提升大众创业万众创新示范基地带动作用 进一步促改革稳就业强动能的实施意见》（国办发〔2020〕26号）。

21. 2020.6.1，中共中央、国务院印发《海南自由贸易港建设总体方案》。

22. 2019.12.31，国务院办公厅印发《关于支持国家级新区深化改革创新 加快推动高质量发展的指导意见》（国办发〔2019〕58号）。

23. 2019.11.24，中共中央办公厅、国务院办公厅印发《关于强化知识产权保护的意见》。

24. 2019.11.19，中共中央、国务院发布《关于推进贸易高质量发展的指导意见》。

25. 2019.8.2，国务院印发《关于印发6个新设自由贸易试验区总体方案的通知》（国发〔2019〕16号）。

26. 2019.8.1，国务院办公厅印发《全国深化"放管服"改革　优化营商环境电视电话会议重点任务分工方案》（国办发〔2019〕39号）。

27. 2019.7.9，国务院办公厅印发《关于加快推进社会信用体系建设　构建以信用为基础的新型监管机制的指导意见》（国办发〔2019〕35号）。

28. 2019.1.31，国务院印发《关于全面推进北京市服务业扩大开放综合试点工作方案的批复》（国函〔2019〕16号）。

29. 2019.1.24，中共中央、国务院印发《关于支持河北雄安新区全面深化改革和扩大开放的指导意见》。

30. 2018.10.29，国务院办公厅印发《关于聚焦企业关切　进一步推动优化营商环境政策落实的通知》（国办发〔2018〕104号）。

31. 2018.9.24，国务院印发《中国（海南）自由贸易试验区总体方案》（国发〔2018〕34号）。

32. 2018.9.18，国务院印发《关于推动创新创业高质量发展　打造"双创"升级版的意见》（国发〔2018〕32号）。

33. 2018.5.4，国务院印发《进一步深化中国（福建）自由贸易试验区改革开放方案》（国发〔2018〕15号）。

34. 2018.5.4，国务院印发《进一步深化中国（天津）自由贸易试验区改革开放方案》（国发〔2018〕14号）。

35. 2018.5.4，国务院印发《进一步深化中国（广东）自由贸易试验区改革开放方案》（国发〔2018〕13号）。

36. 2018.4.11，中共中央、国务院印发《关于支持海南全面深化改革开放的指导意见》。

37. 2018.3.18，国务院办公厅印发《知识产权对外转让有关工作办法（试行）》（国办发〔2018〕19号）。

38. 2017.7.21，国务院印发《关于强化实施创新驱动发展战略 进一步推进大众创业万众创新深入发展的意见》（国发〔2017〕37号）。

39. 2016.12.30，国务院办公厅印发《知识产权综合管理改革试点总体方案》（国办发〔2016〕106号）。

40. 2016.12.30，国务院印发《"十三五"国家知识产权保护和运用规划》（国发〔2016〕86号）。

41. 2016.11.4，中共中央、国务院印发《关于完善产权保护制度依法保护产权的意见》（中发〔2016〕28号）。

42. 2016.7.8，国务院办公厅印发《〈国务院关于新形势下加快知识产权强国建设的若干意见〉重点任务分工方案》（国办函〔2016〕66号）。

43. 2016.5.8，国务院办公厅印发《关于建设大众创业万众创新示范基地的实施意见》（国办发〔2016〕35号）。

44. 2015.12.18，国务院印发《关于新形势下加快知识产权强国建设的若干意见》（国发〔2015〕71号）。

45. 2015.6.11，国务院印发《关于大力推进大众创业万众创新若干政策措施的意见》（国发〔2015〕32号）。

46. 2015.3.13，中共中央、国务院印发《关于深化体制机制改革 加快实施创新驱动发展战略的若干意见》（中发〔2015〕8号）。

47. 2014.12.10，国务院办公厅印发《深入实施国家知识产权战略行动计划（2014—2020年）》（国办发〔2014〕64号）。

48. 2014.10.9，国务院印发《关于加快科技服务业发展的若干意见》（国发〔2014〕49号）。

49. 2014.6.14，国务院印发《社会信用体系建设规划纲要（2014—2020年）》（国发〔2014〕21号）。

50. 2014.2.4，国务院印发《关于依法公开制售假冒伪劣商品和侵犯知识产权行政处罚案件信息的意见（试行）》（国发〔2014〕6号）。

51. 2012.4.28，国务院办公厅印发《关于加强战略性新兴产业知识产权工作若干意见》（国办发〔2012〕28号）。

52. 2011.12.12，国务院办公厅印发《关于加快发展高技术服务业的指导意见》（国办发〔2011〕58号）。

53. 2008.12.12，国务院办公厅印发《实施国家知识产权战略纲要任务分工》

（国办发〔2008〕127 号）。

54. 2008.6.5，国务院印发《国家知识产权战略纲要》（国发〔2008〕18 号）。

55. 2007.4.18，国务院办公厅印发《关于建立国务院社会信用体系建设部际联席会议制度的通知》（国办函〔2007〕43 号）。

（二）司法解释

56. 2020.4.15，最高人民法院印发《关于全面加强知识产权司法保护的意见》（法发〔2020〕11 号）。

57. 2018.8.1，最高人民法院印发《关于为海南全面深化改革开放提供司法服务和保障的意见》（法发〔2018〕16 号）。

58. 2009.4.21，最高人民法院印发《关于当前经济形势下知识产权审判服务大局若干问题的意见》（法发〔2009〕23 号）。

59. 2009.3.23，最高人民法院印发《关于贯彻实施国家知识产权战略若干问题的意见》（法发〔2009〕16 号）。

（三）部门规章、规范性文件

60. 2021.9.16，国家知识产权局办公室印发《关于做好知识产权领域严重违法失信名单管理工作的通知》（国知办函保字〔2021〕843 号）。

61. 2021.9.8，国家知识产权局办公室印发《在全国范围内推行专利代理机构执业许可审批告知承诺制改革实施方案》（国知办发运字〔2021〕36 号）。

62. 2021.9.1，国家知识产权局办公室印发《关于严厉打击恶意抢注相关奥林匹克运动会热词商标申请代理行为的通知》（国知办函运字〔2021〕781 号）。

63. 2021.8.6，国家知识产权局商标局印发《关于提交〈当事人请求驰名商标保护诚信承诺书〉的通知》。

64. 2021.7.30，国家市场监督管理总局印发《市场监督管理严重违法失信名单管理办法》（国家市场监督管理总局令第 44 号）。

65. 2021.7.30，国家市场监督管理总局印发《市场监督管理信用修复管理办法》（国市监信规〔2021〕3 号）。

66. 2021.7.27，国家知识产权局印发《关于促进和规范知识产权运营工作的通知》（国知发运字〔2021〕22 号）。

67. 2021.6.16，国家知识产权局、中国银保监会、国家发展改革委印发《知识产权质押融资入园惠企行动方案（2021—2023年）》（国知发运字〔2021〕17号）。

68. 2021.5.27，工业和信息化部、中央网信办印发《关于加快推动区块链技术应用和产业发展的指导意见》（工信部联信发〔2021〕62号）。

69. 2021.5.21，国家知识产权局、国家市场监督管理总局印发《关于进一步加强地理标志保护的指导意见》（国知发保字〔2021〕11号）。

70. 2021.5.10，国家知识产权局印发《关于深化知识产权领域"放管服"改革 优化创新环境和营商环境的通知》（国知发服字〔2021〕10号）。

71. 2021.4.21，商务部印发《海南省服务业扩大开放综合试点总体方案》（商资发2021年第64号）。

72. 2021.4.21，商务部印发《上海市服务业扩大开放综合试点总体方案》（商资发2021年第63号）。

73. 2021.4.9，中国银保监会办公厅印发《关于2021年进一步推动小微企业金融服务高质量发展的通知》（银保监办发〔2021〕49号）。

74. 2021.4.2，中国银保监会办公厅印发《关于2021年银行业保险业高质量服务乡村振兴的通知》（银保监办发〔2021〕44号）。

75. 2021.3.15，国家知识产权局印发《打击商标恶意抢注行为专项行动方案》（国知发办函字〔2021〕35号）。

76. 2021.3.11，国家知识产权局印发《关于规范申请专利行为的办法》（国家知识产权局公告第411号）。

77. 2021.1.27，国家知识产权局印发《关于进一步严格规范专利申请行为的通知》（国知发保字〔2021〕1号）。

78. 2020.12.22，工业互联网专项工作组印发《工业互联网创新发展行动计划（2021—2023年）》（工信部信管〔2020〕197号）。

79. 2020.12.20，科技部印发《长三角科技创新共同体建设发展规划》（国科发规〔2020〕352号）。

80. 2020.10.14，国家发展改革委、科技部、工业和信息化部等印发《关于支持民营企业加快改革发展与转型升级的实施意见》（发改体改〔2020〕1566号）。

81. 2020.8.25，国家知识产权局印发《关于进一步加强知识产权快速维权中心建设工作的通知》（国知发保字〔2020〕34号）。

82. 2020.8.6，国家知识产权局办公室印发《关于确定开展以信用为基础的分级分类监管试点单位的通知》（国知办函保字〔2020〕716）。

83. 2020.8.5，中国银保监会等七部门印发《关于做好政府性融资担保机构监管工作的通知》（银保监发〔2020〕39号）。

84. 2020.7.3，工业和信息化部、国家发展和改革委员会、科学技术部等印发《关于健全支持中小企业发展制度的若干意见》（工信部联企业〔2020〕108号）。

85. 2020.5.27，国家知识产权局办公室印发《关于开展以信用为基础的分级分类监管试点申报工作的通知》（国知办发保字〔2020〕23号）。

86. 2020.5.27，全国打击侵犯知识产权和制售假冒伪劣商品工作领导小组印发《2020年全国打击侵犯知识产权和制售假冒伪劣商品工作要点》。

87. 2020.5.13，国务院知识产权战略实施工作部际联席会议办公室印发《2020年深入实施国家知识产权战略　加快建设知识产权强国推进计划》（国知战联办〔2020〕5号）。

88. 2020.5.7，国家知识产权局办公室印发《关于深化"蓝天"行动　促进知识产权服务业健康发展的通知》（国知办发运字〔2020〕17号）。

89. 2020.4.30，财政部办公厅、国家知识产权局办公室印发《关于做好2020年知识产权运营服务体系建设工作的通知》（财办建〔2020〕40号）。

90. 2020.4.20，国家知识产权局印发《推动知识产权高质量发展年度工作指引（2020）》（国知发运字〔2020〕13号）。

91. 2020.4.3，国家知识产权局印发《地理标志专用标志使用管理办法（试行）》（国家知识产权局第354号公告）。

92. 2020.3.4，国家知识产权局办公室印发《关于严厉打击与新冠肺炎疫情相关非正常商标申请代理行为的通知》（国知办函运字〔2020〕149号）。

93. 2020.2.27，国家知识产权局办公室印发《关于大力促进知识产权运用支持打赢疫情防控阻击战的通知》（国知办发运字〔2020〕7号）。

94. 2020.2.26，国资委、国家知识产权局印发《关于推进中央企业知识产权工作高质量发展的指导意见》（国资发科创规〔2020〕15号）。

95. 2020.1.3，国家知识产权局印发《关于深化知识产权领域"放管服"改革　营造良好营商环境的实施意见》（国知发服字〔2020〕1号）。

96. 2019.11.27，国家知识产权局办公室印发《在自由贸易试验区开展专利代理机构执业许可审批告知承诺改革试点实施方案》（国知办发运字〔2019〕44号）。

97. 2019.10.16，国家知识产权局印发《专利领域严重失信联合惩戒对象名单管理办法（试行）》（国知发保字〔2019〕52号）。

98. 2019.10.11，国家市场监督管理总局印发《规范商标申请注册行为若干规定》（国家市场监督管理总局令第17号）。

99. 2019.8.30，国家知识产权局办公室印发《关于规范知识产权管理体系贯标认证工作的通知》（国知办发运字〔2019〕34号）。

100. 2019.8.30，国家知识产权局印发《关于新形势下加快建设知识产权信息公共服务体系的若干意见》（国知发服字〔2019〕46号）。

101. 2019.8.6，中国银保监会、国家知识产权局、国家版权局印发《关于进一步加强知识产权质押融资工作的通知》（银保监发〔2019〕34号）。

102. 2019.7.29，国家知识产权局办公室印发《开展地理标志产品专用标志使用核准改革试点的通知》（国知办发保字〔2019〕25号）。

103. 2019.7.19，国家市场监督管理总局印发《关于进一步优化国家企业信用信息公示系统的通知》（国市监信〔2019〕142号）。

104. 2019.6.11，全国打击侵犯知识产权和制售假冒伪劣商品工作领导小组印发《2019年全国打击侵犯知识产权和制售假冒伪劣商品工作要点》（打假发〔2019〕1号）。

105. 2019.6.6，国家知识产权局印发《推动知识产权高质量发展年度工作指引（2019）》。

106. 2019.6.3，国家知识产权局办公室印发《国家知识产权局2019年政务公开工作要点》（国知办函办字〔2019〕502号）。

107. 2019.5.7，财政部办公厅、国家知识产权局印发《关于开展2019年知识产权运营服务体系建设工作的通知》（财办建〔2019〕70号）。

108. 2019.5.5，国务院知识产权战略实施工作部际联席会议办公室印发《2019年地方知识产权战略暨强国建设实施工作要点》（国知战联办〔2019〕8号）。

109. 2019.4.30，国家发展改革委办公厅印发《关于进一步完善"信用中国"网站及地方信用门户网站行政处罚信息信用修复机制的通知》（发改办财金〔2019〕527号）。

110. 2019.4.25，国家市场监管总局、国家知识产权局印发《2019年知识产权执法"铁拳"行动方案》（国市监稽〔2019〕94号）。

111. 2019.4.22，国家知识产权局办公室印发《关于加强专利代理监管的工作方案》（国知办发运字〔2019〕13号）。

112. 2019.4.15，国家发展改革委、科技部印发《关于构建市场导向的绿色技术创新体系的指导意见》（发改环资〔2019〕689号）。

113. 2019.4.4，国家市场监督管理总局印发《专利代理管理办法》（国家市场监督管理总局令第6号）。

114. 2019.3.26，国家知识产权局办公室印发《关于做好第一批知识产权强省建设试点经验与典型案例复制推广工作的通知》（国知办发运字〔2019〕9号）。

115. 2018.12.7，国家知识产权局印发《关于知识产权服务民营企业创新发展若干措施的通知》（国知发管字〔2018〕32号）。

116. 2018.11.21，国家发展改革委等印发《关于对知识产权（专利）领域严重失信主体开展联合惩戒的合作备忘录》（发改财金〔2018〕1702号）。

117. 2018.11.9，国务院知识产权战略实施工作部际联席会议办公室印发《2018年深入实施国家知识产权战略　加快建设知识产权强国推进计划》。

118. 2018.7.31，国家知识产权局印发《"互联网+"知识产权保护工作方案》（国知发管字〔2018〕21号）。

119. 2018.5.8，财政部办公厅、国家知识产权局办公室印发《关于2018年继续开展知识产权运营服务体系建设工作的通知》（财办建〔2018〕96号）。

120. 2018.2.11，中国国家认证认可监督管理委员会、国家知识产权局印发《知识产权认证管理办法》（中国国家认证认可监督管理委员会、国家知识产权局公告2018年第5号）。

121. 2018.2.11，国家工商行政管理总局印发《关于加强国家企业信用信息公示系统应用和管理的通知》（工商企监字〔2018〕25号）。

122. 2017.8.17，国务院知识产权战略实施工作部际联席会议办公室印发《"十三五"国家知识产权保护和运用规划重点任务分工方案》（国知战联办〔2017〕17号）。

123. 2017.7.6，国家发展改革委办公厅印发《关于进一步规范"信用中国"网站和地方信用门户网站行政处罚信息公示工作的通知》（发改办财金〔2017〕1171号）。

124. 2017.6.23，国务院知识产权战略实施工作部际联席会议办公室印发《2017年深入实施国家知识产权战略加快建设知识产权强国推进计划》（国知战联办〔2017〕12号）。

125. 2017.6.7，国家工商行政管理总局办公厅印发《2017年全国工商和市场监管部门打击侵犯知识产权和制售假冒伪劣商品工作要点》（办字〔2017〕100号）。

126. 2017.5.31，国家知识产权局印发《国家知识产权局2017年工作要点及任务分工》（国知办发规字〔2017〕26号）。

127. 2017.5.17，国家工商行政管理总局印发《关于深入实施商标品牌战略推进中国品牌建设的意见》（工商标字〔2017〕81号）。

128. 2017.4.25，财政部办公厅、国家知识产权局办公室印发《关于开展知识产权运营服务体系建设工作的通知》（财办建〔2017〕35号）。

129. 2017.4.14，科技部印发《"十三五"现代服务业科技创新专项规划》（国科发高〔2017〕91号）。

130. 2017.2.28，国家知识产权局印发《关于规范专利申请行为的若干规定》（国家知识产权局令第75号）。

131. 2017.2.27，国家知识产权局印发《专利代理行业发展"十三五"规划》（国知发法字〔2017〕13号）。

132. 2017.2.27，国家知识产权局、国家发展改革委、科技部等印发《关于支持东北老工业基地全面振兴　深入实施东北地区知识产权战略的若干意见》（国知发协字〔2017〕20号）。

133. 2017.1.25，国家版权局印发《版权工作"十三五"规划》（国版函〔2017〕5号）。

134. 2016.12.22，国家知识产权局、工业和信息化部印发《关于全面组织实施中小企业知识产权战略推进工程的指导意见》（国知发管字〔2016〕101号）。

135. 2016.11.29，国家知识产权局印发《关于严格专利保护的若干意见》（国知发管字〔2016〕93号）。

136. 2016.11.23，国家知识产权局印发《关于开展知识产权快速协同保护工作的通知》（国知发管字〔2016〕92号）。

137. 2016.11.9，国家知识产权局印发《关于加快建设知识产权强市的指导意见》（国知发管字〔2016〕86号）。

138. 2016.11.7，工业和信息化部办公厅印发《制造业创新中心知识产权指南》（工信厅科〔2016〕159号）。

139. 2016.9.20，国家知识产权局印发《关于开展专利代理专项整治工作的通知》（国知办发法字〔2016〕34号）。

140. 2016.7.14，国家工商行政管理总局印发《关于大力推进商标注册便利化改革的意见》（工商标字〔2016〕139号）。

141. 2016.6.24，国务院知识产权战略实施工作部际联席会议办公室印发《2016年深入实施国家知识产权战略加快建设知识产权强国推进计划》。

142. 2016.3.14，国家知识产权局印发《关于加强2016年度知识产权市场管理与服务工作的通知》（国知办函管字〔2016〕153号）。

143. 2016.1.6，国家知识产权局印发《关于开展知识产权系统社会信用体系建设工作若干事项的通知》（国知发管字〔2016〕3号）。

144. 2015.9.7，国家知识产权局、财政部、人力资源社会保障部等印发《关于进一步加强知识产权运用和保护助力创新创业的意见》（国知发管字〔2015〕56号）。

145. 2015.7.31，工业和信息化部办公厅印发《工业和信息化部贯彻落实〈深入实施国家知识产权战略行动计划（2014—2020年）〉实施方案》。

146. 2015.6.30，知识产权局等八部委印发《关于全面推行〈企业知识产权管理规范〉国家标准的指导意见》（国知发管字〔2015〕44号）。

147. 2015.5.5，国家新闻出版广电总局办公厅印发《2015年全国新闻出版（版权）打击侵权假冒工作要点》（新广出办发〔2015〕43号）。

148. 2015.4.24，国家知识产权局办公室印发《产业知识产权联盟建设指南》（国知办函管字〔2015〕192号）。

149. 2015.4.10，国家知识产权局印发《2015年国家知识产权战略实施推进计划》。

150. 2015.3.30，国家知识产权局印发《关于进一步推动知识产权金融服务工作的意见》（国知发管函字〔2015〕38号）。

151. 2014.12.31，国家知识产权局、国家标准委、工商总局、版权局印发《关于知识产权服务标准体系建设的指导意见》（国知发规字〔2014〕74号）。

152. 2014.10.8，国家知识产权局印发《关于知识产权支持小微企业发展的若干意见》（国知发管字〔2014〕57号）。

153. 2014.8.20，国家质量监督检验检疫总局印发《关于贯彻〈关于依法公开制售假冒伪劣商品和侵犯知识产权行政处罚案件信息的意见（试行）〉的意见》（国质检执〔2014〕472号）。

154. 2014.7.15，国家知识产权局、教育部、科技部等印发《关于深入实施国家知识产权战略　加强和改进知识产权管理的若干意见》（国知发协字〔2014〕41号）。

155. 2014.1.2，国家知识产权局、教育部、科技部等印发《关于深入实施知识产权战略，促进中原经济区经济社会发展的若干意见》（国知发协字〔2014〕1号）。

156. 2014年，国家知识产权局印发《2014年国家知识产权战略实施推进计划》。

157. 2013.12.18，国家知识产权局印发《关于进一步提升专利申请质量的若干意见》。

158. 2012.11.13，国家知识产权局、国家发展和改革委员会、科学技术部等印发《关于加快培育和发展知识产权服务业的指导意见》。

159. 2011.6.27，国家知识产权局印发《关于加强专利行政执法工作的决定》（国知发管字〔2011〕74号）。

160. 2010.8.12，财政部、工业和信息化部、银监会等印发《关于加强知识产权质押融资与评估管理支持中小企业发展的通知》（财企〔2010〕199号）。

161. 2009.8.12，国家工商行政管理总局印发《关于进一步规范商标代理市场秩序的通知》（工商办字〔2009〕159号）。

162. 2009.6.2，国家工商行政管理总局印发《关于贯彻落实〈国家知识产权战略纲要〉　大力推进商标战略实施的意见》（工商标字〔2009〕108号）。

163. 2009.4.9，国家工商行政管理总局印发《国家工商总局实施国家知识产权战略纲要任务分工》（工商办字〔2009〕74号）。

164. 2006.1.28，新闻出版总署印发《2006 年新闻出版（版权）工作要点》
（新出法规〔2006〕112 号）。

165. 2005.1.19，国家版权局印发《国家版权局 2005 年工作要点》（国权〔2005〕
5 号）。

## 三、地方性法规及规章

### （一）地方性法规

166. 2021.7.28，辽宁省人大常委会通过《辽宁省知识产权保护条例》（辽宁
省人民代表大会常务委员会公告〔13 届〕第 79 号）。

167. 2021.5.28，山西省人大常委会通过《山西省知识产权保护工作条例》
（山西省人民代表大会常务委员会公告第 81 号）。

168. 2021.4.9，大连市人大常委会通过《大连市社会信用条例》（大连市人民
代表大会常务委员会公告〔16 届〕第 22 号）。

169. 2021.3.31，青海省人大常委会通过《青海省公共信用信息条例》（青海
省人民代表大会常务委员会公告第 38 号）。

170. 2021.3.18，广东省人大常委会通过《广东省社会信用条例》（广东省第
十三届人民代表大会常务委员会公告第 80 号）。

171. 2021.3.12，北京市人大常委会通过《北京市专利保护和促进条例》（北
京市人民代表大会常务委员会公告〔15 届〕第 46 号）。

172. 2020.12.30，上海市人大常委会通过《上海市知识产权保护条例》（上海
市人民代表大会常务委员会公告第 58 号）。

173. 2020.12.20，广州市人大常委会通过《广州市优化营商环境条例》（广州
市第十五届人民代表大会常务委员会公告第 68 号）。

174. 2020.11.25，辽宁省人大常委会通过《辽宁省公共信用信息管理条例》
（辽宁省人民代表大会常务委员会公告〔13 届〕第 62 号）。

175. 2020.10.30，厦门市人大常委会通过《厦门经济特区知识产权促进和保
护条例》（厦门市第十五届人民代表大会常务委员会公告第 36 号）。

176. 2020.7.3，深圳市人大常委会通过《深圳经济特区知识产权保护条例》
（深圳市第六届人民代表大会常务委员会公告第 197 号）。

177. 2020.3.26，重庆市人大常委会通过《重庆市促进科技成果转化条例》

（重庆市人民代表大会常务委员会公告〔5届〕第 79 号）。

178. 2019.11.29，河南省人大常委会通过《河南省社会信用条例》（河南省第十三届人民代表大会常务委员会公告第 27 号）。

179. 2019.9.27，天津市人大常委会通过《天津市知识产权保护条例》。

180. 2019.9.5，深圳市人大常委会通过《深圳经济特区人才工作条例》（深圳市第六届人民代表大会常务委员会公告第 161 号）。

181. 2018.12.7，四川省人大常委会通过《成都国家自主创新示范区条例》（四川省第十三届人民代表大会常务委员会公告第 23 号）。

182. 2018.7.27，河北省人大常委会通过《河北省促进企业技术创新条例》（河北省第十三届人民代表大会常务委员会公告第 9 号）。

183. 2017.9.30，浙江省人大常委会通过《浙江省公共信用信息管理条例》（浙江省人民代表大会常务委员会公告第 63 号）。

184. 2016.9.1，厦门市人大常委会通过《厦门经济特区促进中国（福建）自由贸易试验区厦门片区建设规定》（厦门市人民代表大会常务委员会公告第 31 号）。

185. 2014.11.27，武汉市人大常委会通过《武汉市知识产权促进和保护条例》。

（二）地方政府规章

186. 2021.10.26，安徽省人民政府公布《安徽省知识产权保护办法》（安徽省人民政府令第 303 号）。

187. 2018.3.8，北京市人民政府公布《北京市公共信用信息管理办法》（北京市人民政府令第 280 号）。

188. 2017.12.20，辽宁省人民政府公布《辽宁省知识产权保护办法》（辽宁省人民政府令第 317 号）。

189. 2017.11.17，福州市人民政府公布《福州市公共信用信息管理暂行办法》（福州市人民政府令第 74 号）。

190. 2014.3.28，珠海市人民政府公布《珠海经济特区横琴新区诚信岛建设促进办法》（珠海市人民政府令第 99 号）。

## 四、地方性政策

191. 2021.9.29，成都市知识产权局印发《成都市知识产权代理服务机构信用信息管理办法（试行）》。

192. 2021.9.16，上海市知识产权局、中国人民银行上海分行、中国银行保险监督管理委员会上海监管局等印发《关于进一步加强本市知识产权金融工作的指导意见》。

193. 2021.6.22，海南省知识产权局印发《海南省专利代理行业信用管理办法（试行）》（琼知规〔2021〕2号）。

194. 2021.6.11，安徽省市场监督管理局印发《关于深化知识产权领域"放管服"改革　优化创新环境和营商环境的落实举措》。

195. 2021.6.7，四川省知识产权服务促进中心、四川省市场监督管理局印发《关于进一步规范不以保护创新为目的的专利申请代理行为的通知》。

196. 2021.5.27，浙江省发展改革委、浙江省市场监管局印发《浙江省知识产权发展"十四五"规划》（浙发改规划〔2021〕211号）。

197. 2021.4.22，中山市市场监督管理局印发《中山市知识产权专项资金管理办法》（中市监〔2021〕90号）。

198. 2021.4.13，云南省财政厅、云南省知识产权局印发《云南省实施专利转化专项计划　助力中小企业创新发展工作方案（2021—2024年）》。

199. 2021.3.15，北京市科学技术委员会、中关村科技园区管理委员会印发《关于建立实施中关村知识产权质押融资成本分担和风险补偿机制的若干措施》（中科园发〔2021〕3号）。

200. 2021.2.9，长沙市知识产权局印发《关于全面落实〈国家知识产权局关于进一步严格规范专利申请行为的通知〉的通知》。

201. 2021.1，内蒙古自治区党委办公厅、内蒙古自治区人民政府办公厅印发《关于强化知识产权保护的实施方案》。

202. 2020.11.12，广州市知识产权局印发《广州市知识产权工作专项资金管理办法》（穗知规字〔2020〕2号）。

203. 2020.11.10，厦门市市场监督管理局印发《厦门市重点扶持知识产权维权工作站设立引导与评议考核办法》（厦市监规〔2020〕3号）。

204. 2020.11.7，乌鲁木齐市人民政府印发《乌鲁木齐市知识产权运营服务体系建设实施方案》（乌政发〔2020〕159 号）。

205. 2020.10，河南省人民政府印发《关于强化知识产权保护的实施意见》。

206. 2020.9.14，浙江省人民政府印发《全面强化知识产权保护行动计划（2020—2021 年）》。

207. 2020.9.2，重庆市知识产权局、重庆市财政局印发《重庆市知识产权专项资金管理办法》。

208. 2020.9.1，福建省人民政府印发《关于贯彻国家知识产权战略纲要的实施意见》（闽政办〔2020〕40 号）。

209. 2020.8.11，中共海南省委办公厅、海南省人民政府办公厅印发《关于强化知识产权保护的实施意见》（琼办发〔2020〕47 号）。

210. 2020.8.11，中共黑龙江省委办公厅、黑龙江省人民政府办公厅印发《关于强化知识产权保护促进高质量发展的实施意见》。

211. 2020.8.9，中共江苏省委办公厅、江苏省人民政府办公厅印发《关于强化知识产权保护的实施意见》。

212. 2020.6.19，济南市市场监督管理局、济南市财政局印发《济南市知识产权运营服务体系建设专项资金管理办法》（济市监〔2020〕8 号）。

213. 2020.6.17，江苏省财政厅、江苏省知识产权局印发《江苏省知识产权专项资金管理办法》（苏财规〔2020〕15 号）。

214. 2020.6.17，北京市知识产权局印发《北京市知识产权试点示范单位认定与管理办法》（京知局〔2020〕171 号）。

215. 2020.6.5，淄博市知识产权事业发展中心印发《关于推进企业知识产权工作高质量发展的指导意见》。

216. 2020.6.4，中共江西省委办公厅、江西省人民政府办公厅印发《江西省强化知识产权保护工作的实施意见》。

217. 2020.5.14，广州市市场监督管理局印发《关于深化知识产权"放管服"改革 优化营商环境的实施意见》。

218. 2020.5，广西壮族自治区党委办公厅、广西壮族自治区人民政府办公厅印发《关于强化知识产权保护的实施意见》。

219. 2020.4.28，洛阳市人民政府印发《关于加快知识产权服务业集聚区建设的意见》（洛政〔2020〕15 号）。

220. 2020.4.28，洛阳市人民政府印发《关于深入实施知识产权战略的意见》

（洛政〔2020〕14 号）。

221. 2020.4.2，广州南沙开发区管委会办公室、广州市南沙区人民政府办公室印发《广州南沙新区（自贸片区）知识产权促进和保护办法》（穗南开管办规〔2020〕2 号）。

222. 2020.3.3，北京市知识产权局印发《"三城一区"知识产权行动方案（2020—2022 年）》（京知局〔2020〕57 号）。

223. 2019.12.31，中共浙江省委办公厅、浙江省人民政府办公厅印发《关于全面强化知识产权工作的意见》。

224. 2019.4.17，广东省人民政府办公厅印发《广东省促进中小企业知识产权保护和利用的若干政策措施》（粤办函〔2019〕79 号）。

225. 2019.4.12，呼和浩特市人民政府印发《呼和浩特市创建知识产权强市实施方案》（呼政字〔2019〕84 号）。

226. 2019.1.23，中共河南省委办公厅、河南省人民政府办公厅印发《关于加强知识产权审判领域改革创新若干问题的实施意见》。

227. 2018.12.29，武汉市人民政府办公厅印发《武汉市知识产权运营服务体系建设实施方案（2018—2020 年）》（武政办〔2018〕154 号）。

228. 2018.12.7，丽江市人民政府印发《关于贯彻落实云南省"十三五"知识产权发展规划的实施意见》（丽政发〔2018〕44 号）。

229. 2018.11.28，洛阳市人民政府印发《关于加快知识产权强市建设的若干意见》（洛政〔2018〕30 号）。

230. 2018.11.26，宝鸡市人民政府印发《关于贯彻落实建设知识产权强省的实施意见》（宝政发〔2018〕37 号）。

231. 2018.9.28，珠海市知识产权局印发《珠海市专利行政领域信用红黑名单管理办法》（珠知〔2018〕120 号）。

232. 2018.6.15，宝鸡市人民政府办公室印发《宝鸡市国家中小企业知识产权战略推进工程试点城市实施方案》（宝政办发〔2018〕38 号）。

233. 2018.4.25，龙岩市人民政府办公室印发《龙岩市国家知识产权示范城市培育工作方案》（龙政办〔2018〕76 号）。

234. 2018.4.3，安阳市人民政府印发《关于新形势下加快知识产权强市建设的实施意见》（安政〔2018〕9 号）。

235. 2018.2.12，四川省知识产权局、四川省高级人民法院等印发《关于严格知识产权保护营造良好营商环境的意见》（川知发〔2018〕28号）。

236. 2017.12.7，南宁市科学技术局印发《南宁市知识产权（专利）社会信用建设管理办法（试行）》（南科规〔2017〕10号）。

237. 2017.12.7，南宁市科学技术局印发《南宁市专利领域"红黑名单"管理制度（试行）》（南科规〔2017〕7号）。

238. 2017.11.20，文山州人民政府印发《关于贯彻落实新形势下加快知识产权强国建设的实施意见》（文政发〔2017〕126号）。

239. 2017.11.15，承德市人民政府办公室印发《关于新形势下加强打击侵犯知识产权和制售假冒伪劣商品工作的实施意见》（承市政办字〔2017〕213号）。

240. 2017.11.9，西安市人民政府办公厅印发《西安市知识产权运营服务体系建设实施方案（2017—2019年）》（市政办发〔2017〕101号）。

241. 2017.10.30，武汉市人民政府印发《武汉市推进国家知识产权强市创建工作方案（2017—2020年）》（武政〔2017〕30号）。

242. 2017.10.17，淄博市人民政府印发《淄博市知识产权强市建设实施方案》（淄政发〔2017〕18号）。

243. 2017.9.27，陕西省人民政府印发《关于新形势下加强打击侵犯知识产权和制售假冒伪劣商品工作的实施意见》（陕政发〔2017〕42号）。

244. 2017.9.27，辽宁省人民政府印发《关于新形势下加强打击侵犯知识产权和制售假冒伪劣商品工作的实施意见》（辽政发〔2017〕46号）。

245. 2017.9.26，黑龙江省人民政府印发《黑龙江省知识产权保护和运用"十三五"规划》（黑政发〔2017〕12号）。

246. 2017.9.20，连云港市人民政府办公室印发《2017年连云港市打击侵犯知识产权和制售假冒伪劣商品工作要点》（连政办发〔2017〕135号）。

247. 2017.9.12，无锡市人民政府办公室印发《关于加快知识产权强市建设的若干政策措施》（锡政办发〔2017〕179号）。

248. 2017.9.4，山东省人民政府印发《山东省"十三五"知识产权保护和运用规划》（鲁政发〔2017〕25号）。

249. 2017.8.31，扬州市人民政府印发《关于加快推进知识产权强市建设的若干政策措施》（扬府发〔2017〕142号）。

250. 2017.8.28，上海市工商行政管理局印发《2017年上海市工商和市场监管部门打击侵犯知识产权和制售假冒伪劣商品工作要点》（沪工商标〔2017〕159号）。

251. 2017.8.23，南平市人民政府印发《南平市加快知识产权强市建设实施方案》（南政综〔2017〕412号）。

252. 2017.8.17，安徽省人民政府印发《"十三五"安徽省知识产权保护和运用规划》（皖政〔2017〕112号）。

253. 2017.8.9，青岛市人民政府印发《青岛市创建国家知识产权强市实施方案》（青政字〔2017〕58号）。

254. 2017.8.8，淮安市人民政府办公室印发《2017年淮安市打击侵犯知识产权和制售假冒伪劣商品工作要点》（淮政办发〔2017〕72号）。

255. 2017.8.6，铜陵市人民政府印发《关于加快知识产权强市建设的实施意见》（铜政〔2017〕41号）。

256. 2017.8.3，巴彦淖尔市人民政府印发《关于巴彦淖尔市贯彻落实自治区加快知识产权强区建设的实施意见》（巴政发〔2017〕129号）。

257. 2017.7.26，镇江市人民政府办公室印发《2017年镇江市打击侵犯知识产权和制售假冒伪劣商品工作要点》（镇政办函〔2017〕170号）。

258. 2017.6.22，河北省人民政府办公厅印发《关于新形势下加强打击侵犯知识产权和制售假冒伪劣商品工作的实施意见》（冀政办字〔2017〕73号）。

259. 2017.6.5，新疆维吾尔自治区人民政府办公厅印发《关于落实国务院新形势下加快知识产权强国建设若干意见的实施意见》（新政办发〔2017〕107号）。

260. 2017.6.1，东营市人民政府办公室印发《东营市人民政府办公室转发市知识产权局关于加快知识产权服务业发展的意见的通知》（东政办字〔2017〕35号）。

261. 2017.5.16，沈阳市人民政府印发《关于加快建设知识产权强市的实施意见》（沈政发〔2017〕20号）。

262. 2017.5.11，河南省人民政府印发《关于新形势下加快知识产权强省建设的若干意见》（豫政〔2017〕17号）。

263. 2017.3.31，江苏省人民政府印发《关于知识产权强省建设若干政策措施的通知》（苏政发〔2017〕32号）。

264. 2017.3.30，宁夏回族自治区人民政府办公厅印发《贯彻落实国务院关于新形势下加快知识产权强国建设的若干意见实施方案的通知》（宁政办发〔2017〕57号）。

265. 2017.3.21，浙江省人民政府办公厅印发《关于新形势下加快知识产权强省建设的实施意见》（浙政办发〔2017〕27号）。

266. 2017.3.7，甘肃省知识产权局、甘肃省工业和信息化委员会印发《关于全面组织实施中小企业知识产权战略推进工程的意见》的通知。

267. 2017.1.10，北京市人民政府印发《关于加快知识产权首善之区建设的实施意见》（京政发〔2017〕4号）。

268. 2016.12.28，青岛市人民政府印发《关于加快知识产权强市建设的实施意见》（青政字〔2016〕115号）。

269. 2016.12.13，连云港市人民政府印发《关于进一步加强知识产权工作的实施意见》（连政发〔2016〕132号）。

270. 2016.12.8，邯郸市人民政府印发《关于加快知识产权强市建设的实施意见》（邯政发〔2016〕8号）。

271. 2016.12.8，西藏自治区人民政府印发《关于加强知识产权工作的若干意见》（藏政发〔2016〕76号）。

272. 2016.12.2，荆门市人民政府印发《关于加快知识产权强市建设的实施意见》（荆政发〔2016〕44号）。

273. 2016.12.1，鞍山市人民政府印发《关于新形势下加快知识产权强市建设的实施意见》（鞍政发〔2016〕51号）。

274. 2016.11.18，濮阳市人民政府印发《濮阳市加快实施知识产权战略促进专利技术产业化的若干措施》（濮政〔2016〕79号）。

275. 2016.11.18，广西壮族自治区人民政府印发《关于加快知识产权体制机制改革的若干意见》（桂政发〔2016〕61号）。

276. 2016.10.25，海南省人民政府印发《关于新形势下加快知识产权强省建设的实施意见》（琼府〔2016〕100号）。

277. 2016.10.8，内蒙古自治区人民政府印发《关于加快知识产权强区建设的实施意见》（内政发〔2016〕113号）。

278. 2016.9.30，新疆生产建设兵团印发《兵团贯彻落实〈国务院关于新形势下加快知识产权强国建设的若干意见〉的实施意见》（新兵发〔2016〕49号）。

279. 2016.9.12，江西省人民政府印发《关于加快特色型知识产权强省建设的实施意见》(赣府发〔2016〕37号)。

280. 2016.9.7，广州市知识产权局印发《广州市知识产权局专利公共信用信息管理试行办法》(穗知规字〔2016〕1号)。

281. 2016.8.27，云南省人民政府印发《关于新形势下加快知识产权强国建设的实施意见》(云政发〔2016〕76号)。

282. 2016.8.9，湖北省知识产权局印发《关于加快湖北省知识产权服务业发展的意见》。

283. 2016.7.14，廊坊市人民政府印发《关于加快知识产权强市建设的实施意见》(廊政〔2016〕57号)。

284. 2016.7.13，吉林省人民政府印发《关于新形势下加快知识产权强省建设的实施意见》(吉政发〔2016〕27号)。

285. 2016.7.10，辽宁省人民政府印发《关于新形势下加快知识产权强省建设的实施意见》(辽政发〔2016〕45号)。

286. 2016.7.6，石家庄市人民政府印发《关于加快知识产权强市建设的意见》(石政发〔2016〕25号)。

287. 2016.6.24，湖北省人民政府印发《关于加快知识产权强省建设的意见》(鄂政发〔2016〕24号)。

288. 2016.6.22，重庆市人民政府印发《关于新形势下加快知识产权强市建设的实施意见》(渝府发〔2016〕25号)。

289. 2016.6.17，大连市人民政府印发《关于新形势下加快知识产权强市建设的实施意见》。

290. 2016.6.15，黑龙江省人民政府印发《关于新形势下加快知识产权强省建设的实施意见》(黑政发〔2016〕19号)。

291. 2016.6.1，辽宁省人民政府印发《关于中德(沈阳)高端装备制造产业园知识产权保护工作的若干意见》(辽政发〔2016〕39号)。

292. 2016.4.20，河北省人民政府印发《关于加快知识产权强省建设的实施意见》(冀政发〔2016〕16号)。

293. 2016.2.23，中共上海市委办公厅、上海市人民政府办公厅印发《关于加强知识产权运用和保护支撑科技创新中心建设的实施意见》(沪委办发〔2015〕49号)。

294. 2015.12.29，廊坊市人民政府印发《关于加强知识产权保护和运用工作的实施意见》（廊政〔2015〕115 号）。

295. 2015.12.10，杭州市人民政府办公厅印发《关于加快建设知识产权强市的实施意见》（杭政办函〔2015〕166 号）。

296. 2015.10.31，厦门市人民政府印发《厦门市展会知识产权保护办法》（厦府〔2015〕318 号）。

297. 2015.8.24，鸡西市人民政府办公室印发《2015 年鸡西市打击侵犯知识产权和制售假冒伪劣商品工作要点》（鸡政办发〔2015〕82 号）。

298. 2015.7.16，陇南市人民政府办公室印发《关于陇南市知识产权战略的实施意见》（陇政办发〔2015〕86 号）。

299. 2015.3.13，深圳市市场和质量监督管理委员会印发《深圳市关于提升知识产权质量加强知识产权运营的若干措施》（深市质〔2015〕54 号）。

300. 2015.2.5，北京市知识产权局、北京市发展和改革委员会、北京市科学技术委员会等印发《加快发展首都知识产权服务业的实施意见》（京知局〔2015〕21 号）。

301. 2015.1.16，四川省知识产权局、四川省发展和改革委员会、四川省科学技术厅等印发《关于加快培育和发展知识产权服务业的实施意见》。

302. 2014.8.8，长沙市人民政府印发《关于进一步加强知识产权保护工作的意见》（长政发〔2014〕33 号）。

303. 2014.7.30，湖南省人民政府办公厅印发《关于进一步加强知识产权保护工作的通知》（湘政办发〔2014〕59 号）。

304. 2014.7.3，安阳市人民政府印发《关于加快实施知识产权战略的意见》（安政〔2014〕13 号）。

305. 2014.4.22，河北省知识产权局印发《关于印发〈关于加强我省专业市场知识产权保护工作的指导意见〉的通知》。

306. 2013.12.30，上海市知识产权局、上海市发展和改革委员会、上海市经济和信息化委员会等印发《关于印发〈关于加强本市战略性新兴产业知识产权工作的实施意见〉的通知》。

307. 2013.11.7，温州市科学技术局印发《温州市知识产权领域信用体系建设三年行动方案（2013—2015）》（温市科知发〔2013〕20 号）。

308. 2013.9.26，河南省人民政府印发《关于加快实施知识产权战略的意见》

（豫政〔2013〕60号）。

309. 2012.11.14，广州市知识产权局印发《关于印发〈广州市知识产权局系统社会信用体系建设实施方案〉和〈广州市专利行政保护监管体系建设实施方案〉的通知》（穗知〔2012〕59号）。

310. 2012.10.16，四川省人民政府办公厅印发《四川省人民政府办公厅转发省知识产权局等部门关于加强战略性新兴产业知识产权工作的意见的通知》（川办发〔2012〕63号）。

311. 2012.6.24，郑州市人民政府印发《郑州市人民政府关于进一步做好打击侵犯知识产权和制售假冒伪劣商品工作的实施意见》（郑政〔2012〕28号）。

312. 2012.3.7，辽宁省知识产权局印发《辽宁省知识产权信用工作要点》。

313. 2009.4.24，北京市人民政府印发《关于实施首都知识产权战略的意见》（京政发〔2009〕11号）。

314. 2008.9.23，上海市人民政府印发《关于本市实施〈国家知识产权战略纲要〉若干意见》（沪府发〔2008〕38号）。

315. 2008.6.28，重庆市中小企业局、重庆市知识产权局印发《促进和加强中小企业知识产权工作的指导意见》。

# 附录B　科研诚信相关法律法规政策文件

## 一、法律及行政法规

1. 2021.3.11，全国人民代表大会通过《中华人民共和国国民经济和社会发展第十四个五年规划和2035年远景目标纲要》。

2. 2015.8.29，全国人民代表大会常务委员会通过《关于修改〈中华人民共和国促进科技成果转化法〉的决定》（中华人民共和国主席令第32号）。

3. 2007.12.29，全国人民代表大会常务委员会修订通过《科学技术进步法》（中华人民共和国主席令第82号）。

4. 2020.12.1，国务院公布修订后的《国家科学技术奖励条例》（中华人民共和国国务院令第731号）。

## 二、全国性政策

### （一）国务院规范性文件

5. 2021.8.5，国务院办公厅印发《关于改革完善中央财政科研经费管理的若干意见》（国办发〔2021〕32号）。

6. 2021.7.16，国务院办公厅印发《关于完善科技成果评价机制的指导意见》（国办发〔2021〕26号）。

7. 2021.6.3，国务院印发《全民科学素质行动规划纲要（2021—2035年)》（国发〔2021〕9号）。

8. 2021.3.19，国务院印发《关于落实〈政府工作报告〉重点工作分工的意见》（国发〔2021〕6号）。

9. 2020.9.17，国务院办公厅印发《关于加快医学教育创新发展的指导意见》（国办发〔2020〕34号）。

10. 2019.10.27，中共中央、国务院印发《新时代公民道德建设实施纲要》。

11. 2019.6.11，中共中央、国务院印发《关于进一步弘扬科学家精神　加强作风和学风建设的意见》。

12. 2018.7.30，中共中央、国务院印发《科学技术部职能配置、内设机构和人员编制规定》（厅字〔2018〕56号）。

13. 2018.7.18，国务院印发《关于优化科研管理　提升科研绩效若干措施的通知》（国发〔2018〕25号）。

14. 2018.7.3，中共中央、国务院印发《关于深化项目评审、人才评价、机构评估改革的意见》。

15. 2018.5.30，中共中央、国务院印发《关于进一步加强科研诚信建设的若干意见》。

16. 2018.2.26，中共中央、国务院印发《关于分类推进人才评价机制改革的指导意见》。

17. 2018.1.19，国务院印发《关于全面加强基础科学研究的若干意见》（国发〔2018〕4号）。

18. 2017.9.15，国务院印发《国家技术转移体系建设方案》（国发〔2017〕44号）。

19. 2017.5.31，国务院办公厅印发《关于深化科技奖励制度改革的方案》（国办函〔2017〕55号）。

20. 2017.5.16，中共中央印发《关于加快构建中国特色哲学社会科学的意见》。

21. 2017.1.8，中共中央、国务院印发《关于深化职称制度改革的意见》。

22. 2016.12.27，国务院印发《"十三五"卫生与健康规划》（国发〔2016〕77号）。

23. 2016.12.25，中共中央、国务院印发《关于进一步把社会主义核心价值观融入法治建设的指导意见》。

24. 2016.7.28，国务院印发《"十三五"国家科技创新规划》（国发〔2016〕43号）。

25. 2016.7，中共中央、国务院印发《关于进一步完善中央财政科研项目资金管理等政策的若干意见》。

26. 2016.5.26，国务院办公厅印发《药品上市许可持有人制度试点方案》（国办发〔2016〕41号）。

27. 2016.5，中共中央、国务院印发《国家创新驱动发展战略纲要》。

28. 2016.4.21，国务院办公厅印发《促进科技成果转移转化行动方案》（国办发〔2016〕28号）。

29. 2015.12.29，国务院办公厅印发《关于优化学术环境的指导意见》（国办发〔2015〕94号）。

30. 2015.9.24，中共中央办公厅、国务院办公厅印发《深化科技体制改革实施方案》。

31. 2015.7.16，中共中央办公厅、国务院办公厅印发《中国科协所属学会有序承接政府转移职能扩大试点工作实施方案》。

32. 2014.12.3，国务院印发《关于深化中央财政科技计划（专项、基金等）管理改革的方案》（国发〔2014〕64号）。

33. 2014.8.31，国务院办公厅印发《关于加快建立国家科技报告制度的指导意见》（国办发〔2014〕43号）。

34. 2014.3.3，国务院印发《关于改进加强中央财政科研项目和资金管理的若干意见》（国发〔2014〕11号）。

35. 2013.10.22，国务院印发《关于国家财政科技资金分配与使用情况的报告》。

36. 2012.9.23，中共中央、国务院印发《关于深化科技体制改革　加快国家创新体系建设的意见》（中发〔2012〕6号）。

37. 2006.8.21，国务院办公厅印发《关于改进和加强中央财政科技经费管理的若干意见》（国办发〔2006〕56号）。

38. 2006.2.7，国务院印发《实施〈国家中长期科学和技术发展规划纲要（2006—2020年）〉的若干配套政策》（国发〔2006〕6号）。

39. 2005.12.26，国务院印发《国家中长期科学和技术发展规划纲要（2006—2020年）》（国发〔2005〕44号）。

（二）部门规章、部门规范性文件

40. 2021.9.29，财政部、科技部印发《国家重点研发计划资金管理办法》（财教〔2021〕178号）。

41. 2021.9.28，财政部、科技部印发《国家自然科学基金资助项目资金管理办法》（财教〔2021〕177号）。

42. 2021.8.25，交通运输部、科技部印发《关于科技创新驱动加快建设交通强国的意见》（交科技发〔2021〕80号）。

43. 2021.7.1，教育部等六部门印发《关于推进教育新型基础设施建设　构建高质量教育支撑体系的指导意见》（教科信〔2021〕2号）。

44. 2021.6.16，农业农村部办公厅印发《关于印发农业科研诚信建设规范十条的通知》（农办科〔2021〕13号）。

45. 2021.5.18，中共中央宣传部、教育部、科技部印发《关于推动学术期刊繁荣发展的意见》（中宣发〔2021〕17号）。

46. 2021.4.25，大禹水利科学技术奖奖励委员会印发《大禹水利科学技术奖奖励办法》。

47. 2021.2.10，科技部、财政部印发《国家技术创新中心建设运行管理办法（暂行）》（国科发区〔2021〕17号）。

48. 2021.1.27，卫生健康委、科技部、中医药局印发《医学科研诚信和相关行为规范》（国卫科教发〔2021〕7号）。

49. 2020.12.23，科技部印发《科学技术活动评审工作中请托行为处理规定（试行）》（国科发监〔2020〕360号）。

50. 2020.12.20，科技部印发《长三角科技创新共同体建设发展规划》（国科发规〔2020〕352号）。

51. 2020.12.9，国家国防科技工业局印发《武器装备科研生产许可（备案）单位失信管理暂行办法》（科工管〔2020〕1195号）。

52. 2020.12.7，教育部印发《关于破除高校哲学社会科学研究评价中"唯论文"不良导向的若干意见》（教社科〔2020〕3号）。

53. 2020.11.2，自然资源部印发《自然资源部科技创新平台管理办法（试行）》（自然资办发〔2020〕49号）。

54. 2020.10.30，教育部印发《研究生导师指导行为准则》（教研〔2020〕12号）。

55. 2020.10.17，交通运输部印发《关于推进交通运输治理体系和治理能力现代化若干问题的意见》（交政研发〔2020〕96号）。

56. 2020.9.25，国务院学位委员会、教育部印发《关于进一步严格规范学位与研究生教育质量管理的若干意见》（学位〔2020〕19号）。

57. 2020.9.22，教育部印发《关于加强博士生导师岗位管理的若干意见》（教研〔2020〕11号）。

58. 2020.8.24，水利部印发《水利部重点实验室建设与运行管理办法》（水国科〔2020〕176号）。

59. 2020.7.17，科技部、自然科学基金委印发《关于进一步压实国家科技计划（专项、基金等）任务承担单位科研作风学风和科研诚信主体责任的通知》（国科发监〔2020〕203号）。

60. 2020.7.17，科技部印发《科学技术活动违规行为处理暂行规定》（中华人民共和国科学技术部令第19号）。

61. 2020.7.29，国家发展改革委印发《国家工程研究中心管理办法》（中华人民共和国国家发展和改革委员会令第34号）。

62. 2020.6.19，科技部、财政部、国家发展改革委印发《中央财政科技计划（专项、基金等）绩效评估规范（试行）》（国科发监〔2020〕165号）。

63. 2020.6.4，科技部办公厅印发《关于加快推动国家科技成果转移转化示范区建设发展的通知》（国科办区〔2020〕50号）。

64. 2020.5.13，国家文物局印发《关于进一步加强重点科研基地建设的意见》（文物博发〔2020〕8号）。

65. 2020.4.22，教育部等八部门印发《关于加快构建高校思想政治工作体系的意见》（教思政〔2020〕1 号）。

66. 2020.1.21，科技部、国家发展改革委、教育部等印发《加强"从 0 到 1"基础研究工作方案》（国科发基〔2020〕46 号）。

67. 2020.10，国家铁路局印发《铁路行业科技创新基地管理办法（试行）》（国铁科法规〔2020〕38 号）。

68. 2020.4.3，科技部印发《关于贯彻落实〈法治政府建设实施纲要（2015—2020 年）〉情况的报告》。

69. 2019.12.31，国家药监局印发《国家药品监督管理局重点实验室管理办法》（国药监科外〔2019〕56 号）。

70. 2019.12.11，财政部、科技部印发《中央财政科技计划（专项、基金等）后补助管理办法》（财教〔2019〕226 号）。

71. 2019.12.3，农业农村部印发《国家农业科学观测工作管理办法（试行）》（农科教发〔2019〕2 号）。

72. 2019.12.2，生态环境部印发《关于深化生态环境科技体制改革 激发科技创新活力的实施意见》（环科财〔2019〕109 号）。

73. 2019.11.1，中国气象局印发《中国气象局职称评审管理办法》（气发〔2019〕89 号）。

74. 2019.10.24，教育部印发《关于加强新时代教育科学研究工作的意见》（教政法〔2019〕16 号）。

75. 2019.10.11，人力资源社会保障部、中国社会科学院印发《关于深化哲学社会科学研究人员职称制度改革的指导意见》（人社部发〔2019〕109 号）。

76. 2019.10.11，交通运输部印发《交通运输行业野外科学观测研究基地管理办法》（交科技发〔2019〕128 号）。

77. 2019.10.10，教育部印发《关于印发〈教育部工程研究中心建设与运行管理办法〉〈教育部工程研究中心评估细则〉的通知》（教技函〔2019〕71 号）。

78. 2019.9.25，科技部、中央宣传部、最高人民法院等印发《科研诚信案件调查处理规则（试行）》（国科发监〔2019〕323 号）。

79. 2019.9.12，科技部印发《关于促进新型研发机构发展的指导意见》（国科发政〔2019〕313 号）。

80. 2019.7.30，科技部、教育部、国家发展改革委等印发《关于扩大高校和科研院所科研相关自主权的若干意见》（国科发政〔2019〕260号）。

81. 2019.6.11，国家能源局印发《关于印发〈大型先进压水堆及高温气冷堆核电站科技重大专项实施管理办法〉等四项制度的通知》（国能发核电〔2019〕54号）。

82. 2019.4.28，全国哲学社会科学工作领导小组、财政部印发《关于进一步完善国家社会科学基金项目管理的有关规定》。

83. 2019.4.23，人力资源社会保障部、科技部印发《关于深化自然科学研究人员职称制度改革的指导意见》（人社部发〔2019〕40号）。

84. 2019.4.4，教育部印发《关于抓好赋予科研管理更大自主权有关文件贯彻落实工作的通知》（教党函〔2019〕37号）。

85. 2019.4.3，教育部社会科学司印发《教育部社会科学司2019年工作要点》（教社科司函〔2019〕44号）。

86. 2019.3.1，教育部科技司印发《教育部科技司2019年工作要点》（教技司〔2019〕80号）。

87. 2019.1.22，科技部、财政部印发《关于进一步优化国家重点研发计划项目和资金管理的通知》（国科发资〔2019〕45号）。

88. 2019.1.8，科技部印发《关于以习近平新时代中国特色社会主义思想为指导  凝心聚力  决胜进入创新型国家行列的意见》（国科党组发〔2019〕1号）。

89. 2018.12.20，科技部、国家发展改革委、财政部印发《进一步深化管理改革  激发创新活力  确保完成国家科技重大专项既定目标的十项措施》（国科发重〔2018〕315号）。

90. 2018.12.14，科技部办公厅印发《国家重点研发计划项目综合绩效评价工作规范（试行）》（国科办资〔2018〕107号）。

91. 2018.11.26，教育部办公厅印发《关于进一步落实优化科研管理  提升科研绩效若干措施的通知》（教技厅〔2018〕5号）。

92. 2018.11.5，国家发展改革委、人民银行、科技部、中央组织部等印发《关于对科研领域相关失信责任主体实施联合惩戒的合作备忘录》（发改财金〔2018〕1600号）。

93. 2018.11.1，自然资源部印发《关于深化科技体制  改革提升科技创新效能的实施意见》（自然资党发〔2018〕31号）。

94. 2018.8.31，交通运输部印发《交通运输行业研发中心管理办法》（交科技发〔2018〕114号）。

95. 2018.8.17，国家卫生健康委员会印发《关于印发国家卫生健康委员会重点实验室管理办法和评估规则的通知》（国卫科教发〔2018〕32号）。

96. 2018.7.4，教育部办公厅印发《关于严厉查处高等学校学位论文买卖、代写行为的通知》（教督厅函〔2018〕6号）。

97. 2018.6.29，科技部印发《国家野外科学观测研究站管理办法》（国科发基〔2018〕71号）。

98. 2018.6.29，国家体育总局印发《国家体育总局决策咨询研究项目管理办法》。

99. 2018.6.22，科技部、财政部印发《关于加强国家重点实验室建设发展的若干意见》（国科发基〔2018〕64号）。

100. 2018.6.20，国家烟草专卖局印发《关于加强行业科研诚信管理的通知》（国烟科〔2018〕132号）。

101. 2018.5.16，科技部印发《关于坚持以习近平新时代中国特色社会主义思想为指导推进科技创新重大任务落实深化机构改革加快建设创新型国家的意见》（国科党组发〔2018〕1号）。

102. 2018.5.11，国家发展改革委、国家粮食和物资储备局、科技部印发《关于"科技兴粮"的实施意见》（国粮发〔2018〕100号）。

103. 2018.3.14，教育部科技司印发《教育部科技司2018年工作要点》（教技司〔2018〕90号）。

104. 2018.2.11，国家发展改革委、人民银行、民政部等印发《关于对慈善捐赠领域相关主体实施守信联合激励和失信联合惩戒的合作备忘录》（发改财金〔2018〕331号）。

105. 2018.1.25，食品药品监管总局、科技部印发《关于加强和促进食品药品科技创新工作的指导意见》（食药监科〔2018〕14号）。

106. 2018.1.17，教育部印发《关于全面落实研究生导师立德树人职责的意见》（教研〔2018〕1号）。

107. 2018.1.9，教育部办公厅印发《贯彻落实〈高校思想政治工作质量提升工程实施纲要〉部内分工方案》（教思政厅函〔2018〕2号）。

108. 2018.1.5，科技部印发《关于坚持以习近平新时代中国特色社会主义思想为指导开创科技工作新局面的意见》。

109. 2017.12.4，教育部印发《高校思想政治工作质量提升工程实施纲要》（教党〔2017〕62号）。

110. 2017.11.15，交通运输部印发《交通运输行业重点实验室管理办法》（交科技发〔2017〕174号）。

111. 2017.10.26，科技部、财政部、人力资源社会保障部印发《中央级科研事业单位绩效评价暂行办法》（国科发创〔2017〕330号）。

112. 2017.9.28，环境保护部印发《关于成立国家大气污染防治攻关联合中心并印发〈大气重污染成因与治理攻关工作规则〉的通知》（环科技函〔2017〕211号）。

113. 2017.8.29，科技部印发《国家重点研发计划资金管理办法》配套实施细则（国科发资〔2017〕261号）。

114. 2017.6.22，科技部、财政部印发《国家重点研发计划管理暂行办法》（国科发资〔2017〕152号）。

115. 2017.6.21，国家发展改革委、人民银行、工业和信息化部等印发《关于对盐行业生产经营严重失信者开展联合惩戒的合作备忘录》（发改经体〔2017〕1164号）。

116. 2017.6.9，科技部、农业部、教育部等印发《"十三五"农业农村科技创新专项规划》（国科发农〔2017〕170号）。

117. 2017.4.21，科技部印发《"十三五"城镇化与城市发展科技创新专项规划》（国科发社〔2017〕100号）。

118. 2017.4.13，科技部印发《"十三五"国家科技人才发展规划》（国科发政〔2017〕86号）。

119. 2017.3.13，国务院学位委员会印发《博士硕士学位授权审核办法》（学位〔2017〕9号）。

120. 2017.1.17，教育部、国务院学位委员会印发《学位与研究生教育发展"十三五"规划》（教研〔2017〕1号）。

121. 2017.1.13，中共中央组织部、科技部印发《科研事业单位领导人员管理暂行办法》。

122. 2017.1.06，科技部印发《关于贯彻落实党的十八届六中全会精神　深入实施创新驱动发展战略　开启建设世界科技强国新征程的意见》（国科党组发〔2017〕1号）。

123. 2016.12.22，国家中医药管理局印发《关于加快中医药科技创新体系建设的若干意见》（国中医药科技发〔2016〕38号）。

124. 2016.11.18，教育部印发《高等学校"十三五"科学和技术发展规划》（教技〔2016〕5号）。

125. 2016.9.30，国家卫生计生委、科技部等印发《关于全面推进卫生与健康科技创新的指导意见》（国卫科教发〔2016〕50号）。

126. 2016.9.28，交通运输部印发《关于深化科技体制改革　落实创新驱动发展战略的意见》（交科技发〔2016〕173号）。

127. 2016.9.1，国土资源部印发《国土资源"十三五"科技创新发展规划》（国土资发〔2016〕106号）。

128. 2016.7.25，教育部办公厅印发《关于学习宣传和贯彻实施〈高等学校预防与处理学术不端行为办法〉的通知》（教政法厅函〔2016〕35号）。

129. 2016.6.20，中国科协、财政部、教育部等印发《关于继续组织实施中国科技期刊国际影响力提升计划的通知》（科协发学字〔2016〕65号）。

130. 2016.6.16，教育部印发《高等学校预防与处理学术不端行为办法》（中华人民共和国教育部令第40号）。

131. 2016.5.16，国家测绘地理信息局印发《贯彻落实〈关于加强测绘地理信息科技创新的意见〉任务分工方案》（国测科发〔2016〕3号）。

132. 2016.3.25，科技部、国家发展改革委、教育部等印发《国家科技计划（专项、基金等）严重失信行为记录暂行规定》（国科发政〔2016〕97号）。

133. 2016.1.8，科技部印发《关于贯彻落实党的十八届五中全会精神　深入实施创新驱动发展战略的意见》（国科党组发〔2016〕1号）。

134. 2015.12.29，科技部、财政部印发《中央财政科技计划（专项、基金等）监督工作暂行规定》（国科发政〔2015〕471号）。

135. 2015.12.22，国家测绘地理信息局印发《关于加强测绘地理信息科技创新的意见》（国测科发〔2015〕4号）。

136. 2015.11.23，中国科协、教育部、科技部等印发《发表学术论文"五不准"》（科协发组字〔2015〕98号）。

137. 2015.11.3，中国科协、教育部等印发《关于准确把握科技期刊在学术评价中作用的若干意见》（科协发学字〔2015〕83 号）。

138. 2015.4.30，国家粮食局印发《关于深化粮食科技体制改革和加快创新体系建设的指导意见》（国粮展〔2015〕74 号）。

139. 2014.10.17，教育部印发《关于深入推进高等学校惩治和预防腐败体系建设的意见》（教党〔2014〕38 号）。

140. 2014.4.5，教育部、财政部印发《关于印发〈2011 协同创新中心建设发展规划〉等三个文件的通知》（教技〔2014〕2 号）。

141. 2014.1.8，科技部印发《关于深入学习贯彻十八届三中全会精神 加快推进科技创新的意见》（国科党组发〔2014〕1 号）。

142. 2013.11.29，教育部印发《关于深化高等学校科技评价改革的意见》（教技〔2013〕3 号）。

143. 2013.9.7，交通运输部印发《关于科技创新推动交通运输转型升级的指导意见》（交科技发〔2013〕540 号）。

144. 2013.6.25，国土资源部印发《关于进一步加强科技创新工作的意见》（国土资发〔2013〕72 号）。

145. 2013.1.22，卫生部印发《2013 年卫生工作要点》（卫办发〔2013〕5 号）。

146. 2012.12.28，国家粮食局办公室印发《粮食科技项目管理实施细则（试行）》（国粮办展〔2012〕279 号）。

147. 2012.12.18，教育部印发《关于进一步规范高校科研行为的意见》（教监〔2012〕6 号）。

148. 2012.12.18，教育部印发《关于进一步加强高校科研项目管理的意见》（教技〔2012〕14 号）。

149. 2012.11.8，民政部印发《关于加快民政科技改革发展 推进民政创新体系建设的意见》（民发〔2012〕191 号）。

150. 2012.9.21，国家林业局印发《关于加快科技创新 促进现代林业发展的意见》（林科发〔2012〕231 号）。

151. 2012.3.14，教育部印发《高等学校"十二五"科学和技术发展规划》（教技〔2012〕4 号）。

152. 2012.3.9，教育部印发《关于进一步加强高等学校基础研究工作的指导意见》（教技〔2012〕2 号）。

153. 2012.1.11，国家粮食局印发《粮食科技"十二五"发展规划》（国粮展〔2012〕4号）。

154. 2011.12.21，农业部印发《农业科技发展"十二五"规划》（农科教发〔2011〕16号）。

155. 2011.12.2，教育部印发《关于切实加强和改进高等学校学风建设的实施意见》（教技〔2011〕1号）。

156. 2011.11.7，教育部、财政部印发《高等学校哲学社会科学繁荣计划（2011—2020年）》（教社科〔2011〕3号）。

157. 2011.9.19，科技部、教育部、中国科学院等印发《关于印发进一步加强基础研究若干意见的通知》（国科发基〔2011〕461号）。

158. 2011.8.2，交通运输部办公厅印发《交通运输部科技计划项目信用管理办法（试行）》（厅科技字〔2011〕169号）。

159. 2011.7.26，科技部、人力资源和社会保障部、教育部等印发《国家中长期科技人才发展规划（2010—2020年）》（国科发政〔2011〕353号）。

160. 2011.7.1，科技部印发《关于组织国家科技重大专项项目课题承担单位和参与人员签订科研诚信承诺书的通知》（国科发专〔2011〕254号）。

161. 2011.6.9，环境保护部印发《国家环境保护"十二五"科技发展规划》（环发〔2011〕63号）。

162. 2009.8.26，科学技术部、教育部、财政部等印发《关于加强我国科研诚信建设的意见》（国科发政〔2009〕529号）。

163. 2009.2.20，科技部印发《关于推动自主创新 促进科学发展的意见》。

164. 2008.9.6，铁道部印发《关于印发〈铁道部科技研究开发计划管理办法〉和〈铁道部科技研究开发课题招标投标管理办法〉的通知》（铁科技〔2008〕166号）。

165. 2008.1.25，财政部、国防科工委印发《国防科技工业科研经费管理暂行办法》（财防〔2008〕11号）。

166. 2007.1.17，科技部、中共中央宣传部、国家发展改革委等印发《关于加强国家科普能力建设的若干意见》（国科发政字〔2007〕32号）。

167. 2007.1.16，中共中央组织部、教育部、科技部等印发《关于动员和组织广大科技工作者为建设创新型国家作出新贡献的若干意见》。

168. 2006.12.13，水利部印发《关于加强水利科技创新的若干意见的通知》

（水国科〔2006〕569号）。

169. 2006.11.7，科技部印发《国家科技计划实施中科研不端行为处理办法（试行）》（中华人民共和国科学技术部令第11号）。

170. 2006.6.27，国家环境保护总局印发《关于增强环境科技创新能力的若干意见》（环发〔2006〕97号）。

171. 2005.11.29，国家林业局印发《关于进一步加强林业科技工作的决定》（林科发〔2005〕第184号）。

172. 2004.9.3，科技部印发《关于在国家科技计划管理中建立信用管理制度的决定》（国科发计字〔2004〕225号）。

## 三、地方性法规及规章

### （一）地方性法规

173. 2021.7.30，成都市人大常委会通过《成都市科技创新中心建设条例》。

174. 2021.7.28，辽宁省人大常委会通过《辽宁省科技创新条例》（辽宁省人民代表大会常务委员会公告〔13届〕第78号）。

175. 2021.6.2，珠海市人大常委会通过《珠海经济特区科技创新促进条例》（珠海市人民代表大会常务委员会公告〔9届〕第36号）。

176. 2021.5.31，安徽省人大常委会通过《安徽创新型省份建设促进条例》（安徽省人民代表大会常务委员会公告第44号）。

177. 2021.5.27，重庆市人大常委会通过《重庆市社会信用条例》（重庆市人民代表大会常务委员会公告〔5届〕第131号）。

178. 2021.5.27，贵州省人大常委会通过《贵州省中医药条例》（贵州省人民代表大会常务委员会公告2021第7号）。

179. 2021.4.7，广州市人大常委会通过《广州市科技创新条例》（广州市第十五届人民代表大会常务委员会公告第75号）。

180. 2021.2.25，武汉市人大常委会通过《武汉市科技创新促进条例》（武汉市人民代表大会常务委员会公告〔14届〕第44号）。

181. 2021.1.18，西安市人大常委会通过《西安市科学技术进步条例》（西安市人民代表大会常务委员会公告〔16届〕第95号）。

182. 2020.12.1，天津市人大常委会通过《天津市社会信用条例》（天津市人民代表大会常务委员会公告第 63 号）。

183. 2020.8.28，深圳市人大常委会通过《深圳经济特区科技创新条例》（深圳市第六届人民代表大会常务委员会公告第 205 号）。

184. 2020.6.2，河北省人大常委会通过《河北省科学技术进步条例》（河北省第十三届人民代表大会常务委员会公告第 52 号）。

185. 2020.5.18，天津市人大常委会通过《天津国家自主创新示范区条例》（天津市人民代表大会常务委员会公告第 46 号）。

186. 2020.5.15，山西省人大常委会通过《山西省创新驱动高质量发展条例》（山西省人民代表大会常务委员会公告第 41 号）。

187. 2020.1.20，上海市第十五届人民代表大会第三次会议通过《上海市推进科技创新中心建设条例》（上海市人民代表大会公告第 13 号）。

188. 2019.12.13，舟山市人大常委会通过《舟山市科技创新促进条例》（舟山市第七届人民代表大会常务委员会公告第 13 号）。

189. 2019.9.27，淮南市人大常委会通过《淮南市科技创新促进条例》。

190. 2019.9.25，广东省人大常委会通过《广东省自主创新促进条例》（广东省第十三届人民代表大会常务委员会公告第 46 号）。

191. 2019.8.19，洛阳市人大常委会通过《洛阳市科学技术进步条例》（洛阳市第十五届人民代表大会常务委员会公告第 15 号）。

192. 2019.1.20，湖南省人大常委会通过《湖南省高新技术发展条例》（湖南省第十三届人民代表大会常务委员会公告第 20 号）。

193. 2018.9.14，宁夏回族自治区人大常委会通过《宁夏回族自治区促进科技成果转化条例》（宁夏回族自治区人民代表大会常务委员会公告第 9 号）。

194. 2017.11.24，福建省人大常委会通过《福建省促进科技成果转化条例》。

195. 2017.9.29，山西省人大常委会通过《山西省科技创新促进条例》（山西省人民代表大会常务委员会公告第 46 号）。

196. 2017.7.26，天津市人大常委会通过《天津市促进科技成果转化条例》（天津市人民代表大会常务委员会公告第 66 号）。

197. 2016.12.16，黑龙江省人大常委会通过《黑龙江省促进科技成果转化条例》（黑龙江省第十二届人民代表大会常务委员会公告第 45 号）。

198. 2016.7.28，湖北省人大常委会通过《湖北省自主创新促进条例》（湖北省人民代表大会常务委员会公告第 199 号）。

199. 2016.3.31，广东省人大常委会通过《广东省自主创新促进条例》（广东省第十二届人民代表大会常务委员会公告第 53 号）。

200. 2013.6.28，大连市人大常委会通过《大连市科学技术进步条例》（大连市人民代表大会常务委员会公告第 1 号）。

201. 2011.11.26，江苏省人大常委会通过《江苏省科学技术进步条例》（江苏省人民代表大会常务委员会公告第 94 号）。

202. 2010.9.17，上海市人大常委会通过《上海市科学技术进步条例》（上海市人民代表大会常务委员会公告第 25 号）。

（二）地方政府规章

203. 2021.8.1，甘肃省人民政府公布《甘肃省科学技术奖励办法》（甘肃省人民政府令第 157 号）。

204. 2021.2.10，浙江省人民政府公布《浙江省科学技术奖励办法》（浙江省人民政府令第 388 号）。

205. 2020.10.21，四川省人民政府公布《四川省科学技术奖励办法》（四川省人民政府令第 342 号）。

206. 2020.3.20，广东省人民政府公布《广东省科技计划项目监督规定》（广东省人民政府令第 271 号）。

207. 2019.7.18，北京市人民政府公布《北京市科学技术奖励办法》（北京市人民政府令第 287 号）。

## 四、地方性政策

208. 2021.10.25，浙江省教育厅办公室印发《关于做好高校科研政策宣传教育加强科研管理的通知》（浙教办高教〔2021〕41 号）。

209. 2021.9.27，辽宁省科学技术厅印发《科研失信行为投诉举报与调查处理工作暂行规定》。

210. 2021.9.27，辽宁省科学技术厅印发《辽宁省科学技术活动严重失信行为认定及记录暂行办法》。

211. 2021.9.26，广西壮族自治区科技厅印发《广西科技项目评审专家管理实施细则（试行）》（桂科计字〔2021〕194号）。

212. 2021.9.18，上海市人民政府印发《关于加快推动基础研究高质量发展的若干意见》（沪府发〔2021〕22号）。

213. 2021.9.1，重庆市科学技术局印发《重庆市科技计划项目诚信管理办法》。

214. 2021.9.8，北京市中关村科技园区管理委员会印发《北京市科技计划项目（课题）经费管理办法》（京财科文〔2021〕1822号）。

215. 2021.9.2，新疆维吾尔自治区科学技术厅印发《科研诚信管理办法（试行）》（新科规〔2021〕2号）。

216. 2021.8.31，黑龙江省科学技术厅印发《黑龙江省自然科学基金依托单位管理实施细则（试行）的通知》（黑科规〔2021〕11号）。

217. 2021.8.25，广东省科学技术厅印发《广东省省级财政科研项目资金跨境港澳地区使用管理规程（试行）》（粤财规〔2021〕4号）。

218. 2021.8.5，广东省科学技术厅印发《关于广东省基础与应用基础研究基金（省自然科学基金、联合基金等）项目管理的实施细则（试行）》（粤科规范字〔2021〕4号）。

219. 2021.7.29，上海市财政局印发《关于加快新时代上海市研究生教育高质量发展的实施意见》（沪教委高〔2021〕42号）。

220. 2021.7.21，四川省科学技术厅印发《四川省工程技术研究中心建设运行管理办法》（川科高〔2021〕19号）。

221. 2021.7.12，合肥市科学技术局印发《合肥市技术创新中心管理办法（修订稿）》（合科〔2021〕108号）。

222. 2021.7.8，广西壮族自治区财政厅印发《自治区本级财政科技计划监督工作规定》（桂科监字〔2021〕15号）。

223. 2021.7.6，广西壮族自治区科学技术厅印发《广西新型研发机构认定管理办法》（桂科政字〔2021〕69号）。

224. 2021.6.29，福建省财政厅印发《关于加快新时代研究生教育高质量发展的实施意见》（闽教高〔2021〕26号）。

225. 2021.6.21，安徽省科学技术厅印发《安徽省支持科技创新若干政策专项资金管理办法》（皖财教〔2021〕484号）。

226. 2021.6.10，深圳市人民政府印发《深圳市院士（专家）工作站建设管理与资助办法》（深府规〔2021〕4号）。

227. 2021.6.4，辽宁省财政厅印发《辽宁省科技成果转化和技术转移奖励性后补助实施细则（试行）》（辽科发〔2021〕18号）。

228. 2021.6.3，黑龙江省科学技术厅印发《关于印发〈黑龙江省科技计划（专项、基金等）项目终止工作规程〉〈黑龙江省科技计划（专项、基金）项目绩效评价和验收工作规程〉的通知（2021修订）》（黑科规〔2021〕8号）。

229. 2021.5.28，陕西省科学技术厅印发《陕西省科技企业孵化载体管理办法》（陕科发〔2021〕9号）。

230. 2021.5.28，广西壮族自治区科学技术厅印发《广西壮族自治区重点实验室管理办法（修订）》（桂科政字〔2021〕52号）。

231. 2021.5.26，安徽省科学技术厅印发《安徽省院士工作站管理办法（试行）》（皖科智〔2021〕9号）。

232. 2021.5.26，青海省科学技术厅印发《青海省重点研发与转化计划管理办法》。

233. 2021.5.26，青海省科学技术厅印发《青海省重大科技专项管理办法》。

234. 2021.5.25，黑龙江省科学技术厅印发《黑龙江省科学技术厅科技活动评审监督工作规程》（黑科规〔2021〕6号）。

235. 2021.5.24，内蒙古自治区科学技术厅印发《内蒙古自治区重点实验室评估规则（试行）》（内科发基字〔2021〕6号）。

236. 2021.5.20，北京市中关村科技园区管理委员会印发《北京市杰出青年科学基金项目管理办法》（京科发〔2021〕12号）。

237. 2021.5.16，山东省科学技术厅印发《关于进一步压实省级科技计划（专项、基金等）任务承担单位科研作风学风和科研诚信主体责任的通知》。

238. 2021.5.15，北京市教育委员会印发《关于推进北京市教育系统信用建设工作的意见》（京教信〔2021〕5号）。

239. 2021.5.14，重庆市人民政府印发《关于印发支持科技创新若干财政金融政策的通知》（渝府办发〔2021〕47号）。

240. 2021.5.14，上海市财政局印发《上海市中央引导地方科技发展资金管理办法》（沪科规〔2021〕5号）。

241. 2021.5.13，成都市财政局印发《成都市创新创业载体创建、运营服务及创新创业活动补助管理办法》（成科字〔2021〕22号）。

242. 2021.5.11，宁夏回族自治区科学技术厅印发《宁夏回族自治区重点研发计划管理办法》。

243. 2021.5.6，青岛市科学技术局印发《青岛市科技计划项目实施过程管理办法》（青科规〔2021〕1号）。

244. 2021.5.6，吉林省财政厅印发《吉林省科技创新平台管理办法（试行）》。

245. 2021.4.30，广西壮族自治区财政厅印发《广西壮族自治区科技创新券管理办法》（桂科政字〔2021〕42号）。

246. 2021.4.29，江西省科学技术厅印发《江西省科技厅科技计划项目管理办法》（赣科规〔2021〕3号）。

247. 2021.4.27，广西壮族自治区科学技术厅印发《广西科研信用评价实施细则》（桂科监字〔2021〕11号）。

248. 2021.4.18，浙江省教育厅印发《关于改进高校哲学社会科学研究评价破除"唯论文"不良导向的指导意见》（浙教办高教〔2021〕7号）。

249. 2021.4.12，山东省人民政府印发《关于加快山东医学教育创新发展的实施意见》（鲁政办发〔2021〕6号）。

250. 2021.4.2，河南省人民政府印发《河南省国民经济和社会发展第十四个五年规划和二〇三五年远景目标纲要》（豫政〔2021〕13号）。

251. 2021.3.31，安徽省科学技术厅印发《安徽省科研诚信管理办法（试行）》（皖科监〔2021〕3号）。

252. 2021.3.25，深圳市科技创新委员会印发《深圳市优秀科技创新人才培养项目管理办法》（深科技创新规〔2021〕3号）。

253. 2021.3.24，广东省科学技术厅印发《广东省科学技术厅关于广东省重点实验室的管理办法》（粤科规范字〔2021〕2号）。

254. 2021.3.24，黑龙江省财政厅印发《黑龙江省重点研发计划管理暂行办法》。

255. 2021.3.9，宁波市财政局印发《宁波市科技发展专项资金管理办法》（甬科资〔2021〕18号）。

256. 2021.3.9，内蒙古自治区财政厅印发《内蒙古自治区高新技术企业奖补实施细则》（内科发高字〔2021〕2号）。

257. 2021.3.5，四川省人民政府印发《四川省加快医学教育创新发展实施方案》（川办发〔2021〕12号）。

258. 2021.3.1，江苏省生态环境厅印发《江苏省省级生态环境科研项目和经费管理办法》（苏环办〔2021〕67号）。

259. 2021.3.1，大连市科学技术局印发《大连市科技计划项目中期评估和验收管理暂行规定》。

260. 2021.2.24，南通市人民政府印发《南通市国民经济和社会发展第十四个五年规划和二〇三五年远景目标纲要的通知》（通政发〔2021〕5号）。

261. 2021.2.24，甘肃省人力资源和社会保障厅印发《关于修订完善各系列（专业）职称评价条件标准的通知》（甘人社通〔2021〕78号）。

262. 2021.2.24，合肥市人民政府印发《合肥市新型研发机构管理办法（试行）》（合政〔2021〕18号）。

263. 2021.2.23，宁波市发布《宁波市国民经济和社会发展第十四个五年规划和二〇三五年远景目标纲要》。

264. 2021.2.19，江苏省人民政府印发《江苏省国民经济和社会发展第十四个五年规划和二〇三五年远景目标纲要的通知》（苏政发〔2021〕18号）。

265. 2021.2.8，云南省人民政府印发《云南省国民经济和社会发展第十四个五年规划和二〇三五年远景目标纲要的通知》（云政发〔2021〕4号）。

266. 2021.2.7，天津市人民政府印发《天津市国民经济和社会发展第十四个五年规划和二〇三五年远景目标纲要的通知》（津政发〔2021〕5号）。

267. 2021.2.7，内蒙古自治区人民政府印发《自治区国民经济和社会发展第十四个五年规划和2035年远景目标纲要的通知》（内政发〔2021〕1号）。

268. 2021.2.7，江西省教育厅印发《关于进一步完善省级财政科研项目资金管理若干措施的通知》。

269. 2021.2.2，河北省科学技术厅印发《省级科技计划项目验收工作规程》（冀科资函〔2021〕3号）。

270. 2021.2.2，河北省科学技术厅印发《省级科技计划项目变更工作规程》（冀科资函〔2021〕2号）。

271. 2021.1.29，内蒙古自治区科学技术厅印发《内蒙古自治区重点实验室建设与运行管理办法（试行）》（内科发基字〔2021〕4号）。

272. 2021.1.29，内蒙古自治区科学技术厅印发《内蒙古自治区自然科学基金项目管理办法（试行）》（内科发基字〔2021〕3号）。

273. 2021.1.29，陕西省发布《陕西省国民经济和社会发展第十四个五年规划和二〇三五年远景目标纲要》。

274. 2021.1.29，湖南省发布《湖南省国民经济和社会发展第十四个五年规划和二〇三五年远景目标纲要》。

275. 2021.1.28，深圳市卫生健康委员会印发《深圳市临床医学研究中心管理办法》（深科技创新规〔2021〕1号）。

276. 2021.1.26，云南省人民政府印发《关于构建更加完善的要素市场化配置体制机制的实施意见》。

277. 2021.1.18，山东省科学技术厅印发《山东省科技专家库管理办法（试行）》。

278. 2021.1.12，包头市人民政府发布《中共包头市委员会关于制定包头市国民经济和社会发展第十四个五年规划和二〇三五年远景目标的建议》。

279. 2021.1.7，山西省科学技术厅印发《科研项目负责人科研背景及学术道德核查办法（试行）》（晋科发〔2021〕2号）。

280. 2021.1.6，成都市人民政府印发《成都市深化科研项目评审、科技人才评价、科研机构评估改革方案》（成办发〔2021〕4号）。

281. 2021.1.5，浙江省社会科学界联合会印发《关于建立科研诚信建设部门联席会议制度的通知》（浙科发监〔2021〕1号）。

282. 2021.1.4，海南省科学技术厅印发《海南省中央引导地方科技发展资金管理实施细则》（琼财教规〔2020〕20号）。

283. 2021.1.1，黑龙江省卫生健康委员会印发《黑龙江省医疗卫生信用信息管理暂行办法》（黑卫监督规发〔2021〕1号）。

284. 2021.6，河南省科学技术厅印发《河南省科研诚信案件调查处理办法（试行）》（豫科〔2021〕77号）。

285. 2021.4，青海省科学技术厅印发《青海省科学技术奖励办法实施细则》。

286. 2020.12.31，广东省审计厅印发《广东省省级财政社会科学研究项目资金管理监督办法》（粤财规〔2020〕1号）。

287. 2020.12.31，湖南省科学技术厅印发《湖南省自然科学基金项目管理办法》（湘科发〔2020〕126号）。

288. 2020.12.31，湖南省科学技术厅印发《湖南省临床医疗技术创新引导项目管理实施细则》（湘科发〔2020〕95号）。

289. 2020.12.31，上海市人民政府办公厅印发修订后的《上海市人民政府决策咨询研究课题管理办法》和《上海市决策咨询研究成果奖励规定》（沪府办规〔2020〕18 号）。

290. 2020.12.31，新疆维吾尔自治区科学技术厅印发《新疆维吾尔自治区自然科学基金项目管理办法（试行）》（新科规〔2020〕4 号）。

291. 2020.12.31，河北省科学技术厅印发《河北省企业重点实验室建设与运行管理办法》（冀科平规〔2020〕2 号）。

292. 2020.12.31，浙江省财政厅印发《浙江省实验室管理办法（试行）》。

293. 2020.12.30，深圳市科技创新委员会印发《深圳市科研诚信管理办法（试行）》（深科技创新规〔2020〕16 号）。

294. 2020.12.30，南宁市科学技术局印发《南宁市本级科研项目经费包干制试点管理办法》（南科规〔2020〕8 号）。

295. 2020.12.30，中共山西省委印发《中共山西省委关于制定国民经济和社会发展第十四个五年规划和二〇三五年远景目标的建议》。

296. 2020.12.27，河北省人民政府办公厅印发《关于加快医学教育创新发展实施方案的通知》（冀政办字〔2020〕220 号）。

297. 2020.12.25，内蒙古自治区科学技术厅印发《内蒙古自治区科技成果评价工作方案》（内科发〔2020〕89 号）。

298. 2020.12.25，中共厦门市委印发《关于制定厦门市国民经济和社会发展第十四个五年规划和二〇三五年远景目标的建议》。

299. 2020.12.24，天津市教育委员会印发《关于深化学术学位研究生课程改革的实施意见》（津教政办〔2020〕205 号）。

300. 2020.12.23，黑龙江省科学技术厅印发《黑龙江省科技计划（专项、基金等）绩效评价实施细则》（黑科规〔2020〕8 号）。

301. 2020.12.23，珠海市科技创新局印发《珠海市社会发展领域科技计划项目管理办法》（珠科创〔2020〕163 号）。

302. 2020.12.22，浙江省市场监督管理局印发《浙江省大型科研仪器设备开放共享绩效评价办法（试行）》（浙科发基〔2020〕71 号）。

303. 2020.12.21，吉林省人民政府办公厅印发《关于加快医学教育创新发展的实施意见》（吉政办发〔2020〕32 号）。

304. 2020.12.21，成都市科学技术局印发《成都市科研失信行为记录暂行规定》。

305. 2020.12.18，北京市科学技术协会印发《关于弘扬科学家精神加强作风学风与科研诚信建设的实施意见》（京科发〔2020〕16号）。

306. 2020.12.16，中共广州市委印发《关于制定广州市国民经济和社会发展第十四个五年规划和二〇三五年远景目标的建议》。

307. 2020.12.14，江苏省科学技术厅印发《江苏省外国专家工作室管理办法（试行）》（苏科技规〔2020〕333号）。

308. 2020.12.14，中共广东省委印发《关于制定广东省国民经济和社会发展第十四个五年规划和二〇三五年远景目标的建议》。

309. 2020.12.10，中共云南省委印发《关于制定云南省国民经济和社会发展第十四个五年规划和二〇三五年远景目标的建议》。

310. 2020.12.7，广西壮族自治区市场监督管理局印发《广西壮族自治区职务科技成果权属改革试点实施方案》（桂科成字〔2020〕222号）。

311. 2020.12.4，中共四川省委印发《关于制定四川省国民经济和社会发展第十四个五年规划和二〇三五年远景目标的建议》。

312. 2020.12.3，南昌市科学技术局印发《南昌市科技局科研诚信建设实施细则》（洪科字〔2020〕238号）。

313. 2020.12.2，四川省科学技术厅印发《四川省科技服务业发展专项项目管理办法》（川科高〔2020〕18号）。

314. 2020.12.2，中共湖北省委印发《关于制定全省国民经济和社会发展第十四个五年规划和二〇三五年远景目标的建议》。

315. 2020.12.2，中共山东省委印发《关于制定山东省国民经济和社会发展第十四个五年规划和二〇三五年远景目标的建议》。

316. 2020.12.1，中共安徽省委印发《关于制定国民经济和社会发展第十四个五年规划和二〇三五年远景目标的建议》。

317. 2020.11.27，中共江西省委印发《关于制定全省国民经济和社会发展第十四个五年规划和二〇三五年远景目标的建议》。

318. 2020.11.27，中共重庆市委印发《关于制定重庆市国民经济和社会发展第十四个五年规划和二〇三五年远景目标的建议》。

319. 2020.11.25，北京市人力资源和社会保障局印发《北京市深化哲学社会科学研究人员职称制度改革实施办法》（京人社事业发〔2020〕34号）。

320. 2020.11.25，深圳市科技创新委员会印发《深圳市重点企业研究院资助管理办法》。

321. 2020.11.24，山东省科学技术厅印发《山东省科技计划项目科研诚信管理办法》（鲁科字〔2020〕105号）。

322. 2020.11.18，长沙市科学技术局印发《长沙市科技项目科研诚信管理办法（暂行）》（长科发〔2020〕31号）。

323. 2020.11.17，上海市科学技术委员会印发《上海市科技信用信息管理办法（试行）》（沪科规〔2020〕9号）。

324. 2020.11.17，广西壮族自治区财政厅印发《广西加强"从0到1"基础研究的实施意见》（桂科政字〔2020〕125号）。

325. 2020.11.12，湖南省人力资源和社会保障厅印发《关于进一步深化科研院所改革推动创新驱动发展的实施意见》（湘科发〔2020〕71号）。

326. 2020.11.2，江苏省水利厅印发《江苏省水利科技项目管理办法》（苏水规〔2020〕2号）。

327. 2020.10.29，深圳市科技创新委员会印发《深圳市科技计划项目实施过程与验收管理办法（试行）》（深科技创新规〔2020〕14号）。

328. 2020.10.24，山东省教育厅印发《关于加强新时代教育科学研究工作的实施意见》（鲁教办发〔2020〕2号）。

329. 2020.10.21，黑龙江省卫生健康委员会印发《关于印发〈黑龙江省卫生健康行业科研项目管理和医疗卫生机构临床研究项目备案管理实施方案〉的通知》。

330. 2020.9.30，广西壮族自治区审计厅印发《广西壮族自治区科技项目资金监督管理办法》（桂科政字〔2020〕114号）。

331. 2020.9.30，四川省科学技术厅印发《四川省科学技术厅科研失信记录实施细则（试行）》。

332. 2020.9.27，四川省科学技术厅印发《依托企业建设四川省重点实验室管理办法》（川科基〔2020〕17号）。

333. 2020.9.23，深圳市科技创新委员会印发《深圳市技术攻关专项管理办法》（深科技创新规〔2020〕13号）。

334. 2020.9.23，广西壮族自治区科学技术厅印发《广西野外科学观测研究站管理办法》（桂科政字〔2020〕106号）。

335. 2020.9.22，山东省科学技术厅印发《山东省重点研发计划（软科学项目）实施细则》（鲁科字〔2020〕77号）。

336. 2020.9.22，宁波市科学技术局印发《宁波市科研诚信管理办法（试行）》（甬科资〔2020〕81号）。

337. 2020.8.26，湖南省科学技术厅印发《湖南省科技创新计划项目管理办法》（湘科发〔2020〕69号）。

338. 2020.8.25，湖南省科学技术厅印发《湖南省新型研发机构管理办法》（湘科发〔2020〕67号）。

339. 2020.8.5，重庆市卫生健康委员会印发《重庆市中医药科研项目管理办法》。

340. 2020.8.3，广西壮族自治区人民政府印发《广西科学技术奖励办法》（桂政发〔2020〕27号）。

341. 2020.7.31，苏州市科学技术局印发《苏州市科技计划项目信用管理办法》（苏科规〔2020〕2号）。

342. 2020.7.30，黑龙江省科学技术厅印发《黑龙江省科技计划项目科研诚信管理暂行办法》。

343. 2020.7.24，安徽省科学技术厅印发《安徽省自然科学基金管理办法（修订）》（皖科基奖〔2020〕16号）。

344. 2020.7.17，浙江省人民政府办公厅印发《关于加快建设高水平新型研发机构的若干意见》（浙政办发〔2020〕34号）。

345. 2020.7.3，上海市教育委员会印发《关于加强公共卫生应急管理科技攻关体系与能力建设的实施意见》（沪科规〔2020〕3号）。

346. 2020.7.3，杭州市科学技术局印发《杭州市共性技术研发平台建设与运行管理暂行办法》（杭科合〔2020〕61号）。

347. 2020.6.30，云南省人民政府印发《云南省优化营商环境办法》（云政规〔2020〕1号）。

348. 2020.6.29，福建省科学技术厅印发《福建省科技计划项目监督工作暂行办法》（闽科监〔2020〕2号）。

349. 2020.6.29，深圳市科技创新委员会印发《深圳市重点实验室建设和运行管理办法》（深科技创新规〔2020〕11号）。

350. 2020.6.29，深圳市科技创新委员会印发《深圳市高等院校稳定支持计划管理办法》（深科技创新规〔2020〕10号）。

351. 2020.6.29，深圳市科技创新委员会印发《深圳市工程技术研究中心认定与运行管理办法》（深科技创新规〔2020〕9号）。

352. 2020.6.23，中共青海省委、青海省人民政府办公厅印发《青海省关于优化科技创新体系　提升科技创新供给能力的若干政策措施》（青办字〔2020〕76号）。

353. 2020.6.22，深圳市科技创新委员会印发《深圳市可持续发展科技专项项目管理办法》（深科技创新规〔2020〕8号）。

354. 2020.6.22，浙江省卫生健康委员会印发《浙江省卫生健康信用信息管理办法（试行）》（浙卫发〔2020〕24号）。

355. 2020.6.20，黑龙江省药品监督管理局印发《黑龙江省临床医学研究中心管理办法（试行）》。

356. 2020.6.12，北京市科学技术委员会印发《关于落实"放管服"要求　进一步完善北京市科技计划项目经费监督管理的若干措施》（京科发〔2020〕8号）。

357. 2020.6.11，浙江省科学技术厅印发《浙江省科研诚信信息管理办法（试行）》（浙科发监〔2020〕28号）。

358. 2020.6.8，黑龙江省财政厅印发《黑龙江省科技重大专项管理暂行办法》。

359. 2020.6.2，广西壮族自治区科学技术厅印发《自治区本级自筹经费科技项目管理办法（试行）》（桂科政字〔2020〕59号）。

360. 2020.6.2，河北省科学技术厅印发《河北省高等学校省级财政科研项目资金管理实施细则》（冀财教〔2020〕68号）。

361. 2020.6.1，广西壮族自治区科学技术厅印发《广西科技发展战略研究专项课题管理暂行办法（修订）》（桂科政字〔2020〕57号）。

362. 2020.5.29，河南省教育厅印发《河南省高校科技创新团队支持计划实施办法》和《河南省高校科技创新人才支持计划实施办法》（教科技〔2020〕203号）。

363. 2020.5.28，珠海市财政局印发《珠海市科技创新专项资金管理试行办法》（珠科创〔2020〕54号）。

364. 2020.5.27，宁夏回族自治区地质局印发《自治区地质局业务中心建设与考核管理办法》（宁地发〔2020〕18号）。

365. 2020.5.26，黑龙江省财政厅印发《省属科研院所科研业务费管理暂行办法》（黑财规审〔2020〕14号）。

366. 2020.5.26，西藏自治区科学技术厅印发《西藏自治区科技计划（专项、基金等）咨询专家库管理办法（试行）》。

367. 2020.5.25，陕西省科学技术厅印发《陕西省国际科技合作基地评估实施细则》（陕科办发〔2020〕41号）。

368. 2020.5.22，中共广西壮族自治区党委办公厅、广西壮族自治区人民政府办公厅印发《关于进一步深化科技体制改革　推动科技创新促进广西高质量发展的若干措施》（厅发〔2020〕29号）。

369. 2020.5.10，内蒙古自治区科学技术厅印发《内蒙古自治区科技计划项目管理办法》（内科发〔2020〕32号）。

370. 2020.4.22，中共江西省委、江西省人民政府印发《江西省新时代公民道德建设实施方案》。

371. 2020.4.17，河北省科学技术厅印发《河北省省级科技计划项目科研诚信管理办法（试行）》（冀科监规〔2020〕1号）。

372. 2020.3.27，广西壮族自治区科学技术厅印发《关于加快推动科技型企业设立首席技术官工作的指导意见》（桂科高字〔2020〕36号）。

373. 2020.3.25，青海省社会信用体系建设领导小组办公室印发《青海省对科研领域相关失信责任主体实施联合惩戒合作备忘录》（青信用办〔2020〕3号）。

374. 2020.3.16，云南省科学技术厅印发《科技信用评级管理办法（试行）》（云科规〔2020〕3号）。

375. 2020.3.16，云南省科学技术厅印发《科技计划科研失信行为记录管理实施细则（试行）》（云科规〔2020〕2号）。

376. 2020.2.19，贵州省发展和改革委员会印发《贵州省科研诚信管理暂行办法》（黔科通〔2020〕9号）。

377. 2020.1.10，重庆市科学技术局（原重庆市科学技术委员会）印发《重庆市科技计划项目诚信管理暂行办法》。

378. 2020.1.2，珠海市人民政府印发《关于进一步促进科技创新的意见》（珠府〔2020〕1号）。

379. 2020，广东省科学技术厅印发《广东省科研诚信管理办法（试行）》（粤科规范字〔2020〕2号）。

380. 2019.12.26，包头市科学技术协会印发《关于进一步加强科研诚信建设的实施方案》（包科发〔2019〕67号）。

381. 2019.12.16，宁波市人民政府办公厅印发《关于深化科技"三评"加强科研诚信建设提升科研绩效的若干意见》（甬政办发〔2019〕77号）。

382. 2019.12.11，广西壮族自治区教育厅印发《广西高校教师师德考核办法》和《广西高校教师师德失范行为处理的指导意见》（桂教规范〔2019〕22号）。

383. 2019.11.25，广州市审计局印发《市级财政科研项目资金绩效提升和管理监督办法》（穗财规〔2019〕6号）。

384. 2019.10.12，青海省科学技术厅印发《青海省省级科技计划科研诚信管理办法》（青科发政〔2019〕98号）。

385. 2019.9.30，大连市财政局印发《大连市科技创新基金管理办法》。

386. 2019.9.27，揭阳市人民政府印发《揭阳市进一步促进科技创新的若干政策措施》（揭府〔2019〕40号）。

387. 2019.9.9，中共昆明市委办公室、昆明市人民政府办公室印发《关于进一步加强科研诚信建设的实施意见》。

388. 2019.8.23，广州市科学技术局印发《广州市科技计划项目管理办法》（穗科规字〔2019〕3号）。

389. 2019.8.23，上海市科学技术委员会印发《关于科研不端行为投诉举报的调查处理办法（试行）》（沪科规〔2019〕8号）。

390. 2019.8.23，吉林省科学技术厅印发《吉林省科技发展计划项目科研诚信管理暂行办法》（吉科发监〔2019〕257号）。

391. 2019.8.22，福建省市场监督管理局印发《科技计划项目管理暂行办法》。

392. 2019.7.24，安徽省人民政府印发《关于推进安徽省实验室安徽省技术创新中心建设的实施意见》（皖政秘〔2019〕137号）。

393. 2019.7.5，深圳市科技创新委员会印发《深圳市科技计划项目管理办法》（深科技创新规〔2019〕1号）。

394. 2019.6.17，玉林市人民政府办公室印发《玉林市科研诚信管理实施细则》（玉政办规〔2019〕6号）。

395. 2019.5.24，天津市教育委员会印发《关于强化学术学位研究生学术能力提升的实施意见》（津教规范〔2019〕15号）。

396. 2019.5.24，天津市教育委员会印发《关于加强学术学位研究生教育工作的指导意见》（津教规范〔2019〕14 号）。

397. 2019.5.23，邯郸市教育局印发《邯郸市教育局关于加强全市教育系统科研诚信建设的实施意见》（邯教〔2019〕275 号）。

398. 2019.5.21，上海市科学技术委员会印发《上海市科技计划项目管理办法（试行）》（沪科规〔2019〕5 号）。

399. 2019.4.26，吉林省林业和草原局印发《关于进一步加强科研诚信建设的实施意见》（吉林科〔2019〕287 号）。

400. 2019.4.22，天津市教育委员会印发《关于加强专业学位研究生导师队伍建设的实施意见》（津教规范〔2019〕7 号）。

401. 2019.3.25，甘肃省人民政府印发《关于优化科研管理提升科研绩效若干措施的通知》（甘政发〔2019〕16 号）。

402. 2019.3.22，吉林省委办公厅、吉林省人民政府办公厅印发《关于深化项目评审、人才评价、机构评估改革的实施意见》。

403. 2019.3.7，杭州市科学技术局印发《杭州市科研诚信管理办法（试行）》（杭科计〔2019〕26 号）。

404. 2019.2.15，重庆市科学技术局（原重庆市科学技术委员会）印发《重庆市科研项目管理办法》（渝科局发〔2019〕11 号）。

405. 2019.1.15，苏州市科学技术局印发《苏州市科技计划项目管理办法》（苏科规〔2019〕2 号）。

406. 2019.1.11，浙江省卫生健康委员会印发《关于进一步加强科研信用管理工作的通知》（浙卫办科教〔2019〕1 号）。

407. 2019.1.10，河北省人民政府印发《关于深化"放管服"改革 优化科研管理若干政策措施》（冀政字〔2019〕4 号）。

408. 2019.1.8，广西壮族自治区人民政府办公厅印发《进一步加强基础科学研究实施方案》（桂政办发〔2019〕2 号）。

409. 2018.12.31，广西壮族自治区人民政府办公厅印发《广西科研诚信管理暂行办法》（桂政办发〔2018〕161 号）。

410. 2018.12.30，天津市人民政府印发《关于加强基础科学研究的意见》（津政发〔2018〕34 号）。

411. 2018.12.29，重庆市人民政府办公厅印发《关于贯彻落实科学数据管理办法的通知》（渝府办发〔2018〕195 号）。

412. 2018.12.25，福建省科学技术协会印发《福建省进一步加强科研诚信建设的实施方案》。

413. 2018.12.24，广东省人民政府印发《关于进一步促进科技创新若干政策措施的通知》（粤府〔2019〕1号）。

414. 2018.12.17，吉林省人民政府印发《关于全面加强基础科学研究的实施意见》（吉政发〔2018〕33号）。

415. 2018.12.14，湖南省科学技术协会印发《湖南省科技计划（专项、基金等）科研诚信管理办法》。

416. 2018.12.12，深圳市人民政府印发《深圳市关于加强基础科学研究的实施办法》（深府规〔2018〕25号）。

417. 2018.12.7，西宁市科学技术局印发《西宁市加强科研诚信管理暂行办法》。

418. 2018.11.30，江苏省财政厅印发《江苏省重点研发计划项目管理办法（试行）》（苏科技规〔2018〕360号）。

419. 2018.11.30，江苏省财政厅印发《江苏省政策引导类计划（国际科技合作）项目管理办法（试行）》（苏科技规〔2018〕359号）。

420. 2018.11.27，陕西省人民政府印发《关于加强基础科学研究的实施意见》（陕政发〔2018〕38号）。

421. 2018.10.23，内蒙古自治区人民政府印发《关于全面加强基础科学研究的实施意见》（内政发〔2018〕39号）。

422. 2018.9.26，中共辽宁省委办公厅、辽宁省人民政府办公厅印发《关于进一步加强科研诚信建设的实施意见》（辽委办发〔2018〕101号）。

423. 2018.8.26，广东省人民政府印发《关于加强基础与应用基础研究的若干意见》（粤府〔2018〕77号）。

424. 2018.6.15，辽宁省人民政府印发《关于全面加强基础科学研究的实施意见》（辽政发〔2018〕18号）。

425. 2018.5.31，深圳市人民政府印发《关于加强和改进市级财政科研项目资金管理的实施意见（试行）》（深府规〔2018〕9号）。

426. 2018.3.2，河北省人民政府办公厅印发《河北省科技奖励制度改革方案》（冀政办字〔2018〕25号）。

427. 2017.12.29，天津市科学技术委员会印发《天津市科技计划项目相关责任主体失信行为管理暂行办法》（津科规〔2017〕10号）。

428. 2017.12.7，南宁市科学技术局印发《南宁市科研领域相关责任主体信用管理办法（试行）》（南科规〔2017〕9号）。

429. 2017.11.13，吉林省交通运输厅印发《吉林省交通运输科技项目管理办法》（吉交发〔2017〕45号）。

430. 2017.11.10，巴彦淖尔市人民政府办公室印发《关于贯彻落实〈内蒙古自治区"十三五"科技创新规划〉的实施意见》（巴政办发〔2017〕115号）。

431. 2017.10.30，青岛市科学技术局印发《青岛市科技计划项目管理暂行办法》（青科规〔2017〕8号）。

432. 2017.9.27，上海市教育委员会印发《上海市教育委员会科研创新计划项目过程跟踪管理操作规程》（沪教委科〔2017〕78号）。

433. 2017.8.28，天津市人民政府办公厅印发《天津市深化科技奖励制度改革方案》（津政办函〔2017〕92号）。

434. 2017.8.8，北京市科学技术委员会印发《北京市自然科学基金资助项目经费管理办法》（京财科文〔2017〕1842号）。

435. 2017.8.4，浙江省交通运输厅印发《关于加强公路工程建设项目科研管理的意见》（浙交〔2017〕121号）。

436. 2017.7.28，山东省科学技术厅印发《关于深入学习贯彻省第十一次党代会精神　加快以更高水平的创新型省份支撑引领经济文化强省建设的意见》。

437. 2017.7.18，苏州市卫生和计划生育委员会印发《关于推进苏州市卫生计生社会信用体系建设的实施意见》（苏卫计办〔2017〕26号）。

438. 2017.7.7，福建省科学技术厅印发《福建省级科技计划项目经费管理办法》（闽财教〔2017〕41号）。

439. 2017.5.22，浙江省卫生和计划生育委员会印发《关于进一步加强卫生计生科研诚信工作的通知》（浙卫发〔2017〕39号）。

440. 2017.4.21，天津市教育委员会印发《关于进一步加强高校科研项目管理工作的意见》（津教委〔2017〕11号）。

441. 2017.3.13，天津市科学技术委员会印发《天津市科技计划管理办法》（津科计〔2017〕27号）。

442. 2016.12.19，沈阳市科学技术局印发《沈阳市科学技术计划项目管理办法》（沈科发〔2016〕53号）。

443. 2016.11.9，河北省地震局印发《关于加强人才培养和提升科技创新能力建设的实施意见》（冀震发〔2016〕30号）。

444. 2016.10.28，浙江省科学技术厅印发《浙江省科技（知识产权）系统"双随机"抽查监管工作办法》（浙科发政〔2016〕185号）。

445. 2016.10.26，玉溪市人民政府印发《关于加强财政科研项目和资金管理的实施意见》。

446. 2016.9.21，中共广西壮族自治区委员会、广西壮族自治区人民政府印发《关于实施创新驱动发展战略的决定》（桂发〔2016〕23号）。

447. 2016.9.6，中共重庆市委、重庆市人民政府印发《关于深化改革　扩大开放　加快实施创新驱动发展战略的意见》。

448. 2016.7.27，江西省人民政府印发《关于优化学术环境的实施意见》（赣府厅发〔2016〕38号）。

449. 2016.7.26，山东省人民政府印发《关于深化科技体制改革加快创新发展的实施意见》。

450. 2016.7.7，陕西省测绘地理信息局印发《陕西测绘地理信息局科技创新管理办法》。

451. 2016.5.12，抚州市人民政府办公室印发《关于改进加强市级科研项目和资金管理的若干意见》（抚府办发〔2016〕38号）。

452. 2016.2.3，重庆市科学技术局（原重庆市科学技术委员会）印发《关于市级科技计划项目经费管理改革有关事项的通知》（渝科委发〔2016〕22号）。

453. 2015.11.30，泰安市科学技术局印发《泰安市科技计划项目承担责任主体信用管理办法》（泰科发〔2015〕72号）。

454. 2015.11.20，广东省人民政府办公厅印发《关于深化高校科研体制机制改革的实施意见》（粤府办〔2015〕58号）。

455. 2015.11.9，湖南省科学技术厅印发《湖南省科技计划科技报告管理办法》（湘科发〔2015〕149号）。

456. 2015.10.22，重庆市教育委员会印发《关于深化高校科技体制机制改革提升科技创新能力的意见》（渝教科〔2015〕48号）。

457. 2015.9.20，湖南省科学技术厅印发《关于进一步推动科技型中小微企业创新发展的若干措施》（湘科高字〔2015〕137号）。

458. 2015.9.10，福建省交通运输厅印发《福建省交通运输科技项目管理办法》（闽交科教〔2015〕11号）。

459. 2015.8.11，浙江省交通运输厅印发《浙江省交通运输厅科研信用管理办法（试行）》。

460. 2015.8.10，四川省人民政府办公厅印发《关于改进加强省级财政科研项目和资金管理的实施意见》（川办函〔2015〕145号）。

461. 2015.6.24，湖北省人民政府印发《关于改进加强省级财政科技项目和资金管理的实施意见》（鄂政发〔2015〕40号）。

462. 2015.2.17，浙江省科学技术厅印发《关于全面推进依法行政加快建设创新治理体系的若干意见》（浙科发政〔2015〕18号）。

463. 2015.2.6，江苏省人民政府印发《关于深化省级财政科研项目和资金管理改革的意见》（苏政发〔2015〕15号）。

464. 2015.2.4，莆田市人民政府印发《关于加强改进市级科研项目和资金管理的若干意见》（莆政综〔2015〕13号）。

465. 2014.10.15，福建省人民政府印发《关于改进加强省级财政科研项目和资金管理的若干意见》（闽政〔2014〕53号）。

466. 2014.9.4，北京市教育委员会印发《北京市属高等学校学风建设实施细则（暂行）》（京教研〔2014〕10号）。

467. 2014.8.30，江苏省科学技术厅印发《关于加强全省科技信用体系建设工作的实施办法》（苏科计发〔2014〕185号）。

468. 2014.8.25，中共蚌埠市委、蚌埠市人民政府印发《关于实施创新驱动发展战略进一步加快创新型城市建设的意见》。

469. 2013.11.14，青岛市科学技术局印发《青岛市科学技术局科技计划项目管理办法》（青科字〔2013〕8号）。

470. 2013.6.23，江苏省交通运输厅印发《江苏省交通运输科技与成果转化项目管理办法》（苏交规〔2013〕3号）。

471. 2013.5.13，福建省教育厅印发《福建省高等学校学风建设实施细则》（闽教科〔2013〕29号）。

472. 2013.4.8，湖南省教育厅印发《关于进一步加强高校科研管理工作的意见》（湘教发〔2013〕11号）。

473. 2013.2.19，甘肃省教育厅印发《关于进一步加强高校科研管理工作的意见》（甘教技〔2013〕14号）。

474. 2012.12.14，陕西省教育厅印发《陕西高等学校学术道德建设实施细则》

（陕教技〔2012〕13 号）。

475. 2012.3.30，湖南省教育厅印发《湖南省普通高等学校学风建设实施细则》（湘教发〔2012〕13 号）。

476. 2012.3.22，吉林省教育厅印发《吉林省教育厅关于切实加强和改进高等学校学风建设的实施细则》（吉教科字〔2012〕4 号）。

477. 2012.3.7，贵州省教育厅印发《关于进一步加强高等学校学风建设的实施意见》（黔教高发〔2012〕60 号）。

478. 2012.3.5，辽宁省教育厅印发《关于进一步加强和改进高等学校学风建设的实施意见》（辽教发〔2012〕27 号）。

479. 2011.9.28，新疆维吾尔自治区人民政府印发《新疆维吾尔自治区科学技术发展第十二个五年规划》（新政办发〔2011〕168 号）。

480. 2010.12.28，浙江省科学技术厅印发《浙江省省级科技研发和成果转化项目经费管理暂行办法》（浙财教〔2010〕382 号）。

481. 2010.5.31，北京市发展和改革委员会印发《关于加强北京市科普能力建设的实施意见》（京科发〔2010〕268 号）。

482. 2010.5.5，安徽省科学技术厅印发《安徽省科技厅 2010 年党风廉政建设和反腐败工作要点》（科党〔2010〕12 号）。

483. 2009.5.7，山东省教育厅印发《关于加强高等学校学风建设净化学术环境的意见》（鲁教科字〔2009〕4 号）。

484. 2009.1.12，安徽省科学技术厅印发《安徽省科技计划信用管理与科研不端行为处理办法（试行）》（科策〔2009〕4 号）。

485. 2008.9.13，青岛市科学技术局印发《青岛市科技发展计划与项目管理暂行办法》（青科字〔2008〕0009 号）。

486. 2008.7.22，上海市宝山区人民政府办公室印发《关于改进和加强宝山区财政科技经费管理的若干意见》（宝府办〔2008〕45 号）。

487. 2008.2.24，上海市人民政府办公厅印发《关于改进和加强本市财政科技经费管理的若干意见》（沪府办发〔2008〕4 号）。

488. 2007.12.5，浙江省科学技术厅印发《浙江省科技计划信用管理和科研不端行为处理办法（试行）》（浙科发计〔2007〕306 号）。

489. 2007.4.1，宁夏回族自治区科学技术厅印发《宁夏回族自治区科技计划项目信用管理及科研不端行为处理暂行办法》。

# 后　记

《知识产权信用体系与科研诚信》一书，可谓"生逢其时"。国家大政方针擘画顶层设计，社会各界高度重视，学界研究不断推进、深化、突破。

以"北大法宝"为平台，在高级检索模式下得出"知识产权信用与科研诚信"有关的法律及行政法规、国务院规范性文件、司法解释、部门规章及规范性文件、地方性法规、地方政府规章、地方规范性文件，共计804项（附录）。本书主题研究的重要性和必要性，由此可见一斑。

在本书将要付梓之际，国务院印发了《"十四五"国家知识产权保护和运用规划》，在"（七）加强知识产权协同保护"中明确提出"加强知识产权领域诚信体系建设"。这是国家首次从"体系"层面落实《信用纲要》第二部分"推进重点领域诚信建设"第三项提出的"知识产权领域信用建设"规划内容的重大举措。诚然，"诚信体系"与"信用体系"的内涵与外延并不完全一致，但究其实质，二者均从体系化要求出发建设知识产权领域信用。

我从2001年中国加入世界贸易组织（WTO）时，有幸开启信用研究；2011年出版专著《企业信用法律规制研究》，在学界引发了较大反响；2014年《信用纲要》发布后，即结合自身的知识产权法学科研究，将知识产权信用体系作为信用研究的重点领域，并从信用角度研究信息数据安全与保护等新兴议题，发表了相关的系列论文。

2020年之初，突如其来的新冠肺炎疫情席卷而来，如何应对？这是摆在每个人面前的难题。疫情挡住了我们"交往"的脚步，但不能打消我们砥砺"前行"的信念，也无法切断我们通过网络开展线上交流、切磋，进行思想的碰撞。我们没有抱怨，反而庆幸自己赶上了好时代，当代科技的发展为我们提供了应对疫情的条件，避免了交通堵塞，节省了会议成本，也让我们拥有了更多独立思考的时间，赢得了更深远广阔的合作机会。我们及时调整心态，坚持"停课不停学"；同时，IP人积极开展"无形"抗疫，线上教学、科研

"全覆盖"。

回顾近两年的特殊经历，感动、感恩、感谢、感慨充盈心间。2020年1月，作为首席专家领衔申报"研究阐释党的十九届四中全会精神国家社会科学基金重大项目·完善诚信建设长效机制研究"，课题组专家成员虽然跨区域、跨专业，但夜以继日、精诚合作、全力以赴的过程令人感动；最初引领我走上信用研究之路的博士生导师徐杰教授，不幸于2020年9月溘然长逝，唯有感恩在怀；2020年12月，在新华社中国经济信息社举办的"中国企业家博鳌论坛·品牌信用建设高峰论坛"上发表"品牌创新与知识产权信用体系"主题演讲，并参加"信用领跑"行动，备受鼓舞；2021年2月，由首都师范大学石新中研究员牵头，我们共同申请、发起成立了北京信用学会，参加《北京市社会信用条例（草案）》等重要立法研讨活动；顾敏康教授引领的"信用法治·韶山论坛"已经坚持举办到了第四届，参与其中受益良多；2021年4月，中国工业经济联合会主办"首届中国企业知识产权信用峰会"，《中国工业报》以"知识产权信用'加持'企业核心竞争力"为题，特别报道我在这次会议上提出的学术观点，深感该论坛是为我"量身打造"；参与论证和发布中国科学技术法学会第一个团体标准《个人信息处理法律合规性评估指引》；2021年7月，作为专家组组长评审中关村数字媒体产业联盟《互联网平台数字信用建设与应用规范》；作为常务副会长主导的中国政法大学知识产权校友会"知行天下讲堂"每月一期，从线下开讲到线上发展，并于2021年9月在世界知识产权组织（WIPO）中国办事处举行了两周年答谢会；在孙国瑞会长提议下出任北京知识产权研究会副会长并牵头成立信用专业委员会，策划并组织的第二届"数字经济与知识产权保护论坛"于2021年10月在重庆成功举行，切实履行职责；2021年11月，在科技部组织的"完善科技法律体系研讨会"上以"科研诚信体系法治化的路径"为题进行发言；2021年先后应邀在南京理工大学、重庆大学、西北农林科技大学、湘潭大学、天津大学等知名高校作有关知识产权信用体系、信用监管与数据安全的学术讲座。非常荣幸也十分感谢有这些难得的交流机会——信用体系建设需要更多的同仁共同关注与深度参与。

《知识产权信用体系与科研诚信》一书的策划、讨论、研究、评审及修改完善，正是在近两年抗疫期间完成的，很是欣慰。在本书成稿过程中，周浩、胡梦婷、陈柳西、杨博雅、于子航、周子勤、安杨、丁翊晶等研究生以参与相关课题的形式，在资料检索、观点梳理等方面作出了应有贡献。本书凝聚了太多人的智慧和成果，融入了太多人的关注和关心，在此，我要对以上提到的和未能一一列名的所有师友、同仁和学生们，表示崇高的敬意与衷心的感谢！是你们的鼎力支持和默默付出，推动了本书的出版；是你们的精神鼓励和心灵慰藉，成就了我今天的模样。其中，当然离不开我先生和亲爱的儿子多年以来在生活中对我无微不至的照顾和无限的包容，借此机会我要补上这一声一直深藏心里的浓缩的"谢谢"。

最后，特别感谢极具个人魅力、阅历丰富的知识产权与科技创新专家、中国科学技术法学会名誉会长、国务院国有资产监督管理委员会原监事会主席、何梁何利基金评选委员会秘书长段瑞春教授为本书作序，并予以高度评价。这是对我莫大的肯定与鼓励，我将继续在信用领域深耕细作，争取再出佳作。同时，要感谢知识产权出版社的工作人员为本书尽早出版付出的努力和辛苦劳作。

信用研究路途漫漫，唯有不忘初心，始终不渝地追寻、探索，方能不辜负时代赋予的重任。这也是对长期给予我充分信任和无私帮助的人们的一种回报。

2021 年 11 月 30 日
北京海淀